阅　读　即　远　游

FU CHA

浮槎

论语方法论

把《论语》作为方法

王原君 著

台海出版社

图书在版编目（CIP）数据

论语方法论：把《论语》作为方法 / 王原君著.
北京：台海出版社，2025. 1. -- ISBN 978-7-5168
-4060-3

Ⅰ. B222.25

中国国家版本馆 CIP 数据核字第 2024TB0174 号

论语方法论：把《论语》作为方法

著　　者：王原君

责任编辑：王　萍　　　　　　　　封面设计：知丘文化·张亚东
图书策划：浮槎文化

出版发行：台海出版社
地　　址：北京市东城区景山东街 20 号　邮政编码：100009
电　　话：010-64041652（发行、邮购）
传　　真：010-84045799（总编室）
网　　址：www.taimeng.org.cn/thcbs/default.htm
E - mail：thcbs@126.com

经　　销：全国各地新华书店
印　　刷：三河市天润建兴印务有限公司
本书如有破损、缺页、装订错误，请与本社联系调换

开　　本：787 毫米 × 1092 毫米　　1/16
字　　数：250 千字　　　　　　　印　　张：21.5
版　　次：2025 年 1 月第 1 版　　　印　　次：2025 年 1 月第 1 次印刷
书　　号：ISBN 978-7-5168-4060-3

定　　价：78.00 元

目 录

论语方法论

论语方法论

愿景　　　　　　　　　　定位　　　　　　　　　　使命
天下归仁 天下大同　　　美善人生实践原理　　　修己安人 尽善尽美

《论语》框架导图

口号　　　　　　　　　　方法　　　　　　　　　　路径
谁能出不由户 何莫由斯道也　　中道 / 中庸　　　君子—仁者—圣人

允执其中　　**性与天道**　　下学上达　　**志据依游**　　知行位思

中道

志于道　　　　　据于德　　　　　依于仁　　　　　游于艺

（道）　　　　　（德）　　　　　（仁）　　　　　（艺）

中心　　　　　　中正　　　　　　中和　　　　　　中用

始终　　　　　　上下　　　　　　内外　　　　　　文质

（思）　　　　　（位）　　　　　（知行）　　　　（性习）

战略思维　　　　定位思维　　　认知力＋执行力　　天性＋践习

作为方法论的《论语》

方法论是与世界观对应的哲学概念，方法论即人们用何种方式、方法来观察、理解事物和处理、解决问题的理论，也即人们认识世界、改造世界之方法的理论。方法论，也可以称之为"心法"。朱熹评述子思的《中庸》，"乃孔门传授心法"，即孔门心法在《中庸》。心法和方法论，我们不做定义式的细究，基本可以视为同义词。

古往今来，解读《论语》者，多为训诂章句，解字、解句、解义，再进一步讲政治哲学和伦理思想，很少有人涉及具体实践和方法层面，狭义的伦理实践不在此列。《论语》的礼仪范式，显然无法完全适应当代社会的运行逻辑，这也是多数人不喜欢看《论语》，或者说看《论语》无所适从、无所致用的原因之一。

理念是世界上最强大、最重要的现实力量。《论语》的心法或方法论，就是《论语》所阐述的知行合一的实践路径和解决方案。我所说的实践和方法，是指《论语》蕴含的做事的普遍性方法论，这才是《论语》最具真知真理的价值体系。方法论即事理，事蕴含着理，通过事知道理，通过理成就事，这就是事上练。

贺麟说："中国近百年来的危机，根本上是一个文化的危机。"新文化运动的最大贡献，在于破除了儒家僵化的躯壳形式的部分，以及腐化的束缚个性的部分。贺麟断言："广义的新儒家思想的发展或儒家思想的新开展，就是中国现代思潮的主潮。我确切看到，无论政治社会学术文化各方面的努力，大家都在那里争取建设新儒家思想，争取发挥新儒家思想。"（《儒家思想的新开展》）

这一百年危机或变局，就是关于中国传统文化如何向现代化转型的问题。在今天读《论语》，同样要面对这个问题。读《论语》自然不仅仅是追怀往昔的文化经典，还要读《论语》跨越时空的价值理念、思维方式以及方法体系，也即在于《论语》的当下性，与当代生活方式的深度关联性。

孔子开创了儒家学派，孔门弟子整理了《论语》，这是中国历史上石破天惊的思想变革。他们打破了官学垄断，开启了私学崛起的时代，将圣王之道转译为圣人之道，总结为"中道"，并结合六艺等知识体系，培养新型君子，希望实现天下归仁。

孔子之时及之后，新型人才辈出，新型思想汹涌，直到战国诸子百家争鸣。孔子继学往圣，心怀天下，发扬私学，通过新文化事业造就新人才，从这个意义上讲，孔子是至圣先师。孔子与孔门弟子共同开启的儒学，永远是向更多人敞开的生活儒学。孔子重视实践，儒家视学问为参与社会的公器，而非狭隘的、封闭的私人学术。

孔子生活在一个礼坏乐崩的时代，反过来也可以说，那是一个固有秩序和制度被打破的时代，阶层流动与阶层跨越，不再是绝无可能的事情。赵国基业的开创者，晋国六卿之一的赵鞅，与孔子是同时代人。《左传·哀公二年》记载，赵鞅明确提出："克敌者，上大夫受县，下大夫受郡，士田十万，庶人工商遂，人臣隶圉免。"这是首次针对庶人推行军功爵，可谓史无前例。

孔子的初衷，在于恢复心心念念的西周礼制，郁郁乎文哉的礼乐社会，但他又深知完成如此事业，无法依靠堕落的旧式贵族，必须要培养新型人才力量，进行新人才准备，才能担负这一克己复礼的重任，这就是《论语》中常提到的君子。孔子认为新管理力量造就新社会秩序，他赋予心中的君子以新内涵和内容，打破了纯以血统衡量君子的旧标准，提出了德才兼备的新主张。

《论语》先天具有现实关怀与实践品格，相比提供某种宗教式的唯一真理，孔子更为关注人生意义世界的建构。《论语》拥有通达当代性的思维方式与价值向度，必定能在日用常行中实现其价值，展现其魅力。故而，《论语》不仅要走出古代，走向当代，也要走出学院，走向公众。只有一种儒学，就是公众的儒学。

《论语》不能停留于道德说教，不应该只是少数人的论文，不应该离生活本身越来越远，它可以更具体、更鲜活、更有生命力，更具依据性、实践性、操作性。简而言之，《论语》可以是心法或方法论。从《论语》中，可以读到孔子与孔门弟子的思维方式，理解这些思维方式才是理解《论语》的内核，而非某个具体的礼或仁的考据史。

英国汉学家胡司德在《中国思想：从孔夫子到庖丁》里写道："中国的思想主要以人为中心，以实践为导向。中国最聪明的头脑所思考的问题不是我们是谁、我们是什么，而是我们应该如何生活，如何建立与他人的联系，应当如何组织社会，以及如何让那些跟我们的生活息息相关及我们需要对其负责的人获得幸福。"这段话同样适用《论语》的精神主旨。

孔子将自己置身于一个伟大的传统、一个文化谱系之中。从尧舜时代到孔子，两千年，从孔子时代到现在，两千五百年，孔子是第一个主动总结虞夏商周两千年文化传统的人，承担了文化下贯、知识扩散的历史使命。在孔子这里，圣人不再专属于圣王，而是一种方法和境界，可以效法，可以实践，可以实现。

圣人之道，不缥缈，不空泛，乃是为己之学。《论语》的核心方法论，即《论语·尧曰》篇的"允执其中"，就是中道，孔子称之为"中庸"。如何理解中道？我认为有四个关键词：允执其中，性与天道，下学上达，志据依游。下学、执中、上达，这是《论语》的框架和底层逻辑，也是路径和方法论。

允执其中
中就是中国文化的源代码

《论语·尧曰》开篇第一段：

> 尧曰："咨！尔舜！天之历数在尔躬，允执其中。四海困穷，天禄永终。"舜亦以命禹。

《尚书·大禹谟》的升级版：

帝曰："来，禹！降水儆予，成允成功，惟汝贤；克勤于邦，克俭于家，不自满假，惟汝贤。汝惟不矜，天下莫与汝争能；汝惟不伐，天下莫与汝争功。予懋乃德，嘉乃丕绩。天之历数在汝躬，汝终陟元后。人心惟危，道心惟微，惟精惟一，允执厥中。无稽之言勿听，弗询之谋勿庸。可爱非君？可畏非民？众非元后何戴？后非众罔与守邦？钦哉！慎乃有位，敬修其可愿。四海困穷，天禄永终。"

毫无疑问，《论语·尧曰》里的"允执其中"，正是《尚书·大禹谟》里的"允执厥中"。

《汉书·艺文志》记载："《论语》者，孔子应答弟子、时人及弟子相与言而接闻于夫子之语也。当时弟子各有所记，夫子既卒，门人相与辑而论篹，故谓之《论语》。"《论语》通篇都是孔子和孔门弟子直接相关的内容，但是作为《论语》最后一篇的《尧曰》，却与儒家六经之一的《尚书》遥相呼应，这是道一以贯、精神相承的呼应。

《尧典》是《尚书》的第一篇，《尚书》是比孔子时代更早的经典，堪称华夏文明第一原典。遵从孔子信而好古的文明自觉，也尊重《论语》编纂者的文化立场，我将《论语·尧曰》首章，放到最前面来讲，开门见山，先点明《论语》的精神主旨。倒着先读《论语·尧曰》，可以说是进入《论语》的一条正道。

张祥龙在《〈尚书·尧典〉解说》中说："《尚书》是记述和追忆尧舜时代华夏民族的开创性、建基性历史经验的珍贵文献，是理解中华文明和儒家原本精神的首要经典。也就是说，此篇源自尧舜时代及其后人的记述，在口头流传了许多世代，至迟在西周时写成文本，经孔子编定，历秦火而不绝，起起伏伏，一直流传至今。"

在《论语·尧曰》中，孔子构建出一个圣人谱系：尧、舜、禹、汤，以及三周（周文王、周武王、周公）的代表周武王，这就是孔子心中的文化传统，按英国批评家 R. 利维斯的说法，就是"伟大的传统"。孔子曾坦言：述而不作，信而好古。《中庸》里也说："仲尼祖述尧舜，宪章文武。"孔子将自己视为一个文化传统的后继者和发扬者。

允执其中，"中"是什么意思？

"中"这个字，我们再熟悉不过了，因为我们就是中国人，没有人比我们更热爱"中"这个字。在殷商甲骨文里就已出现 字，其字形就像竖立起来的一面旗帜，且有上下两条飘动的旗旒。中，也常见于《诗经》《易经》《尚书》等古典文献，清华竹简《保训》也提到"求中""得中"等说法。

孔子时中，老子守中，佛讲中观。中也者，天下之大本也。中，到底何意？许慎《说文解字》指出："中，内也。从口。丨，下上通也。"当今学术界，代表性的观点有：旗帜说、圭表测影说、建鼓说、神杆说、图腾柱说等，没有最终定论。我们可以从三个维度切入，以助于了解"中"字的丰富内涵以及意义变迁。

中，最早表示天之中。天之中是什么？天之中心，就是天心、天极，也称作北极。《吕氏春秋·有始览》："极星与天俱游，而天枢不移。"在古人眼中，日月星辰运行，唯有北极不动。《论语·为政》中说："譬如北辰居其所，而众星共之。"北辰就是北极、天心。

北极附近有北极星。上古以北极为尊，故而有太一北极神。

濮阳西水坡遗址，属于公元前 4500 年的仰韶文化，墓葬中出现用蚌壳摆放的龙、虎图像，以及用人的胫骨表示的北斗星。学者冯时认为，这是迄今为止人类历史上最早的星象图，也是古人观象授时的考古见证。从红山文化到良渚文化、龙山文化、石家河文化再到青铜时代，所谓的神面、兽面、饕餮纹，或许是北极、北斗崇拜的文物见证。

先有天之中，而后有地之中，在大地上建中、立中。

《周礼·地官·大司徒》说："以土圭之法测土深，正日景，以求地中。"《诗经·大雅·民劳》说："惠此中国，以绥四方。"《吕氏春秋·慎势》说："古之王者，择天下之中而立国，择国之中而立宫，择宫之中而立庙。"《荀子·大略》说："欲近四方，莫如中央；故王者必居天下之中，礼也。"所谓立天下之中，以定四海之民。

《史记·周本纪》记载："成王在丰，使召公复营洛邑，如武王之意。周公复卜申视，卒营筑，居九鼎焉。曰：'此天下之中，四方入贡道里均。'"天不爱道，地不爱宝，出土国宝青铜器何尊，作于西周早期的周成王五年，底部刻有铭文一百二十二字，记录了这一事件，证明考古实物与文献记载一致。何尊铭文还出现"宅兹中国"，成为目前发现最早的"中国"组合词。

冯时在《文明以止》一书中说："古人以为，授命之帝居于天之中央——北极，则人王若要依天而立政，就必须居于地之中央。故王庭的选建首先就要解决以圭表求测地中的问题，从而形成以地中为中心的中域、中土、中国、中原的政治地理概念，以及相应的居中而治的传统政治观。"如殷商相对于四邦方国而称"中商"。

有了地之中，而后有理念之中、观念之中，也就是抽象意义的中，哲学意义上的中。如《逸周书·武顺解》里说："人道尚中，耳目役心。"以中为尚的"尚中"思想，也就是从尧、舜发现，到孔子传承的中道。执中、中庸、中和，"中"成为中国传统文化核心观念的渊薮，成为最富有中国思想特征的文化符号和哲学概念。

中的内涵，先后经过了天文、地理、哲学三个层面的意义变化，依次出现：天之中——地之中——理念之中，与其构成相对应的则是：众星共之——四方/万方——两端/阴阳。理解允执其中的"中"和"中道"，不妨就从这三个层面入手。

天文——天之中——众星共之——中心
地理——地之中——四方/万方——中正
哲学——理念之中——两端/阴阳——中和

汉语中有很多美好的字眼，比如美、德、英、意、法，我们用来称呼一些国家，却把"中"留给了自身，这当然不是巧合。从天之中，到天下之中，再到理念之中，从天文、时间、方位到心性、观念、哲学，可以说"中"贯穿了中国历史，中国文化绵延不绝，核心正是不离中道。

《尚书》里已出现"克永观省，作稽中德"，"非天不中，惟人在命"。中，可以说是孔子对尧舜以及三代以来中国文化的根本总结，既是哲学，也是信仰。中，已深深嵌入我们的文化母体，以及主流生活方式，这就是中国的文脉，也是中国之所以是中国的精神标识。中，自然也是《论语》至关重要的理念与心法。

孔子开创中道，创造性传承了允执其中。"传承"是指祖述尧舜、宪章文武，对于历史经验的总结。"创造性"体现于孔子洞见了这个圣王执中的传统，不仅仅属于二帝三王，而是具有普适性和恒常性，可以作为一种普遍原理和经典方法论，向更多人敞开。

陈赟在《中庸的思想》中写道："历代圣贤们以自己的生命实践对'中'进行诠释与发明，无论是他们的立德，还是立功，抑或立言，都将自己与这一道脉关联在一起，并丰富了其意蕴。中国的历史性精神的自我显现历程，无法脱离这些圣贤的生命实践而加以理解。实际上，任何一个文明体的伟大、庄严与深邃只能通过这些圣贤人格加以表现。故而深切地理解一个文明体的最佳方式，就是理解它的最重要的人物。"

中道，可以运用于更广泛的人群和场景，为更多人提供道路合一、知行一处的美善人生实践原理。孔子将中道发展为道、德、仁、艺的下学上达，也即中心、中正、中和、中用的体系框架，并将其称之为"中庸"，这就是孔子的一贯之道。

庞朴在《沉思集》中指出："孔子的思想是有一个'一'的，有一个'中心'的，这个'一'，这个'中心'，简单点说，就是'执两用中'，或者叫'中庸'。"中庸，既是一种人生境界、道德情感和价值取向，也是一种天道世界观、天人思维方式和成己成物的方法论。

孔子本身不是圣王，却被视为"素王"，就因为开创了一项伟大的文化事业，成为素人的代言人，万古长夜从此被点亮。在孔子这里，早已指示出孟子讲的"人皆可以为尧、舜"。人皆可以为尧、舜，如果这个"为"，是为仁由己的"为"，古之学者为己的"为"，有所为有所不为的"为"，知其不可而为之的"为"，那就是孔子明确表述的思想。

沿着尧、舜的道路和方法去作为，每个人都可以秉持天性，在擅长的领域做出自己的成就。《左传·成公十三年》中说："民受天地之中以生，所谓命也。"每个人都天生有此光明本体，只需修养光大。故而，熊十力在《读经示要》中说："大哉中道，永为中华哲学思想界之柱石。"

何以中庸
中庸就是《论语》的方法论

允执其中，被孔子称为"中庸"。"中庸"两字首次提出，来自《论语》和孔子之口："中庸之为德也，其至矣乎! 民鲜久矣。""中庸"正式成为一个概念，一个固定的学术词语，则要到子思作《中庸》。《中庸》代表着子思对《论语》的解读和发挥，里边的说法都能在《论语》中找到具体的对应和源头。

子思最大的贡献，就是补充了《论语》中鲜少论及的性与天道，也即展开论述了形而上的部分，"中庸"被升华为本体意义的"诚"。子思说："诚者，天之道也；诚之者，人之道也。诚者，不勉而中，不思而得，从容中道，圣人也。诚之者，择善而固执之者也。"诚即是中，不勉而中。

从战国以来，对于《论语》的研究与解读，可谓洋洋洒洒、汗牛充栋。在我看来，解读《论语》思想的人，子思绝对是第一个。在汉代早期,《论语》还常被称为《传》《语》等,《论语》这个书名,在中国文献史上第一次被引述,就出自子思的《坊记》,"论语曰:'三年无改于父之道,可谓孝矣。'"

《礼记》中的《中庸》《表记》《坊记》《缁衣》四篇被视为子思的作品。出土的郭店战国楚简部分内容,据研究也与子思学派有关。子思拥有双重身份,既是孔子的孙子,又是半个孔门弟子,孔门第二代弟子,加之子贡、曾参的提携,使他可以系统阐释中庸之道以解读《论语》,成为第一个对《论语》做出创造性解释的人。

徐复观在《中国人性论史·先秦篇》中说:"《中庸》上篇是直承《论语》下来的孔门文献",尤其第一章,"可以说是儒学的总纲领"。《中庸》从第二章到第二十章,引用孔子的语录,从性质和风格来说,不妨看作《论语》的一篇,它们究竟是子思收集的孔子的言论,还是子思托名孔子的独立创作?

荀子曾发出灵魂之问:"此真先君子之言也?"怀疑子思案饰其辞,假托孔子之言。《孔丛子·公仪篇》记载,鲁穆公问子思:"子之书所记夫子之言,或者以谓子之辞?"到底有没有夹带私货?子思这样回答:"臣所记臣祖之言,或亲闻之者,有闻之于人者,虽非正其辞,然犹不失其意焉。"不管是亲自听到,还是从别人那里听来,不能说一字不差,意思绝对没问题。

圣人的"聖",体现着口耳相传时代的造字特征,孔子本人就是述而不作的口授大师。子贡、子夏等孔门弟子领衔,终结了述而不作之训则,开始著作私书,编纂《论语》,成为第一本真正意义的子书,有册有典,儒学至此形成。子思作《中庸》,第一个解读与发扬《论语》。

孔门弟子七十二贤人，在《论语》中保留言论事迹者，二十八人左右。孔子去世后，儒分为八，形成一个思想高峰。很长时间以来，从孔子直接到孟子，被视为儒家正统。其实，如果没有孔门弟子，就没有孔子思想的传承传播和发挥发扬，出土的竹简也在证明这一点。如果没有这个小传统，甚至也会影响战国中期的诸子思想爆发。

唐君毅在《略论作中国哲学史应持之态度及其分期》中说："诸子出于王官之说，虽未必尽是，然王官之学衰而诸子之学起，则为不容否认之事实。孔子以六艺教人而学由官守，广及于社会，故诸子之学多源于孔子。"比如激烈批判儒家的墨子，《淮南子·要略训》指出，他是"学儒者之业，受孔子之术"。著书之传统，始于《论语》，战国时代大行其道，百家争鸣，群星璀璨。

我曾多次踏访曲阜，最喜欢去的地方不是孔庙，而是相对安静的孔林。在孔林里的孔子墓一旁，是他的儿子孔鲤的墓，墓前石碑为明代所立，上书"泗水侯墓"。在《论语》中，留下了孔鲤过庭的故事。唐代诗人王勃的《滕王阁序》："他日趋庭，叨陪鲤对；今兹捧袂，喜托龙门。"就是用孔鲤的典故。

在孔子墓的另一旁，是子贡庐墓处。现存三间灰瓦庐舍，自然不是子贡当时所筑，而是后世所修的纪念性建筑，初建于明嘉靖二年（1523 年），重修于康熙年间。如果孔子有什么遗言，知道的人一定是子贡，子贡是孔子临终最后见的弟子。子贡成为一直陪伴孔子从生前到去后的那个人，当仁不让的孔门精神守护人。

在孔子墓的前边，则是孔子之孙孔伋墓，也就是子思的墓，墓前石碑正书"沂国述圣公墓"。张岱《夜航船》中说:"墓前近案,对一小山,其前即葬子思,父子孙三墓,所隔不远,马鬣之封不用石砌,土堆而已。"导游会告诉你这片墓地的风水堪舆格局,叫作携子抱孙。我倒是宁愿把这看作一种精神上的承前启后,长江后浪推前浪。

相比孔庙的热闹,我更喜欢孔林的幽深。有一次,下着细雨,我又来到孔林。当我驻足于子贡庐墓的地方,头顶是风雨穿林打叶声,眼前是孔门三代人,孔子——子贡——子思,三位一体,存在于时空之中。忽然那么一瞬间,我就体会到了目之所见的这幅文化景象——《论语》的思想背后,站着的正是这三个人。

孔子去世以后,孔门弟子守丧三年,然后各自散去各奔东西,唯有子贡于孔子墓旁筑庐,又守了三年。年富力强的子贡,前后花了五年多时间,放着钱不去挣,到底守在孔子墓前做什么呢?我猜答案就是,带领孔门弟子整理《论语》,然后编纂《论语》,对于老师孔子,没有比这更好的纪念了。孔子述而不作,子贡可不管这些。

陈赟在《儒家思想与中国之道》中总结说:"《论语》的成书与佛经的结集类似,它彰显的是一个伟大的文化生命的深度和高度,但由于诸多编纂者将其跨世代的体证共同融入了这一文化生命,故而使得这一文化生命不再是一个单一的心灵的显现,而是一系列伟大心灵的共同成就,是作为一个民族的文化生命的肉身化表达。事实上,此一生命也正是唯一能够彰显中华上古政教文明在轴心时代之传承的文化生命。"

性与天道
天道就是永远不偏离中心

没有世界观就没有方法论，拥有什么样的世界观，就拥有相应的方法论。性与天道，即：天命与天道。性与天道，乃天地万物之本源，关乎人的宇宙观、世界观。《论语》中多次出现：天、命、天命。儒家的形而上学总结，体现于子思的《中庸》："天命之谓性，率性之谓道，修道之谓教。"天地位，万物育，致中和。

在《论语》中，孔子的世界观，延续西周初以来的天文观和宇宙观，也即《诗经》《尚书》体现的宇宙观，认为天是主宰宇宙的人格神。比如："死生有命，富贵在天。"比如："五十而知天命。"比如："天之未丧斯文也。"比如："天纵之将圣也。"比如："天将以夫子为木铎。"孔子在内心深处敬畏天和天命，据说还韦编三绝，勤勉钻研《周易》。

在《礼记·哀公问》中，鲁哀公问，君子为何尊重天道？孔子回答："贵其不已。如日月东西相从而不已也，是天道也。不闭其久，是天道也。无为而物成，是天道也。已成而明，是天道也。"尊重天道永不止息。譬如太阳和月亮相从，东升西落运行不息，不闭塞而始终如一，无所作为而万物生成，生成万物而功业显著，这就是天道。

在《论语》中，孔子没有深入探讨宇宙的起源和生成，成熟的宇宙论是孔子之后的思想发展，要到更晚些才会被讨论，比如《道德经》、郭店楚简《太一生水》、上博楚简《恒先》。在《论语》中，子罕言命，孔子三缄其口，不怎么主动与别人谈论天命。

这让我想起维特根斯坦的话："凡不可言说者，必须保持缄默。"

在《论语》的诸多论述中，如下说法非常值得重视："天生德于予。""天之历数在尔躬。"天——德——予，天——历数——尔躬。天和人（予、尔），置身大地上的人与头顶的天，构成一组对应和对话，也即天人关系。在《论语》中，没有关于天地并称的说法，不是天与地对应，而是天人之际，天与人相应。德和历数，即是相应的中介。

如果说"唯天为大，唯尧则之"，这是从外部规律的效法运用而言，孔子说"天生德于予"，则是从内在根底规定了人的合法性源自天。人的内在根本来自天之所命也即天命，谓之性；人从外在效法天之所行也即天道，是为习。下学上达，天道人心相合，成为一种可能，如郭店楚简《性自命出》所说："教，所以生德于中者也。"中就是心。

如果没有"天命之谓性"，就不会有"率性之谓道，修道之谓教"，没有天命之性，也就失去了天人相贯、人天相合的依据。正因为有"天生德于予"的天赋人性的内在规约关系，人能弘道，于是成为一种可能，天之道才会成为人可以效法之道。如郭店楚简《性自命出》所说："四海之内，其性一也，其用心各异，教使然也。"

效法天道的典范，就是圣人之道，如果给一个名称，孔子说那就叫"中庸"。什么意思？四个字：允执其中。圣人之道，就是尧舜禹始终秉持恪守的允执其中，也可以称为中道。从实践的角度，天道即中道，每个人通往自我的道路，自我实现的抵达之路。

杜维明在《试论中庸》里指出："人作为天的创造过程的不

可分割的组成部分，不仅被赋予了宇宙之'中'（宇宙最精致的品质），而且担负着使宇宙完成其生化的使命。因此，道不过是真正人性的现实。严格地说，天与人的关系不是创造者和创造物的关系，而是以诚相待的关系；人知天的唯一途径，就是深深地渗入自己的存在基础。"

人为天地立心，最重要的是此时此地的人的问题。孔子致力于生命实践，是思想型实干派。李泽厚在《中国古代思想史论》中说："那种重视现实、经世致用的理性态度，那种乐观进取、舍我其谁的实践精神，都曾在漫长的中国历史上感染、教育、熏陶了不少仁人志士。"实践理性，可谓抓住了孔子精神的核心。

孔子不是热衷于下定义的人，不爱追问概念起源，而是更加关心人应该怎样生活。古希腊的哲学家，往往执着于思考是什么，比如柏拉图从美的事物，追根问底什么是美，什么决定了美之所以为美。就像没有明确"仁"的定义是什么，孔子也没有具体定义什么叫作"中庸"。

《论语》通篇又在展开这个核心命题：什么是中庸，什么不是中庸，中庸有什么好处，哪些事情体现中庸，哪些做法违反中庸，如何做到中庸，为何做不到中庸……比如好学的颜回，"择乎中庸，得一善，则拳拳服膺，而弗失之矣"。孔子总结说："君子中庸，小人反中庸。君子之中庸也，君子而时中；小人之反中庸也，小人而无忌惮也。"

《论语·阳货》篇有一章很难得，孔子主动跟子贡谈论天的话题。孔子说："天何言哉？四时行焉，百物生焉，天何言哉？"这句话表达了孔子的基本哲学认知。日月星辰运行，四时寒暑往复。四时行，就是天之行，天行有常，也就是天道。山川草木，万物生长，百物生，就是天之生，君子生非异也，天命之谓性，也就是天命。

司马迁在《史记·太史公自序》中说："夫阴阳四时、八位、十二度、二十四节各有教令，顺之者昌，逆之者不死则亡。"四时，是古代天文学概念，最初指春分、秋分、夏至、冬至，通过圭表测日影，确定一年中最重要的四个时刻。殷商卜辞中的"四方风"，关乎两分两至四神。四时指春夏秋冬四季的观念，于省吾认为要到西周晚期才出现。

天何言哉，让人想到"天下何思何虑"。《周易·系辞》中孔子说："天下何思何虑？天下同归而殊途，一致而百虑。天下何思何虑？日往则月来，月往则日来，日月相推而明生焉。寒往则暑来，暑往则寒来，寒暑相推而岁成焉。"

天下事物如何思考如何谋划呢？天下事物都会归向同一个目标，然而实现的途径不同，目标一致却有众多思路。天下事物何故要思考何故要谋划呢？太阳去了那么月亮就要来了，月亮去了那么太阳就要来了，太阳与月亮相互推进所以光明就产生了。

天地不言，日往月来，寒往暑来，周而复始，正是"四时行"的扩展版。

郭店楚简《语丛》有言："天生百物，人为贵。人之道也，或由中出，或由外入。"天生万物，唯人为贵。上天有好生之德，天地之大德曰生，生生之谓大德。生生不息，生命的成长，生成永远在发生，就是天命与天道之体现，正如诗人海子在《但是水、水》中的歌唱："在东方，诞生、滋润和抚养是唯一的事情。"

方东美在《中国人生哲学》里说："中国先哲把宇宙看作普遍

生命的表现，其中物质条件与精神现象融会贯通，至于浑然一体而毫无隔绝。一切至善尽美的价值理想，尽可以随生命之流行而得以实现。我们的宇宙是道德的园地，亦是艺术的意境。"认为中国人的宇宙是精神与物质浩然同流的境界，浩然同流的原委都是生命。

天道和天命，即天之行和天之性、天之生。四时运行，万物生长，这就是天的不言之教。天贯通于人，体现为生命力与行动力，也即人的创造力，人之为人的自我价值实现。这就是孔子看见的世界。孔子总结圣人则天之道，落实到行和生，生命哲学与行动哲学，也即生命实践哲学。

在《论语》中，唯一一次谈及"天道"两字，其实是出自子贡之口："夫子之言性与天道，不可得而闻也。"天道观，源自古代史官的观察，日月星辰的运行，四时循环的规律，人格神日益被淡化，越来越接近自然规律，天从宇宙意志转向万物运行的算法。如《荀子·天论》所言："天行有常，不为尧存，不为桀亡。应之以治则吉，应之以乱则凶。"

若将"性与天道"分解开来，便与《中庸》首句出现的"天""性""道"三个字不谋而合。金容沃指出："与其说子思的议论是创新了孔子时代不曾有过的议论，更应该重新解释为孔子的孙子子思，将孔子时代业已普遍化、理念化了的谈论的潜在态，变成明晰的、有组织的思想性体系，并在他的时代揭示了出来。"子贡提出"性与天道"的话题，说明谈论这个话题的氛围和思想的发生已经具备。

《左传·昭公十八年》记载，公元前 524 年，宋国、卫国、陈国、郑国，都发生了火灾。郑国负责占卜的神灶请求祭祀，祈求神灵，为郑国消除灾祸，子产表示拒绝，子产说："天道远，人道迩，非所及也，何以知之。灶焉知天道？是亦多言矣，岂不或信？"

天道悠远，人道切近，两不相关，如何由天道而知人道？禳灶哪里懂得天道？这个人话太多了，难道不会偶尔说中？后来郑国也没有再发生火灾。宫廷神职人员的影响力，慢慢被子产式的人文理性替代。"社稷无常奉，君臣无常位，自古以然。"《左传》传递的天道观，基本代表了孔子的世界观。

下学上达
实践是《论语》的第一性原理

中国四大书院之一，千年学府岳麓书院，大门两旁的对联"惟楚有材，于斯为盛"，其中下联就出自《论语·泰伯》。我去长沙拜访岳麓书院，还看见一块康熙御赐的匾额，上书"学达性天"。这四个字的意思就是"下学上达"，也出自《论语》，与子贡有关的两章。

学达，即下学上达，出自《论语·宪问》孔子与子贡的对话。孔子说："莫我知也夫！"子贡问："何为其莫知子也？"孔子回答："不怨天，不尤人；下学而上达。知我者其天乎！"不怨天尤人，反身求诸己。学达，实践是第一性原理。

性天，即性与天道，出自《论语·公冶长》子贡的言论。子贡说："夫子之文章，可得而闻也。夫子之言性与天道，不可得而闻也。"两者加起来，就是"学达性天"。朱熹《论语集注》中引程子说："盖凡下学人事，便是上达天理。"

下学即一切实践，人类活动；上达，即性与天道，普遍规律。王阳明《传习录》中说得好："如木之栽培灌溉，是下学也；至于日夜之所息，条达畅茂，乃是上达，人安能预其力哉？故凡可用功可告语者皆下学，上达只在下学里。"下学与上达，体用不二，不可分割。

世界观和方法论，相辅相成。眼要高，手要低。手法即心法，手到心必到，心到手未必到。想做到不等于做得到，就像鉴别古董，上手，练眼，实践真知，格物致知。《论语》开篇，孔子说出的第一个字，就是：学。下学上达，奠定了《论语》的现实关怀与实践品格。

有些人觉着《论语》过于通俗，《道德经》更厉害，这是典型的不切实际、好高骛远。《道德经》当然厉害，多讲上达，不怎么讲下学，很多人只能望而却步，摸不着门径。做人做事还得切己，从自身所处脚踏实地，进一寸有一寸的欢喜。就连老子也讲："合抱之木，生于毫末；九层之台，起于垒土；千里之行，始于足下。"

马一浮曾致信熊十力："晚周哲匠，孔、老为尊。孔唯显性，老则破相。邵晓夫谓孟子得《易》之体，老子得《易》之用，斯言良然。显性故道中庸，破相故非仁义。语体则日用不知，谈用则深密难识。《汉志》以'君人南面之术'为言，亦浅之乎测老子。庄子赞其博大，正以其神用无方。但其言有险易，义有纯驳。"体用之悟，可备一说。

通过《论语》，我们认识的孔子，可敬可亲，并不深奥，也不抽象，他与人讨论的是具体的、鲜活的现场和案例。诚如《史记·太史公自序》所引孔子之言："我欲载之空言，不如见之于行事之深切著明也。"少说空话，多做实事。儒家绝不是专谈心性和道德，而是以实事程实功地实践不息。黄宗羲《明儒学案·序》所谓："心无本体，工夫所至，即其本体。"

哲学家黑格尔评论《论语》说："我们看到孔子和他的弟子们的谈话，里面所讲的是一种常识道德。"他认为孔子只是一个实际的世间智者，而非思辨的哲学家。对此，我们无需妄自菲薄，与希腊式的哲学家相比，孔子确实与众不同。

我认为这正是孔子的动人之处，也可以说伟大之处。孔子深入浅出，"极高明而道中庸"，不离日用常行，不离具体的、活生生的人，永远站在人的一边，站在沉默的大多数一边。唯一的真理，深奥的思辨，抽象的语言，在孔子这里没有存在的位置。

张祥龙在《海德格尔思想与中国天道》中说："中国文化和思想的主流中没有人格神的至高无上的地位，也缺少概念和逻辑的体系。但这种说法中隐含的贬义，如果有的话，却无根据。中国思想从根本上来讲只运作于一个世界之中，但这并不妨碍它开启出终极的或真正终极的思想灵境。与西方的和印度的正统终极观不同，它有一个不离世间的终极思想视域。"

明末清初思想家顾炎武，在《与友人论学书》中说："呜呼！士而不先言耻，则为无本之人；非好古而多闻，则为空虚之学。以无本之人，而讲空虚之学，吾见其日从事于圣人而去之弥远也。"批评百余年来的为学者，往往言心言性，茫乎不得其解，而孔子本人却是下学而上达，平易而可循。道虽近，不行不至；事虽小，不为不成；空谈心性，去圣远矣。

生活中的人，离不开一个现实的、事实的世界。正如杨国荣在《以事观之》中所说："世界的现实形态基于人所作之'事'，人自身也在参与多样之'事'的过程中，认识自己并获得现实的规定。以人与现实世界的关系为视域，具有综合意义的'事'，较之'物''心''言'，呈现更为本源的性质；以'事'观之，也意味着从更为本源的层面，理解世界和成就世界、理解人自身和成就人自身。"

孔子的核心哲学是生命实践哲学。《论语》中的孔子，切事，切实，是一个行动主义者。孔子认为人能弘道，"道不远人，人之为道而远人，不可以为道。"道体现在日用常行之中，也就是人的实践之事，事即是道，做事即做人。阮元《论语解》说："圣贤之道，未有不于行事见而但于言语见者也。"颜回说"请事斯语"，就是这个意思。

李泽厚在《论语今读》中说："中国实用理性之所以强调韧性精神、艰苦奋斗，其故在此。其中许多哲理近乎常识，却仍然深沉，其故在此。世俗中有高远，平凡中见伟大，这就是以孔子为代表的中国文化精神。"作为最高准则的主体间性，不离此岸的人际、人群和人生，可谓既世间又超世间。

黑格尔认为《论语》是一种常识也没错，只不过常识未必是每个人的常识，很多人缺少的恰恰是常识。曾经有一本薄薄的小册子——潘恩的《常识》，影响了美国思想的发展，这本书被誉为《独立宣言》的灵感之源。《论语》何尝不是华夏文明最早的"独立宣言"，从此奠定了中国哲学思想的人文基调。

什么是真正的常识？常者，恒也，久也。常识就是恒道。孔子就曾感慨："中庸之为德也，其至矣乎，民鲜久矣。"子思也说：

"中庸其至矣乎！民鲜能久也。"常识未必人人识，常识需要人人识。子贡说："贤者识其大者，不贤者识其小者。"所谓智者见智，仁者见仁，在人。

有一阵子，打倒孔家店和批孔，被当作一种常识，显然这不是真正的常识，而是反常识。《左传·庄公十四年》中说："妖由人兴也。人无衅焉，妖不自作；人弃常，则妖兴。"所谓兴妖作怪，事出反常必有妖，反常就是反伦常、反常识。邪不压正，妖不胜德。德不孤，必有邻。

世界上没有任何民族，不尊重自身的文化传统与经典。重返孔子和《论语》，何尝不是重新踏上常识之路。孔子在《中庸》里说："素隐行怪，后世有述焉，吾弗为之矣。君子遵道而行，半途而废，吾弗能已矣。"隐僻怪诞的事情，就算后世有人称述，我也绝不能做这样的事。

志据依游
方法论必须有贯通的实践路径

墨子在《墨子·法仪》中说："天下从事者，不可以无法仪。无法仪而其事能成者，无有。虽至士之为将相者，皆有法。虽至百工从事者，亦皆有法。百工为方以矩，为圆以规，直以绳，衡以水，正以县。无巧工不巧工，皆以此五者为法。"

天下从事各种工作的人，都不能没有方法。没有方法而能成事，从来没有这回事。墨子虽然批评儒者，但此言在理，我们不能以人废言。诸子百家，都是中国学派。《论语》里就有一句话："百工居肆以成其事，君子学以致其道。"在诸子之中，孔门最早关注百工群体，子贡本身就横跨外交政界与工商界。

《道德经》中说："大道甚夷，而民好径。"没有路通往道，有些人只好抄小径，这就是实际情况。就觉悟而言，不出户可以知天下；就实践而言，千里之行，还得始于足下。《论语》与《道德经》不同的地方，就在于不只有道，还有方法和路径。

允执其中也好，下学上达也罢，下学——执中——上达，具体怎么把握这个"上中下"？有什么方法和路径？《论语》落到实处，给出了确切答案——志据依游。在《论语·述而》篇，孔子说："志于道，据于德，依于仁，游于艺。"以道为方向，以德为根据，以仁为依从，以艺为基本，这是适用于每个人的事业心法。

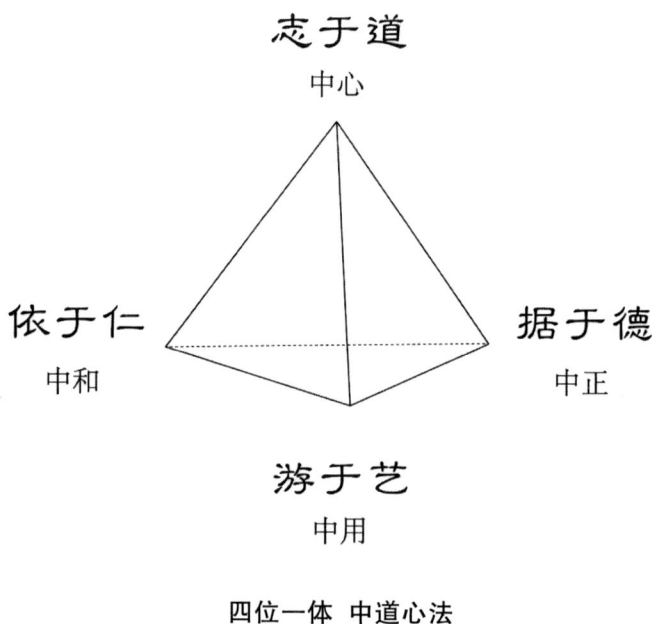

四位一体 中道心法

李炳南《论语讲要》认为，孔子的学行准则，即是："志于道，据于德，依于仁，游于艺。"这十二个字，涵盖了"中国文化之体相用"，正是中华文化的中心。历代圣贤文化，经孔子一番整理，才有系统，所以称曰集大成。道、德、仁、艺，从内在本体到外在大用，各界各业皆可采用，发扬日新。

孔子说："谁能出不由户？何莫由斯道也？"就像进出房间必须经过门户，谁能不奉行此道呢？志据依游，完整地阐述了什么是下学上达。志据依游，有三种理解方式：

第一，可以按顺序理解，从艺，到仁，到德，上达道。君子——仁者——圣人，这是修为的路径和方法。

第二，可以作闭环理解，游艺志道，据德依仁，体用不二，构成一个循环。神乎其技，就是这个意思，匠人精神也本乎此。形而下之极就是形而上。

第三，可以如下图所示理解，举一隅以三隅反，以艺为始，以道为终，以仁、德为依据。以道、德、仁归约艺，以艺践行道、德、仁。

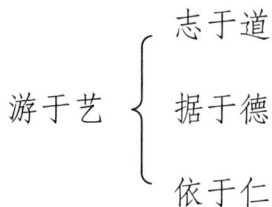

$$
游于艺
\begin{cases}
志于道 \\
据于德 \\
依于仁
\end{cases}
$$

志于道：道即性与天道。志，意味着笃定、坚定。志士仁人，朝闻夕死，守死善道。俗话说：无志之人常立志，有志之人立常志。依于仁和据于德，说明仁、德乃是依据，仁为依从，德为根据，合起来就是：德不孤，里仁为美。

孔子说："三军可夺帅也，匹夫不可夺志也。"心中有确定的志向，虽千万人吾往矣。定而后能静，静而后能安。孔子说："士志于道，而耻恶衣恶食者，未足与议也。"吃饭是为了活着，活着不是为了吃饭。孔子说："岁寒，然后知松柏之后凋也。"经不起考验的理想是假理想。

游于艺：只有艺，用游字。游，意思是不固定，多样性的存在，开放性的选择。每个人天性禀赋不同，三百六十行，行行出状元，所谓百工。艺之所游在自我，理解自我，洞察自我，找到自我。各自发现，各自发挥，各自专注于自己擅长的领域做到极致。

我看纪录片《本来面目》，里面的圣严法师，说他从小只是想做一个和尚，发愿把和尚做好。这样至诚如一的人，怎能不让人动容？我们做自己喜爱的事情，何尝不是如此？雅斯贝尔斯在《智慧之路》中说："作为一个人，就是去成为一个人。"每个人来到世界上，与其说成为更好的自己，毋宁说更好地成为自己，自己就是来处、本来和未来。

志于道，道即中心。道一以贯之，体现的是战略思维。据于德，德即中正。孔子说："政者，正也。"政治或者说组织管理的根本，在于正己而后正人。在其位谋其政，素位而行，在其位表达的是定位思维。依于仁，仁即中和。将心比心，合乎内外，道路合一，知行一处。

孔子发扬了仁，即致中和之道，成为孔门精神标识。严复翻译穆勒的"自由"为"群己权界"，颇得仁之精髓。"人得自由，而必以他人之自由为界。"在孔子看来，仁，既有去做什么的自由，"己欲立而立人"，也有免于做什么的自由，"己所不欲，勿施于人"。仁，总是要在关系之中完成，这是仁与慎独的区别。

志于道，即道之谋。孔子说："谋道不谋食。"什么是谋道？什么是谋食？大家会问：道能当饭吃吗？没有物质基础，就没有上层建筑。这才是人们正常的理解。难道说让大家一起挨饿？当然不是。我们要回到"吾道一以贯之"的道，回到那个真正的唯一的主语——中道，圣人之道。

谋道的谋，专指道的谋划，也就是志于道。谋道是顶层设计，是战略预期和战略定力。做一件事情，明确中心所在，以终为始，道一以贯之，这种思维方式叫谋道。知道要往哪里去，才知道怎么走。孔子说："道不同不相为谋。"讲的是：上下同欲，志同道合。

志于道，志为心定，不动心，不动摇。孔子说："吾，道一以贯之。"据于德，以德为根据，有中心然后有四方，有四方然后有中正。孔子说："政者，正也。子帅以正，孰敢不正？"管理就是上行下效。依于仁，仁是依凭、依靠，推己及人，修己以安人。孔子说："夫仁者，己欲立而立人，己欲达而达人。"

志、据、依，都是表达肯定性的限定，因为道、德、仁，具有主体性、肯定性、依据性。道，必须不改其志。孔子说："匹夫不可夺志。"匹夫就是每个人。道就像北极，引领人们前行。仁和德则是依据，仔细体会依据两个字，知其然知其所以然。

游于艺的游，则表示开放性、敞开性、个体性。艺，取决于性（天赋）和习（践习），源于性，成于习。每个人的天性禀赋不同，各有其艺，各尽其能。子夏说："百工居肆以成其事，君子学以致其道。"无论从事什么工种，都可以致其道。

近现代陶艺大家顾景舟，少时家贫，无法继续学业，十八岁从祖母邵氏制坯作壶，每遇时大彬、邵大亨、陈鸣远等古代名家珍品，无不反复揣摩，自谓与之较量。顾景舟好古敏求，悉心打磨手艺，又苦读兼通文学，文以载道，道器合一，终成紫砂作壶宗师。顾景舟有印一方，"足吾所好玩而老焉"，深得"游于艺"之精髓。

在孔子这里，圣人其实都是伟大的发明家，而不是什么心性学家。《周礼·考工记》中说："知者创物，巧者述之守之，世谓之工。百工之事，皆圣人之作也。烁金以为刃，凝土以为器，作车以行陆，作舟以行水，此皆圣人之所作也。"能尽人之性就可以尽物之性，能尽物之性可以赞天地之化育。

天工开物，人其代之。《周易·系辞》中说："备物致用，立功成器，以为天下利，莫大乎圣人。"欲善其事，必先利其器。神乎其技近乎道，举而措之天下之民谓之事业。我们不应重道轻器轻艺，器艺不存则道不显，器艺以载道，完整的体系应该是：志据依游。

知行位思
方法论必须有清晰的实践工具

志据依游，再翻译一下就是：知、行、位、思，实现人生成就的四种基本能力。知：认知力。行：行动力、执行力。知行合一，致中和之道，就是仁。位：定位思维。不患无位，患所以立。思：战略思维。思无邪，思不出位，譬如北辰居其所。简而言之，四种能力就是：知道，做到，找准位置，坚定目标。

相反就是：知不到，做不到，找不着北，目标模糊。思与位，战略与定位，就是道与路的关系，战略与定位合一。要去的目的地，决定要走哪条路。思不出其位，道路要合一。文化自信，来自道路自信。战略不是选择未来做什么，而是选择现在做什么才有未来。

知，认知力。知不到是人生成就之路上一大困境。《论语》中有关知的丰富的、系统的内容，包含知己、知人，知往、知来，知命、知礼、知言，生而知之与学而知之，不知不愠，知则不惑，知之为知之，等等。孔子说："吾有知乎哉？无知也。有鄙夫问于我，空空如也，我叩其两端而竭焉。"

孔子从不认为自己是什么都知道的知道分子，相反，他强调从根本上而非细枝末节上认知。认知是一种洞见，认知力决定思考的广阔性与深度性。茑屋书店的经营之道，增田宗昭总结为《知的资本论》。审美力也是一种认知力，美学经济和意义经济，是经济发展的必然阶段。

行，行动力、执行力。做不到是人生成就之路上又一困境。《论语》中关于行的内容也非常多，如：文行忠信，闻而行之，讷言敏行，先行其言，行有我师，用行舍藏。无疑，孔子是一位行动主义者，孔子的哲学是行动哲学与生命哲学，即生命实践哲学。

《论语》整体重行而慎言，强调多做少说、先做再说。孔子说："古者言之不出，耻躬之不逮也。""君子欲讷于言而敏于行。"行动力第一，表达力第二，总之就是：言忠信，行笃敬。言要做到信实，行要做到笃实虔敬。提升行动力，是对抗意志薄弱的根本。

位，定位思维。找不到方向，是人生成就之路上的又一困境。孔子说："不在其位，不谋其政。"什么意思？不给职位就不工作？显然不是。心有梦想的人，都是敬其事而后其食。位，乃是定位，这句话是讲：没有准确的定位，就没法展开自己的事业。

孔子说："不患无位，患所以立。不患莫己知，求为可知也。"不担忧找不到定位，担忧我是谁、我在哪、我擅长什么、我热爱什么。不担忧找不到自我，担忧不去认识自我、理解自我。《中庸》讲："致中和，天地位焉，万物育焉。"天时地利人和，都是各位其位。

思，战略思维。抓不住重点，目标模糊，摇摆不定，也是人生成就之路上的困境。《论语》中说：思无邪，道一以贯之，有始有终，譬如北辰，非礼勿视。有人整天抱怨，正事没有，破事不少，被一堆杂事占据、填满。真正厉害的人，心里只有一件事，最重要的事。这是有无战略思维的区别。

没有战略定力，就容易三天打鱼两天晒网。战略思维既是长期主义，也是道一以贯之的中心。孔子具有强烈的战略思维，反对速成，欲速则不达。《论语》中有三年、七年、世、十世、百世等战略思维工具。孔子说："如有王者，必世而后仁。"世是三十年，这是做百年基业的战略视角。

经过王阳明提倡发扬，知行合一，已经众所周知。王阳明在《传习录》里讲："知而不行，只是未知。"在我看来，反过来更好理解：一合知行，一以贯之的一，一是道、中心、目的地。一合知行，就是用目标统一认知和行动，所有认知，所有行动，全都要为实现目标而服务。

惟精惟一，一合知行。目标才是一，战略才是一，是认知与行动唯一的校准、原则、依据、方向。知与一合，认知要合乎目标，行与一合，行动要合乎目标，这就是思无邪。《诗经》三百篇够多吧？却能一言以蔽之，就是有其中心思想。

用思与位合知与行，就是用战略与定位统一认知与执行。所有认知与动作，都要统一到战略与定位，不动摇，不做无用功，不胡思乱想，不走歪门邪道。非礼勿视，非礼勿听，非礼勿言，非礼勿动。礼，就是战略与定位的文本化、成文化、目标化。

保持战略定力，譬如北辰居其所，所有事情如同众星共之，从思维方式到行为方式，形成一个完整的闭环。孔子说："学而不思则罔，思而不学则殆。"行动没有战略就会迷失方向，战略没有执行就会止步不前。

我们如今习惯知行合说，大概是受王阳明知行合一的影响。在《论语》中，往往言和行并举，而非知和行并举，言行容易不一致，知行并不对立，行的能力和知的能力同等重要，并不是此消彼长的关系，而是相辅相成。不妨说，知也是行的一种。

言，自然也非常重要，但孔子强调讷言敏行，少说多做。《论语》非常重视行动力，"行"字出现八十二次，出现次数在关键字排行中靠前。孔子主张敏于事慎于言，先行其言而后从之。行有余力，则以学文。先致力于把事情做成，再说人文修养的提升，也即：庶之，富之，教之——生存，发展，文明。

人生的意义，在于生命实践。在孔子看来，宇宙的生成，万物的生长，人的生命，都是美好存在，无需别寻一个彼岸世界。然而人生在世，常常苦于不得其门而入，难以登堂入室、从心所欲。子贡说得好："夫子之墙数仞，不得其门而入，不见宗庙之美、百官之富。得其门者或寡矣！"《论语》正是中道而行的人生心法、不二法门。

人洁己以进，与其洁也。

书成一喜一惧，以待君子友朋。

第一章

最初的中国

尧曰："咨！尔舜！天之历数在尔躬，允执其中。四海困穷，天禄永终。"舜亦以命禹。

（商汤）曰："予小子履，敢用玄牡，敢昭告于皇皇后帝：有罪不敢赦。帝臣不蔽，简在帝心。朕躬有罪，无以万方；万方有罪，罪在朕躬。"

周有大赉，善人是富。"虽有周亲，不如仁人。百姓有过，在予一人。""谨权量，审法度，修废官，四方之政行焉。兴灭国，继绝世，举逸民，天下之民归心焉。所重民，食、丧、祭。"

"宽则得众，信则民任焉，敏则有功，公则说。"（20.1）

尧说："来吧，你舜啊！上天的运数已降临到你身上，你需要信实地持守中道。体恤四海之内可能的困穷，上天赐予的福禄才会长久。"舜也以此诰命于禹。

（商汤）说："我履作为晚辈，谨用黑色牡牛做祭祀牺牲，明白敬告光明尊贵的天帝：有罪的人我不敢擅自赦免。天帝之臣（夏桀）的罪过我也不敢隐蔽欺瞒，您心里明察秋毫。我如果有罪，请不要怪罪万方之民；天下万方有罪，罪责由我一人承担。"

周朝大封诸侯，善人得以富贵。"我虽有很多至亲，不如多有仁德之人。百姓如果有过错，责任由我一人承担。""严谨对待度量衡，谨慎审定礼法制度，修整废弃的官职，那么天下的政令就会通行。复兴被灭亡的国家，承继被断绝的宗祀，推举隐逸的人才，那么天下的百姓就会心有归附。必须重视民众，以及粮食、丧礼、祭祀。"

"宽厚就会得到民众拥护，守信则民众乐于被任用，勤勉敏行就会取得功绩，公正就会使民众心悦诚服。"（20.1）

中国，何以中国？

考古学家苏秉琦在《中国文明起源新探》中说：尧舜时代万邦林立，各大文化区系间彼此交流和认同，承认有一个不十分确定的中心，出现最初的"中国"概念，这一时期可以说是"共识的中国"；夏商周三代，方国成熟和发展，政治文化重组，出现松散的联邦式"中国"，周天子以"普天之下，莫非王土"为理想，这一时期是"理想的中国"；距今两千多年前，秦统一中国，秦汉帝国的形成，从疆域到文化实现大一统，这是"现实的中国"。

孔子恰好处于"中国"发展三部曲的中间位置，上承尧舜禹的"允执其中"，置身监于夏商二代的周朝，下启秦汉文化共同体，成为真正的"集大成者"。孔子并非横空出世，生来就是至圣先师。孔子成年后曾忆苦思甜："吾少也贱，故多能鄙事。"我少时家境贫贱，因而掌握了很多谋生的本事。大哉孔子，从不讳言自己的贫苦出身，不怨天，不尤人，下学上达。

孔子的一生，是拒绝躺平的一生。与孔子同时代的佛陀，觉悟之前是迦毗罗卫国净饭王的太子。孔子就没那么幸运了，司马迁说："叔梁纥与颜氏女野合而生孔子。"孔子出生在曲阜远郊区一个小山洞里，地位不高贵，家里也没有矿，勉强属于没落的士族。孔子是即凡而圣，躬行君子，修己安人，超凡入圣。伟大的人不是生来就伟大，而是越活越伟大。

孔子信而好古，祖述尧舜，热爱他之前的古代文化，敏而好学，从年轻时就具有斯文在兹的使命感，自觉纳入一种精神传承，成为三代文化之集大成者，并创造性总结发扬了一个圣贤谱系，就是本章历述的中国古代圣王：尧、舜、禹、商汤、周武王。金庸的《鹿鼎记》中，韦小宝为讨好康熙皇帝，称康熙为"鸟生鱼汤"，即"尧舜禹汤"的谐音梗，意思是圣明、圣王。

孔子说："吾，道一以贯之。"

孔子推崇的这个圣贤谱系，就是道一以贯之的道——圣人之道。孔子的最高理想是什么？天下有道，天下归仁，天下大同，也即一个普遍的美善社会。孔子认为：天道在人世间彰显的最高典范，就是圣人之道、文武之道。以圣贤为榜样，以其遗训和德行为对照，志于效法圣人之道，就是学。修己以敬，仁以为己任，躬行不倦，实践中道以达天道。这就是履迹相承的孔门心法。

孔子之后，战国的孟子，再次提及这个圣贤谱系。《孟子·尽心下》中说："由尧舜至于汤，五百有余岁；若禹、皋陶，则见而知之；若汤，则闻而知之。由汤至于文王，五百有余岁，若伊尹、莱朱，则见而知之；若文王，则闻而知之。由文王至于孔子，五百有余岁，若太公望、散宜生，则见而知之；若孔子，则闻而知之。"孟子的意思是：五百年必有圣人出，从尧舜到孔子一脉相承。

最后孟子说："当今之世，舍我其谁？"我辈现在开始说话。

汉代的刘歆，在《移书让太常博士》中总结说："昔唐虞既衰，而三代迭兴，圣帝明王，累起相袭，其道甚著。周室既微，而礼乐不正，道之难全也如此。是故孔子忧道不行，历国应聘，自卫反鲁，然后乐正，雅颂乃得其所。修易序书，制作春秋，以记帝王

　　　　　　　　　　　　论语方法论

之道。"

唐代文学大家韩愈，在《原道》中提出"道统"，为这个圣贤谱系盖棺定名。"斯吾所谓道也，非向所谓老与佛之道也。尧以是传之舜，舜以是传之禹，禹以是传之汤，汤以是传之文、武、周公，文、武、周公传之孔子，孔子传之孟轲，轲之死，不得其传焉。荀与扬也，择焉而不精，语焉而不详。由周公而上，上而为君，故其事行。由周公而下，下而为臣，故其说长。然则如之何而可也？"

韩愈重提孟子，将其从思想史上打捞起，到宋代孟子的地位达到巅峰。

如果不了解《论语·尧曰》篇的这个圣人谱系，就无法把握《论语》的核心主旨，所以我将这一章放在最前面讲解。在《论语》中，孔子谈到"修己以安百姓"和"博施于民而能济众"，后面都接着同样的一句话："尧、舜其犹病诸！"治国平天下，就连尧和舜，都还担心做不到完美。

尧、舜的终极追求，乃是天下归仁，天下之民归心。"四海困穷，天禄永终。"意思就是：革命尚未成功，同志还须努力。所以孔子说："天下有道，丘不与易也。"光解释没用，问题在于改造世界。任重而道远，就像梁漱溟的终极追问："这个世界会好吗？"

《论语》呈现的孔门心法，包含着一套完整的关于世界美善的实践哲学，以及践行方案，从人生美善，到社会美善，即天下大同的人间理想。赵汀阳在《论可能生活》中，将"幸福"和"公正"作为伦理学的两大原理。美和善，则是《论语》的两大伦理原则和实践依据。

美和善的主体是人，不是抽象意义上的人，而是具体的每个人，承担各自天命的人。孔子经常与弟子谈理想（言志），在与孔门为政三驾马车子路、冉求和子贡的对话中，孔子谈到实现为政理想的三个层次，这些都是关乎实践圣人之道的具体执行方案。

子路：修己——安人——安百姓
冉求：庶之——富之——教之
子贡：足食——足兵——民信

孔子自己也有一份答卷："老者安之，朋友信之，少者怀之。"孔子这个理想的诗意版就是："暮春者，春服既成，冠者五六人，童子六七人，浴乎沂，风乎舞雩，咏而归。"扩展版则是《礼记·礼运》："大道之行也，天下为公，选贤与能，讲信修睦。故人不独亲其亲，不独子其子，使老有所终，壮有所用，幼有所长，矜、寡、孤、独、废疾者皆有所养。"

《论语集释》是民国以来研究《论语》的集大成之作，程树德在《自序》中说："欲以发扬吾国固有文化，间执孔子学说不合现代潮流之狂喙，期使国人之舍本逐末、徇人失己者俾废然知返。"拳拳之心，跃然纸上。程树德认为本章是"《论语》全书后序"，可谓一语中的，切中要害。

《尧曰》篇第一章，确实可以看作《论语》的序言式总结。本章所述主要来自《尚书》：《尚书·虞书》的《尧典》《舜典》《大禹谟》，以及《尚书·商书·汤诰》《尚书·周书·泰誓》《尚书·周书·武成》等。《论语·泰伯》篇最后四章，历数尧、舜、禹、周武王的功德事迹，可作为《尧曰》篇首章的内容延伸。

允执其中，出自《尚书·虞书·大禹谟》："人心惟危，道心惟微，惟精惟一，允执厥中。"中庸之道，发端于此。阳明心学，也发端于此。王阳明《象山文集序》讲："尧、舜、禹之相授受曰：'人心惟危，道心惟微，惟精惟一，允执厥中。'此心学之源也。中也者，道心之谓也；道心精一之谓仁，所谓中也。孔孟之学，惟务求仁，盖精一之传也。"

所重：民、食、丧、祭。通常如此断句，并不确切，正确读法应该是：所重民，食、丧、祭。这句话出自《尚书·周书·武成》："列爵惟五，分土惟三。建官惟贤，位事惟能。重民五教，惟食丧祭。惇信明义，崇德报功。垂拱而天下治。"说明从谨权量到食丧祭这一段，可视为出自周武王之口。

从孔子到孟子到王阳明，两千年儒学史，还有一个对"圣人"认知的变迁。在孔子所处的春秋时代，对圣人的认定，还保持着早期三代文化中的传统：圣人是少数圣王，既能明明德于天下，造福于民众，又能制礼作乐，为天下立法。像《尧曰》篇中历数的圣人，包括：尧、舜、禹、汤、周武王。

我们注意到，这里甚至没有提到周公。周公是西周王朝的重要奠基者，从翦商到摄政，辅佐周成王，敬德保民。虽然周公功劳巨大，但周武王是开国君主。到了战国时代，思想开始发生变化。《吕氏春秋·贵公》中就说："天下非一人之天下也，天下之天下也。"

在孔子心中，周公是圣人。孔子说："周监于二代，郁郁乎文哉，吾从周。"《礼记·表记》中说："殷人尊神，率民以事神，先鬼而后礼，先罚而后赏，尊而不亲。"周公制礼作乐，文质彬彬，敬鬼神而远之。孔子对周公创造的礼乐制度的高度认同，也可以看作孔子对圣人之道的扩充，未必非得就是治理万民的圣君。

孔子述而不作，信而好古，始终相信斯文在兹，从不自称仁和圣。孟子则非常肯定地讲："人皆可以为尧、舜。"效法圣人的做法躬身实践，就是圣人。尧、舜并不高高在上、高不可攀，圣人不是坐在圣坛之上仅供瞻仰，而是人生价值的一种参照和境界。

王阳明更是提出人人都是圣人，"满街人都是圣人"。这在本质上并没有什么变化，从天命之性上讲，人人可以为尧、舜，从实践习行上讲，任重道远，还须努力，此即性善和工夫。冯梦龙《论语指月》说得好："帝王兢业相传，只是个修己。"

在尔躬，在朕躬，在予一人，在人，在兹。其实就是在己，在自己，离不开自己的修为实践。孔门之学是为己之学，所以孔子说："为仁由己，而由人乎哉？"从可以为尧舜，到成为尧舜，是从觉悟到实践的持续的动态过程。这就是：闻道有先后，术业有专攻。

孔子被后世称为儒家学派的创始人，这是历史事实。同时我们也要清楚，至少在《论语》中，孔子与孔门弟子，并不曾以"儒"或"儒家"自称。《论语》中只有一章出现"儒"字，孔子对子夏说："女为君子儒，毋为小人儒。"这里的儒字，属于中性用法。

儒学历经不同时代的参与创造，有其复杂性与广阔性，不等同于孔子的思想。从传承上，孔子及其弟子们代表儒家开创性的第一代，直接记录他们言行的是《论语》，我们也可称之为：孔门心法或孔门之学，以区别学术发展意义上的儒学或儒家学派。

我们都是中国人。中国之所以是中国，在于允执其中；中国文化的核心密码，即在致中和之中道。在《论语》中，孔子将华夏文明的开端明确为唐虞时代，唐虞即尧舜，孔子祖述尧舜。在《论语·泰伯》中，孔子说："唐虞之际，于斯为盛。"巍巍乎其有成功也！焕乎其有文章！诚如斯言，百世可知。

唐虞之际，肇始了夏、商、周第一个两千年。周秦之变，影响了汉代以来的第二个两千年。尧，孔子心中的第一位圣人，也是《论语》记述的最早的古史人物。孔子说："唯天为大，唯尧则之。"《论语》从尧舜开始追寻中华文明起源，与"中华文明探源工程"不谋而合，与最新公布的考古成果惊人一致。

距今四千三百年前后，中华各地的文明进程出现转型，其重要特征是"中原崛起"，黄河中下游文明占据优势，以蛋壳黑陶和丁公陶文为代表，龙山文化达到新的文明高度，陶寺和石峁两座都邑也相继出现。陶寺遗址出土的朱书扁壶，上面出现最早的"文"字。学者考证陶寺遗址或为尧都平阳，称其为"最初的中国"，陶寺遗址的发现，进一步证明尧舜时代不只是传说。

长期从事陶寺遗址考古发掘与研究的何驽认为，陶寺文化已存在"地中"的观念，观象授时，圭尺定中，"地中"是天下的中心，"王者居中"，统治权力才具有正统性与合法性。陶寺都城遗址和陶寺文化的邦国社会结构，与"地中"概念完美结合，构建了"地中之都，中土之国"的"最初中国"概念。

陶寺考古队领队高江涛认为，陶寺为尧都所在，已经初步形成证据链，包括考古实证、文献印证、民俗旁证、遗产佐证。陶寺

山西 襄汾 陶寺遗址出土朱书扁壶

出土的龙盘、圭尺、文字扁壶、鼍鼓、石磬以及观象台遗迹等提供了与"尧或尧舜"密切相关的实物之证；陶寺的巨大城址、宫城宫殿、族群墓地、仓储作坊等都邑要素反映的文明形态，与那个时代文明已成的状态相应。

中国社会科学院学部委员王巍说："陶寺具备文明社会的所有要素，其机制在中国乃至世界文明起源研究中有着很强的代表性，突出表现在尊崇至高无上的王权，推行区分等级的礼乐制度，崇尚兼收并蓄的精神品格，正是陶寺所展现的这些文明标识，造就了其'经天纬地，照临四方'的文明成就。"

夏鼐在《中国文明的起源》中指出："我们根据考古学上的证据，中国虽然并不是完全同外界隔离，但是中国文明还是在中国土地上土生土长的。中国文明有它的个性，它的特殊风格和特征。中国新石器时代主要文化中已经具有一些带有中国特色的文化因素。中国文明的形成过程是在这些因素的基础上发展的。"

郁郁乎文哉，天之未丧斯文也。"夷狄之有君，不如诸夏之亡也。"这是孔子的文化自信。《周易·贲卦》讲："刚柔交错，天文也；文明以止，人文也。观乎天文，以察时变；观乎人文，以化成天下。"文明以止，文质彬彬。中国自古重视文而化之，中华文明以绵延不绝著称于世，这就是允执其中，这就是斯文在兹。

孔子说

自我实现三部曲

> 子曰："学而时习之，不亦说乎？有朋自远方来，不亦乐乎？人不知而不愠，不亦君子乎？"（1.1）

孔子说："实践圣人之道，有时机得以运用，不是很愉悦吗？有志同道合者带来启发，不是很快乐吗？人未觉悟但不郁闷，不是君子的态度吗？"

人为天地立心，为天地代言，天地之间是人的舞台。"子曰"一词，在《论语》出现次数最多，高达四百五十二次。子是对孔子的尊称，子曰即孔子说，表示有一个具体的人在言说，在谈论，《论语》正是孔子与孔门弟子的言论和对话。子曰意味着：在此，此在，当下，担当。

相同的文化地域，视角不同，言说方式不同。《道德经》开篇讲抽象之道："道可道，非常道；名可名，非常名。无名，天地之始，有名，万物之母。"不同的文化地域，言说方式也有不同。《圣经》开头追溯宇宙起源："起初，神创造天地。神说要有光，就有了光。"

与众不同的《论语》，则是具体的、当下的、实践的生命叩问。孔子立足现实生活世界，敬畏天命，觉知天命，当下直观，当下承担，自我实现，学达性天，这是孔门真精神。《论语》第一篇第一章，重要性不言而喻，可称之为《论语》的思想纲要。《论语》

中不仅有孔子在说话，还包括很多真实的历史人物。孔子讲述的道理，在鲜活的具体案例之中。

《论语》与《金刚经》，倒是有一个相似之处，那就是：始于如是我闻，终于信受奉行。孔子讲道理，但从不布道。孔子下学上达，允执其中，志据依游，致力于为生活世界中的人们，提供一整套实践美善人生的解决方案。正如钱穆《论语新解》所说："孔子之学，皆由真修实践来。"

王阳明在《传习录》里说："故凡可用功，可告语者，皆下学。上达只在下学里。凡圣人所说，虽极精微，俱是下学。学者只从下学里用功，自然上达去。不必别寻个上达的工夫。"说得太好了，上达无须别求，上达只在下学里。好高骛远，素隐行怪，正是很多人自我成就之路上的绊脚石。

做到即知道，手法即心法。《论语》开篇先立一个"学"字，可谓用心良苦。《道德经》始于"道"，《圣经》始于"神"，《论语》始于"学"。那么，谁来学？当然是生活世界里每个有追求的人。将实践作为人生第一性原理，这是《论语》最大的精神底色。

通常对本章的解读，都着力于如何学习、交友，以及如何面对别人的不理解，这不能说没有现实的启发意义，尤其"人不知而不愠"，可以说相当鸡汤了。但如此一来，完全低估了《论语》的结构性和系统性。我们对于《论语》需要整体把握，避免以偏概全。

孔子这三句话：学而时习，自远方来，不知不愠，大家都耳熟能详，我认为主要在阐明：允执其中，下学上达，人生自我实现的三个阶段。我将从四个角度：学、时、自远方来、说—乐—不愠，加深对本章内涵的理解，明确《论语》以此开篇的真正用心。

学而时习的学

知识过剩才是我们今天面临的主要问题，知识大爆炸造成信息冗余，以及新媒体导致的知识碎片化。然而在孔子的时代，文化知识长期以来被贵族阶层垄断，没有丰富的知识获取渠道，文化知识传播主要还是依靠口授、口述。

周王室的青铜器铭文，虽然已开始向各个诸侯国扩散，但汉字的使用还不广泛，就像甲骨文主要是用来记录占卜和祭祀，文书行政要到战国时代才正式形成，汉字文化圈覆盖天下郡县，则要到秦统一中国，推行车同轨、书同文制度。

《左传·襄公二十五年》记载了一段孔子的话："言以足志，文以足言。不言谁知其志？言之无文，行而不远。"这证明孔子对文字的高度敏感，文字作为社会媒介的变革，决定了先秦政治的走向。《论语》仍有口传时代的遗风，但却是战国早期第一本子书。

书（简和帛）在当时属于罕见的奢侈品，读书更是奢侈行为，学习途径主要靠"闻"。"闻"约等于今天所说的学习，如"子路唯恐有闻"。闻，本义从耳，听闻，闻而行之。圣人的"聖"，从耳从口，表示能听会说。圣人，就是绝顶聪明的人。上古的圣人，几乎都是发明家。

学而时习的"学"，这是《论语》讲出的第一个字，拥有广阔的内涵和特定的指向。王船山《读四书大全说》认为："此学字与大学之道学字同，该括广大。"什么是大学之道？与《论语》《中庸》《孟子》并称四书的《大学》，开篇讲："大学之道，在明明德，在亲民，在止于至善。"学而时习的学，就是大学之道的学。

这里的"学"字，内容丰富，偏向实践，包含：明明德，亲民，止于至善。谁来学？志于道的君子。我们不妨反过来问，《论语》主张向谁学？尧、舜、禹等圣人。圣人效法超越世界的天道，从而在现实世界开启圣人之道。学，即照着圣人做，效法圣人，实践中道。

陈赟在《儒家思想与中国之道》中指出："《荀子》的首篇是《劝学》，扬雄《法言》的第一篇是《学行》，王符《潜伏论》以《赞学》开篇……这几个文本似可以显示，以'学'作为开端并不是一个或有或无的现象，它表达了中国思想对'学'的意义及其位置的共同的理解。"正如《孟子》《荀子》《春秋公羊传》以"尧舜之道"结尾，这并非一种巧合，而是在宣示：尧舜，即是所学之对象。

在不同场合，孔子多次赞扬圣贤典范。根据《论语》的记载：君子的典范有子产，仁者的典范有伊尹、管仲、伯夷、叔齐等，圣人的典范则有尧、舜、禹、汤、文、武、周公。见贤思齐，贤贤易色，这些圣贤典范，都是君子效法的对象。孔子说："君子食无求饱，居无求安，敏于事而慎于言，就有道而正焉，可谓好学也已。"就有道而正，就是以圣人之中道为校正、校准。

刘宗周在《论语学案》中说："学之为言，效也。汉儒曰觉，非也。学所以求觉也，觉者心之体也，心体本觉，有物焉，蔽之气质之为病也，学以复性而已矣。有方焉，仰以观乎天，俯以察乎地，中以尽乎人，无往而非学也。"学就是下学上达的学。即觉即效，手到心到，道路合一，知行合一。

明代著名政治家、改革家张居正，任内阁首辅十年，辅佐万历皇帝朱翊钧推行新政。张居正在《讲评〈论语〉》中说："学，是仿效。凡致知力行，皆仿效圣贤之所为，以明善而复起初也。"仿效圣贤，闻而知行，知道做到，这就是完整意义的学。

学即效法圣人，实践中道。一个"学"字，涵盖了闻道、知道、志道、行道，这一动态实践的整体过程。王阳明在《传习录》中说："知是行的主意，行是知的功夫。知是行之始，行是知之成。"知行不可分离，道路不可分离，这就是知行合一。《管子·弟子职》中也说："凡言与行，思中以为纪。"言行一致，不离中道。

学不等于学习，也不等于读书。子路说："何必读书，然后为学。"子夏说："贤贤易色；事父母能竭其力；事君能致其身；与朋友交，言而有信。虽曰未学，吾必谓之学矣。"虽曰未学，用今天的话说，就算学历不高，文化程度不高，并不影响人生也可以实践得好。

从子夏的话我们可以发现，学之内容的丰富性，基本包含实现人生价值和生活意义的各个方面。无论创业、经商、从政、搞艺术、研究科学，还是做学问，都属于学的范畴。子夏又说："百工居肆以成其事，君子学以致其道。"何谓百工？就是各种工匠的统称，也就是现在人们所从事的各种工作。《论语》之学，自然囊括百工之事业。

知道不等于做到，知道很多不等于做得很好。孔子说："好仁不好学，其蔽也愚。好知不好学，其蔽也荡。好信不好学，其蔽也贼。好直不好学，其蔽也绞。好勇不好学，其蔽也乱。好刚不好学，其蔽也狂。"仁、知、信、直、勇、刚，无疑都是好的原则，但都离不开好学，脱离学之实践，好事可能变坏事。总而言之：学，就是实践中道。好学，就是实践得好。

说，乐，不愠

效法圣人实践中道，进阶的过程可分三步走：君子，仁者，圣人，这又代表自我实现的三个人生阶段。每个阶段会有不同状态的表现或际遇，就像本章总结的三种心态或态度：说（悦），乐，不愠。"人不知"的痛苦，可以说是一种普遍存在。不明了自己，不懂与人相处，把握不住时代机遇，都无法施展事业抱负。

人生在世，主要面对自己、他人和社会，当然还有自然和死亡，这里暂且不论。面对自己，就会有寻找自我的问题。你是谁的谁不重要，你是谁才重要；面对他人，无论家人、师友、上下级还是众人，就会有如何定位自己，以及如何相处的问题；面对社会，就会有文化认同，以及价值实现的问题。人与自我，人与他人，人与社会，这三个维度共同构成实现人生意义的世界。

人不知而不愠，通常都解读为：别人不了解我，我也不生气。把这看作一个君子的修养，还真能自我安慰。其实心里的潜台词，都是希望别人来理解自己。那么谁去理解别人呢？都寄托于别人来理解自己，到头来还是相互不理解。君子讲慎独，但绝不矫情。

人不知而不愠的"人"，在这里不是别人、他人，而是指人本身，人人，每一个人。人，首先要有自知之明，自觉而后觉他。无论是孔子还是佛陀、苏格拉底，都把自知、自觉、自安放在智慧的第一位，也即元智慧。认识自己，明了自己，永远是每个人的第一人生要务。

别人不了解我，我却一点不生气，顶多算好脾气，也可能是乡愿，但远远够不上一个君子。孔子说："君子求诸己，小人求诸人。"君子并不决定于外界、外在、外物、外人，君子自知、自足、自立、自强，独立人格是君子的根本，本立而道生。

一个人是否为君子，与他人没有直接关系。真正的君子依乎中庸，"遁世不见知而不悔"，就算默默无闻，也无怨无悔。人不知而不愠，是说在实践中道的人生路上，如果还没觉悟，不郁闷，不急躁，不愤懑，不忧不惧不苟且，矢志不渝，不言放弃，这才是君子应有的态度。所以孔子说："君子无终食之间违仁，造次必于是，颠沛必于是。"

我们再来看：说—乐—不愠，愉悦、快乐、不郁闷，三者都属于人的正面的、正向的情绪表达。从中我们还可以看出，三种情绪状态呈现依次递减，说＞乐＞不愠，三种状态对应三个层级：与众乐乐，与少乐乐，独乐乐。孟子说："天下大悦而将归己。视天下悦而归己，犹草芥也，惟舜为然。"舜有天下而不与焉，天下大悦，就是天下归仁。

说（悦），中心悦而诚服，可以视为在社会层面的自我实现，也即"修己以安百姓"。乐，是在社群层面的自我实现，也即"修己以安人"。不愠，是在寻找自我层面致力于自我实现，也即"修己以敬"。修己以安己，知止而后有定，定而后能静，静而后能安。

　　学而时习之，不亦说乎？
　　（学而）有朋自远方来，不亦乐乎？
　　（学而）人不知而不愠，不亦君子乎？

"学而"两字，既是《论语》的总前提，也当作为贯穿三段话的前提。学而时习：博施于民，学达性天，天下归仁。学而知朋：自远方来，立人达人，仁者爱人，爱众亲仁。学而知己：不知不愠，君子慎独，格物致知，修己以敬。

李启谦在《关于"学而时习之"章的解释及其所反映的孔子精神》中说："该章实际上说的是，孔子对其学说三种不同境遇的三种不同态度。第一种最高兴，第二种也快乐，第三种不悲观不失望。……《论语》一开头就讲孔子对其学说的基本态度。首先要争取实现自己的理想；若退而求其次，则要得到很多人的理解和支持；最后若不被人知，也要抱定信念，不失君子的品格。"不被人知，应为还不自知。

在孔子的提倡推动下，君子从指称世袭的贵族，转而以品格和才能作为标准，肯定人生修为的价值和意义，成为新型人才的标识。向谁学，学什么，我们都讲过。那么，谁来学？君子，立志实践中道的人。志于学，志于道，心有所向，方能不知而不愠，岁寒然后知松柏之后凋。

有朋自远方来，就是闻道觉知的快乐。学而时习，就是知行一处学以致用的愉悦。志于学，不知不愠。知于学，自远方来。行于学，时习天下。修齐治平，由己及人，层层递进。说（悦），乐，不愠，可以对比佛家三境界：自觉，觉他，觉行圆满；也可以对比《易经》：潜龙在渊，见龙在田，飞龙在天。

学而时习的时

时间是人世间的永恒参照标尺。君子待时而动，尊重时间，把握时势，等待时机。孔子一生，学行天下；周游列国，不得其时；整理六经，获麟绝笔；斯文未坠，时哉时哉。有一次，孔子站在奔流的大河边，不禁怆然感叹："逝者如斯夫，不舍昼夜。"

还有一次，鲁国的当政者阳虎，跑过来跟孔子讲："日月逝矣，岁不我与。"力劝孔子从政，孔子说我会考虑。光阴荏苒，时不我待，这种在时间流逝面前的珍惜感，大约出自孔子的天性，故而孔子说："发愤忘食，乐以忘忧，不知老之将至。"就连很久没有梦见周公，都自视为衰老的征兆。

学而时习之，不亦说乎？译成英文应该怎么表达？"学而见时光之白翼飞驰而过，这不是我们的快乐吗？"这是意象派诗人庞德，在其代表作《诗章》里的创造性翻译。此译虽然不得其意，倒也颇有诗情画意。习，数飞也，从羽，从白。白翼飞驰指向"习"的本意，鸟在日光下练习飞翔。

故事总是发生在河边，正如人类文明的诞生。

有一次还是在河边，孔子一行来到楚国田间，遇见两位在耕耘的隐者，子路前去问津。听说来者子路是孔子的弟子，隐者就跟子路说："滔滔者天下皆是也，而谁以易之？"没有人能在历史的长河中逆流而上。孔子听说以后，却跟子路讲："鸟兽不可与同群，吾非斯人之徒与而谁与？"是啊，我不站在人的一边，又能站到哪里呢？我总不能混迹于鸟兽的群列。

我想象庄子也站在河边，比如濠水和濮水之间，庄子或许会说"逝如昼夜"，却不会加上"不舍"。庄子会说："子非我，安知我不知鱼之乐？"你不是我，怎么知道我不知道鱼的快乐？在庄子看来，时光的虚掷与放空，才是人生意义的前提，似水流年，心游物外，真是一个很好的美学命题。

纯粹自然的快乐，纯粹死亡的哲学，这是孔子涉足较少的主题。所以《庄子·齐物论》中说："六合之外，圣人存而不论；六合之内，圣人论而不议；春秋经世先王之志，圣人议而不辩。"孟子提出了天时、地利、人和，可谓深入人心。孟子说孔子是"圣之时也"，一个顺应时代大潮的人。孔子特别重视时机的选择，用行舍藏，可以速则速，可以久则久。

在郭店楚墓出土的竹简中，发现有一篇《穷达以时》："遇不遇，天也。"正如"芝兰生于幽谷，非以无人嗅而不芳"。空谷幽兰，该开就开，即使无人欣赏，也可孤芳自赏。"穷达以时，德行一也。"无论得不得志，都要实践德行，君子"敦于反己"，勤勉反省自己，反身求诸己。王充《论衡》中也讲过类似的话："贤不贤，才也；遇不遇，时也。"

《史记·孔子世家》记载，孔门在陈蔡边境绝粮，孔子曾这样回答子路："譬使仁者而必信，安有伯夷、叔齐？使知者而必行，安有王子比干？"回答子贡的原话则是："良农能稼而不能为穑，良工能巧而不能为顺。"孔子想说的是"只问耕耘，莫问收获"。

在中国哲学传统里，"时"是一个重要概念。被视为与孔子有关系的《易传》中，有很多关于"时"的思想论述，核心观点就是：时中，与时偕行。比如《周易·系辞》："与日月合其明，与四时合其序。"比如《周易·彖传》："时止则止，时行则行；动静不失其时，其道光明。"

《列子·力命》中也说："农赴时，商趣利，工追术，仕逐势，势使然也。然农有水旱，商有得失，工有成败，仕有遇否，命使然也。"总之，各有其命，各有其时，需要每个人自知其命，自觉其时。人生不如意事常八九，天意未必遂人意，尽人事，听天命。

天地人三才，时间和空间，共同构成了人活动于其中的"位"。一个人处在什么位置，如何找到自己在这个世界上的位置，一看天时，二看地利，三看自身。孔子说："不在其位，不谋其政。"不确定自己的位置，就无法正确地开展事业。

做什么都得讲究个时机，对的时间，对的地方，对的事，对的人，无不是时机。机会转瞬即逝，能否把握得住？子贡做生意，就得注意"与时转货赀"。《论语》中说，"子贡亿则屡中"，对市场行情判断精准。从子贡家累千金、出门结驷连骑来看，子贡不愧"儒商第一人"。

自远方来

有朋自远方来，有人说"有"通"友"，也即友朋。不过，"友朋"的说法，在《论语》中找不到例证。在《论语》中，"友"出现二十多次，"朋友"出现八次，单独一个"朋"字，只见于本章这一次。"朋友"一词，在古代细分而言：同门为朋，同道为友。

在各种人际关系中，如天地君亲师，与我都属于上下对等而非平等关系；只有朋友，代表一种真正平等的对话关系。曾参讲过："君子以文会友，以友辅仁。"《礼记·学记》中说："独学而无友，则孤陋而寡闻。"君子实践中道，既需要传道授业解惑之老师，更需要高山流水知音之朋友。

自远方来，我们先说：空间之远，地理距离的遥远。比如，山东的朋友大老远来北京看我，这是一种快乐。作为朋友，我们相互欣赏，志同道合，在茫茫人海，由远而近，相遇相知，这又是一种快乐。让我们把时空放到更远，孔子何尝不是我的远方？我何尝不是孔子的远方？孔子离开这个世界已经二千五百年。时间之远，历史距离的遥远，又是一个事实。

孔子离我们太远了，到底有多远？就像远在远方的风，比远方更远。最远的距离是不理解，意义之远，心理距离的遥远，则是另一个事实。顾城有首诗《远和近》："你看我时很远，你看云时很近。"讲的就是心理之远。很多人对孔子充满无知、陌生和不解，觉得孔子古老、传统，并非生活必需品。

但还有一个事实，孔子仿佛无处不在，可以说是代表中国文化的第一符号。孔子到底是一个什么样的存在？司马迁说："余读孔氏书，想见其为人。"带着种种困惑，十年前我开始细读《论语》，如今那个生活在春秋末年的孔子以及孔门弟子，在我心里越来越立体，不再模糊，不再遥远。

自觉而后觉他，能够与什么样的人对话，就意味着什么样的觉悟。同频才能共振，不同层次的人，无法展开深层对话。鸡不可同鸭讲，夏虫不可语冰。所以孔子在《论语·雍也》中说："中人以上，可以语上也；中人以下，不可以语上也。"

朋友，既可以是同时代的人，也可以是所有时代的人。惺惺相惜，拍案会心，一切让人觉悟的人和思想，都构成志同道合的朋友关系，这是一种超时空的共鸣与对话，不拘泥于时代和地理，比如：孔子之于司马迁，杜甫之于辛弃疾，徐渭之于齐白石，但丁之于艾略特。"以友天下之善士为未足，又尚论古之人。"这就是孟子所赞扬的"尚友千古"。

无论来自另一个城市，还是另一个时空，抑或另一个国度，无论是谁，今人古人，万事万物，我们在此相遇的那一刻，思想和情感只要产生了碰撞的火花……这就是"自远方来"。近悦远来，互为因果。每个人都有一段人生必经之路，从而得以觉悟自身，这就是"自远方来"。

你从远方走来，我向远方走去，我们互为彼此的远方。

我是孔子的读者，你是我的读者，精神相遇同样快乐。

一花一世界，一叶一菩提。有朋自远方来，甚至也可以是非人。书法家米芾与石为友，诗人林逋梅妻鹤子，陶渊明独爱菊，周敦颐爱莲之出淤泥而不染。孙中山先生写过一副对联："养天地正气，法古今完人。"就是这个意思。

同乡刘勰在《文心雕龙·神思》中说："登山则情满于山，观海则意溢于海，我才之多少，将与风云而并驱矣。"思接千载，视通万里，思理为妙，神与物游，造化为师。感时花溅泪，鸟鸣山更幽。这都是"自远方来"。

师傅领进门，觉悟在个人。觉悟之刹那，一如有朋自远方来，不亦乐乎。从不知不愠，立志修行君子，到自远方来，与古今觉悟者共觉悟，再到学而时习，修齐治平于社会，天下归仁。这就是下学上达、自我实现的三个阶段。美善人生正来自：践行——觉悟——践行的循环往复。

《论语》充满开放性，始于道心，终于人心。看似浅显日常，很少莫测高深，相对容易进入，反而日用不知，实乃进入层次不同，所见亦不同。器者见器，仁者见仁。贤者识其大者，不贤者识其小者，在人。这是《论语》最有趣的地方。

在我看来，孔子的思想自带现代性基因。孔子提炼的中道思想和允执其中的方法论，既是超越时空的思维方式，又永远以人生当下为实践领域。学达性天，以生命意义为第一追寻；志据依游，以人生实践为第一承担；当下指点，以生活世界为第一现场。这种真切真实的生命实践，被牟宗三视为构成中国哲学的特性（《中国哲学十九讲》）。

道不远人，自远方来。生命这场戏，人是永远的主角。"无穷的远方，无数的人们，都和我有关。"鲁迅说这话我说过。让我们通过《论语》走近孔子，这位真正的生活的大师。孔子敬畏头顶的天命，敬守心中的道德律，又立足大地，置身现实世界，始终与沉默的大多数站在一起。

让我们通过《论语》走近孔门弟子，子贡、子路、颜回、冉求、子夏、曾参、子游……这群可亲可敬的人，如果没有他们实践和传承孔门思想，或许我们今天已无从了解孔子的智慧和精神。我去曲阜的尼山圣境，在金碧辉煌的大学堂看见一幅画作，名字叫作《杏坛讲学》，画中所绘正是孔子与孔门弟子。

只见孔子端坐树下讲学，弟子或坐或立，或听或思，围绕在老师身边，如咏而归，如沐春风。孔门弟子中的佼佼者，司马迁说有"贤人七十二"，再看这幅画中的弟子，导游说其实只有七十人，为什么不是七十二人？少的两人是谁呢？就是你和我啊，就是每一个自远方来，来到《论语》面前的人。

既见君子，云胡不喜？

心之所恋，永驻时间。

沉默是金

子曰："巧言，令色，鲜矣仁！"（1.3）

孔子说："花言巧语，满脸谄媚，很少为仁。"

鲜矣仁就是仁鲜矣。

山东人说话，爱用倒装句，由来已久啊真是。

巧言，说话好听、动听；令色，面色好看、动容。巧言，令色，并不一定就指向坏事。比如色，有好的色，如：正颜色，色思温，贤贤易色，好德如好色，察言而观色；也有不太好的色，如：戒之在色，色取仁而行违。

孔子在这里主要是提醒大家：仁，不在于外在的言和色，而是重在躬行，任重而道远，士不可不弘毅。实践中道，落脚点在于知行一处。在《礼记·表记》中，孔子说："君子不失足于人，不失色于人，不失口于人，是故君子貌足畏也，色足惮也，言足信也。"言和色，必须恭敬对待，容不得嬉皮笑脸。

孔子说：色思温，貌思恭，言思忠。因为言语会骗人，行动不会撒谎。判断一个人是否符合仁，必须听其言而观其行，不可只从言辞和面貌评量，应该从实际行动来看。孔子说："故君子名之必可言也，言之必可行也。君子于其言，无所苟而已矣。"君子不苟且，不装腔作势，也不自欺欺人。

孔子不喜欢直接下定义，要么根据具体情况，给出具体的指

　　　　　　　　　　　　　　　　　　　论语方法论

导建议；要么从反面、对立面、基本面展开谈论。比如，孔子不说什么是仁，但会说哪些表现不属于仁，哪些表现接近仁。孔子说："刚、毅、木、讷，近仁。"可以与本章互参。

孔子提倡慎言、讷言，反对巧言，巧言被视为"佞"。二十年前，看见一句话，至今记着："不鼓掌，也不为掌声所鼓动。"当然能做到这点，实属不容易。张国荣歌里唱得好啊："是错永不对真永是真，任你怎说安守我本分，始终相信沉默是金。"歌里说得了书经的指引，"书经"估计是指《论语》吧。

在现实生活中经常会遇到巧言和令色，这从两个方面给我们提醒：一方面，对拍马谄媚、阿谀逢迎的人，我们要保持警醒。俗话讲：来说是非者，便是是非人。何况大家都喜欢听到漂亮话，没有人不喜欢被恭维，康熙也喜欢被韦小宝称为"鸟生鱼汤"。相比明显的恶语恶行，巧言令色更具迷惑力。

另一方面，我们要时刻提醒自己少些巧言令色，活得真实，做事真诚。与其把时间浪费在取悦别人身上，不如精进自己。心理学研究发现，讨好型人格并不像想象中那么受人欢迎，反而是坚持自我的人更富有吸引力。归根结底，大家更喜欢拥有独特魅力的人。

王阳明说："破山中贼易，破心中贼难。"如何破除巧言令色的毛病？接下来我们会讲到一个词：主忠信。忠和信，就是孔子的答案。忠，首先是忠于自己的内心和初心；信，则是诚信、守信，既是对自己，也是对他人。对自己，信实；对他人，守信。允执其中，允即是信。

《道德经》中说："信言不美，美言不信。"也强调信，明确反对巧言令色。在《论语》中有很多"忠信"并举的说法，没有"诚"

的提法。子思的《中庸》更强调"诚","诚者，天之道也。诚之者，人之道也"。现在我们习惯合说诚信。孟子讲反身而诚，以诚立身行事。

我们要时时反省自己：是否巧言，是否令色，从根本上修己立己，不要过于琢磨外在的修饰，弄虚作假，金玉其外。花言巧语，眉飞色舞，不是出自真心实意，自然就离仁愈来愈远了。三国魏时期的经学大家王肃注解《论语》说："巧言无实，令色无质。"从仁即中和来看，孔子强调：表里如一，言行合一，内外一致。

巧言和令色，无疑有些过头了。

管理五力

> 子曰："道千乘之国，敬事而信，节用而爱人，使民以时。"（1.5）

孔子说："治理千乘之国的军赋，做事严谨，说话守信，节约用度，爱护民众，役使民众不违农时。"

管理者的五个行动原则：敬事、守信、节用、爱人、以时。

在孔子的时代，千乘之国，已经不属于大国的行列，算是中等实力的诸侯国，比如鲁国、卫国、郑国。孔子时代的大国有晋国、齐国、楚国。公元前 529 年，平丘会盟之时，晋国已有四千乘。子路就说过："千乘之国摄乎大国之间。"

千乘之国，指拥有一千辆战车的诸侯国。一乘，就是四匹马拉的战车一辆，车上甲士三人，车下步卒七十二人，后勤二十五人，共计一百人规模。在《论语》中，还有两次提及"千乘之国"，都与军赋、师旅有关系。本章既可以泛指治理千乘规模的国家，也可以指管理千乘规模国家的军赋。

道千乘之国，"道"通"导"，本意是引导，此处有治理、管理的意思。敬事、守信、节用、爱人、以时，这五条管理原则不仅适用千乘之国，万乘之国、百乘之国难道就不讲这些？即便是几十人的公司，也非常适用。《论语集注》引程子说："若推其极，尧、舜之治亦不过此。"

公元前 483 年，季康子在鲁国实行军赋改革，即"用田赋"。《左传·哀公十一年》记载："季孙欲以田赋，使冉有访诸仲尼。"孔子私下表示反对："若不度于礼，而贪冒无厌，则虽以田赋，将又不足。"如果不根据礼来施行，而贪得无厌，即使按田亩征赋税，还是得不到满足。

据学者研究，此次赋税改革后是之前的四倍，费用预算大幅提升。孔门弟子冉求，作为季氏家宰，当然是改革的重要参与者。《论语·先进》记载，"求也为之聚敛而附益之"，冉求为季康子聚敛、增益财富。为此，孔子对冉求大加痛斥。孔子提出"节用而爱人"，不妨结合上述具体事件和场景来理解。

使民以时，意思是役使民众不违背农时，不违背仁义。春秋社会以农业为基础，合情合理地使民、养民，就是保障国家的物质基础，农务关乎天下粮仓，不能不谨慎对待。战国时代的《管子》，开篇就讲"牧民"之道："政之所兴，在顺民心。务在四时，守在仓廪。"在顺民心，即是为政方向。

《论语·季氏》记载："齐景公有马千驷，死之日，民无德而称焉；伯夷、叔齐饿于首阳之下，民到于今称之。"伯夷和叔齐饥饿而死，却因德行高洁被民众称颂；成语"踊贵屦贱"，说的就是齐景公滥施刑罚，受刖刑者众多，使踊价贵于鞋价。齐景公德行寡薄，不知体恤民情。死后，民众送齐景公一块"无德"匾额。

群众的眼睛是雪亮的，一正一反，这就是民心所向。

千乘也好，万乘也罢，无论多大规模的国家，要想天下之民归心，必须取信于民，使民以时，养民也惠，正所谓"民无信不立"。《左传·昭公三年》记载，晏婴评价齐国政治："齐其为陈氏矣。公弃其民，而归于陈氏。"齐国民众记着陈氏的好，"其爱之如父母，而归之如流水"。陈氏即田氏，田氏几代经营，最终取代姜氏齐国。

再说管理五力

> 子曰："弟子入则孝，出则弟，谨而信，泛爱众而亲仁。行有余力，则以学文。"（1.6）

孔子说："年轻人在家族里孝顺父母，敬爱兄长；做事谨慎信实，博爱众人亲近仁。做好这些以后，如果还有余力，再去学习人文知识。"

管理者的五个行动原则：孝悌、谨慎、守信、爱众、亲仁。

行有余力，则以学文。先把五个原则做好，然后可以提升人文素养。子路讲过一句话："何必读书，然后为学？"两个"学"字，意思有大有小，但两句话的意思没什么不同，都是表达"先实践中道（行），业余再丰富人文知识（文）"的意思。孝悌、谨慎、守信、爱众、亲仁，五个原则都要心知力行。

孔门四科：德行，言语，政事，文学。孔子四教：文，行，忠，信。忠、信属于德行，言语、政事属于行，文学属于文，这些都在孔子的教授范围。每个人的天赋禀性不同，兴趣爱好不同，从事的事业不同，各有各的发展，共同的要求是德行、忠、信，行是第一性原理，文是加分项。

刘宝楠在《论语正义》中说："人以德为本，学为末。"其所说不确切。学为本，德为据，学包含德。"大学之道，在明明德，在亲民，在止于至善。"实践是第一性原理，下学上达，实践中道，完整体系包括：志于道，据于德，依于仁，游于艺。志据依游，即是学。

前面两章涉及君子的话题，人不知而不愠，孝悌为仁之本，这里的"弟子"可以替换为"君子"。孔子告诉大家，要成为君子这种新型管理人才，应该做到的五个方面：孝悌、谨慎、守信、爱众、亲仁。君子效法圣人，致力于实践中道。

孔子评价子产，有四种君子之道：行己也恭，事上也敬，养民也惠，使民也义。可与本章互参。重要的事情说三遍，这里连续三章，从正反两面讨论仁：孝悌为仁之本，巧言令色鲜矣仁，泛爱众而亲仁。君子的进阶，就是仁者。那么到底什么是仁？

许慎《说文解字》指出："唯东夷从大。大，人也。夷俗仁，仁者寿，有君子不死之国。"夷俗仁，东方曰夷。看来，仁的源头在东方。东夷之人天性柔顺，温和敦厚。万物柢地而生，仁是万物生长的根柢。章太炎在《检论》中，甚至认为："古之言人、仁、夷同旨。"

西周崇尚礼乐之文，礼立乐成，文质彬彬。到了春秋时期，礼坏乐崩，礼乐逐渐失去对社会秩序的管控。孔子反思礼乐，释礼归仁。仁的灵感，来自山东的东夷文化核心区。作为中华文明重要源头之一，东夷文化从距今八千三百年左右的后李文化，历经北辛文化、大汶口文化、龙山文化、岳石文化，创造了光辉灿烂的东方文明。

孔子对东夷文化非常尊重。有一次，孔子说"欲居九夷"，有人就问他，那么鄙陋的地方怎么能居住？孔子回答："君子居之，何陋之有？"有君子住在那里，怎么会鄙陋呢？东夷所居东方之地，被称为君子之国。道不行，乘桴浮于海，意思也是想要移居九夷。

孔子曾向来自东夷之地郯国的郯子，请教古代的官制，时年二十七岁的孔子，听完郯子的讲授，不禁感叹："天子失官，学在四夷。"文化不在中心，而在边缘啊。这就是"孔子师郯子"的故事。孔子说："夷狄之有君，不如诸夏之亡也。"这并非空穴来风之议论，而是对所处时代的感同身受。

孔子认为礼乐的根本在仁。"人而不仁，如礼何？人而不仁，如乐何？"东夷之仁，经过孔子创新发扬，成为中国文化最重要的概念之一。道为中心，德为中正，仁为中和，中道发展到中和之仁，是孔子在古代传统之上的一大发明。致中和，天地位，万物育。仁即中和，天下归仁。

欲寻孔颜乐处，先要事上练。将"学"从注重实践的行和知，变成偏重纯粹学问的思和想，歪曲了《论语》的核心主旨。孔子四教：文、行、忠、信，也即：德行、言语、政事、文学。孔子认为行先于文，"行有余力，则以学文"。修齐治平，离不开好学力行。好学近乎知，力行近乎仁。

> 先行其言而后从之。
>
> 三人行必有我师。
>
> 听其言而观其行。
>
> 君子耻其言而过其行。
>
> 君子欲讷于言而敏于行。
>
> 未之能行，唯恐有闻。
>
> 居之无倦，行之以忠。

孔子是行动派、实干家，诸如此类重视行动力的思想，在《论语》中反复出现。其中两处最经典，可以作为本章的延伸。第一处，孔子说："躬行君子，则吾未之有得。"对于实践躬行，我还可以做得更好。第二处，孔子说："诵诗三百，授之以政，不达；使于四方，不能专对。虽多，亦奚以为？"学问不是用来掉书袋子的，学以致用才是根本。

又说管理五力

子曰："君子不重则不威，学则不固，主忠信，无友不如己者，过则勿惮改。"（1.8）

孔子说："君子，不承重就没有威仪，实践就不会固陋，以忠诚信实为主导，不要与志向不同的人为友，有过错不要害怕改正。"

管理者的五个行动原则：重则威、学则固、主忠信、友如己、过则改。

不重则不威，首先要自重，尊重自我，谨言慎行。《汉书·魏相传》中说："慎事自重，藏器于身。"其次要尊重他人，既是美德也是智慧，言忠信，行笃敬，温恭有礼。《孟子·离娄下》中说："爱人者人恒爱之，敬人者人恒敬之。"最后承担重任，任重而道远，仁以为己任，不亦重乎？天降大任是最好的磨砺和成长，是赢得尊重、建立威信的必经之路。欲戴其冠，必承其重。

孔子自称述而不作，被后世称为集大成者。确实如此，孔子并不热衷于发明新概念，发明新词语，他注重对经典的重新阐释，赋予传统以新的时代内涵。君子和仁，都是孔子时代存在的词语，也有其固定的意义，但经过孔子的阐释和发扬，成为孔门之学的精神标识。

孔子表面上是文化复古者，事实上却是那个时代的思想变革者。在孔子的阐释下，君子就从代表身份和地位的单纯血统论，变成以德行和才能为主要认定标准的新型君子。孔子致力于培养新型君子，寄希望于造就新型的管理者，从而实现政治和社会更好的改变。实践圣人之中道，就要从成为君子做起。

重构君子的精神内涵，无疑是重大思想突破。孔子与孔门弟子，成为古代世袭阶层壁垒的破壁者。客观上讲，孔门之所作所为，加速了春秋时代的礼坏乐崩，助推了社会阶层的流动和跨越，为周秦之变奠定了最初的思想基础。成书于秦统一中国前夕的《吕氏春秋》，博取诸家，孔子亦是其思想来源。

无友不如己者，不要结交不如自己的人？大错。

把孔子说成交友势利眼，心胸窄了，格局低了。

本句意在提醒：不要交假朋友。不如就是不同，道不同，志向、志趣不同。无友不如己者，没有那么复杂。友比朋更深一层，同门曰朋，同志曰友。所以说独学而无友，以文会友，以友辅仁。友，重在志同道合。友如己者，价值观联合，志趣共同体，就是社群的力量。从附近开始，社群改变社会。

在家靠父母，出门靠朋友。《论语》有多章论及"朋友"。孔子谈到的君臣、父子、兄弟、师生，都属于对等关系。在人类社会的各种关系中，只有朋友是一种平等关系。朋友的前提是志趣相投，没有共同的价值观、兴趣爱好、理想追求，就无法真正成为朋友。

无友不如己者，讲的是君子上达。志存高远，当然要与志同道合的人同行，自然要向比自己优秀的人看齐。所谓见贤思齐，也就是贤贤易色，易色是提醒我们不要羡慕嫉妒恨。无友不如己者，意思是先要跟身边优秀的人学起，就是当下为师，当仁不让于师。

《吕氏春秋》中有段话讲得好："譬之若登山，登山者，处已高矣，左右视，尚巍巍焉山在其上。贤者之所与处，有似于此。"山外有山，人外有人。路漫漫其修远兮，与谁同行，非常重要。当然，也可以理解为：每个人身上的优点，都值得我们择其善者而从之。至于彼此不如的地方，则彼此都要勿惮改。

《论语》中共出现三次"主忠信"，外加一次"言忠信"；忠信并论，总共出现六次。孔子说："十室之邑，必有忠信如丘者焉，不如丘之好学也。"忠和信，分别单独出现就更多了，信出现的次数是忠的一倍，孔子视忠信为做人的基本。我们说做人要厚道，就是主忠信。

主忠信，以忠信为主心骨，让忠信当心的家，做自己的主。

1000 天计划

> 子曰："父在，观其志；父没，观其行。三年无改于父之道，可谓孝矣。"（1.11）

孔子说："父亲在世，观察他的志向；父亲去世，观察他的行动。长期不改变他父亲好的做法，可以说是孝了。"

中国人讲究孝道，从大舜孝感天地的故事开始，就关注孝爱的话题。孝悌之所以是仁之本源，因为孝悌体现中和之道，从内而发，由外而行。观其志，是否志于道。观其行，是否依于仁。其志在内心，其行动于外，合乎内外之道即中和之仁。

孔子批评宰我："予之不仁也！子生三年，然后免于父母之怀。夫三年之丧，天下之通丧也，予也有三年之爱于其父母乎！"三年之爱与三年无改，可以对参。关于三年之丧，山东很多地方保持着一个传统叫"请驾"，老人去世头三年要守孝，过年不贴红对联，不放鞭炮，在家举行祭祀，晚辈们会磕头祭奠。

百善孝为先，论心不论迹。各人能力不同，就看谁更尽心。父母生前身后，一则要孝敬，一则要效法。父母是孩子的第一任老师，效法父母保留的良好品质，就是传承家风。所谓：耕读传家，诗书继世。孔子说孝悌也是为政，治国平天下始于修身齐家。

"父之道"扩展开来，就代表上一代的政策和谋划，如同"先王之道"。就说一家企业也存在这种情况，如果领导换届，新上任的管理者，是坚持以往制定的发展规划，还是新官上任三把火，将一切推倒重来？这是个问题。

《论语·为政》篇主要谈为政，却有连续几章问孝的话题。孔子认为孝也是为政，生活就是政治，社会、社区、社群，三位一体。三年无改于父之道，也是孝即为政的做法之一。孟懿子问孝，孔子回答"无违"，就是让孟懿子坚持父亲孟僖子的合理做法，不要违背。

曾参在《论语·子张》篇讲过，我听老师孔子说："孟庄子之孝也，其他可能也；其不改父之臣与父之政，是难能也。"这里说得已经非常清楚了，"无改父之道"就是"不改父之臣与父之政"，就是不改变父亲的为政之道，真是难能可贵啊。如果你是公司新任的管理者，想想你会怎么做。

"三年无改"，有个最佳案例。

汉惠帝时期，曹参担任丞相，他每天就是请人喝酒闲聊。汉惠帝看在眼里，急在心里，实在没底啊。曹参知道了，跟汉惠帝说："您跟先帝（刘邦）相比谁更贤明呢？"汉惠帝说："那我怎么敢比！"曹参又问："我跟萧何相国比谁强呢？"汉惠帝笑着说："我看好像不如萧何。"曹参说："这就对了嘛。既然如此，先前制定的政令明确完备，执行也卓有成效，我们只需遵照而行，不应该乱加改动了。"这就是著名的"萧规曹随"。

孔子说："周监于二代，郁郁乎文哉，吾从周。"

这又何尝不是三年无改！简直就是五百年无改。

就有道而正

子曰："君子食无求饱，居无求安，敏于事而慎于言，就有道而正焉，可谓好学也已。"（1.14）

孔子说："君子不以美食为追求，能吃饱就行了；不以豪宅为追求，能安居就行了；做事勤敏，说话谨慎，按照有德行的榜样校正自己。这样就可以说做得很好了。"

好学的五个表现：对待食和住的平和态度，敏事，慎言，就有道而正。

学即《论语·学而》篇的主题。学，效法圣人，实践中道；好学，就是实践得好。君子，就是致力于实践中道的人。学，从做君子开始。在践行中道的路上，会面临各种考验、各种欲望、各种际遇、各种好恶、各种境界，就会有一个态度问题。

布尔迪厄的场域理论提出造成人群"区隔"的三大资本：经济资本、社会资本和文化资本。马克斯·韦伯的社会地位分层理论提出三个划分标准：财富、权力和名望。卡伦·霍尼认为，对以上三者的病态追求，堪称"我们时代的神经症人格"，其实是内心软弱、焦虑和缺乏安全感的表现。

食饱，吃得好一些；居安，住得好一些。这也无可厚非，属于每个人的基本需求。使民众安居乐业足食，正是为政的根本。孔子尊重人的正常的欲望和需求，但有更高的理想，谋道不谋食。"富与贵，是人之所欲也。不以其道，得之不处也。"富贵是人之所欲，道义优先于富贵。

居无求安，也就是大家都很关心的房子。房子是用来住的，住得舒服比较重要。孔子说够住就行了，没必要追求奢华。颐和园旁边上千平方米一栋的别墅，跟大多数人没什么关系；而家在颐和园对面的北大教授，可能住着八十平方米的老房子。什么是有价值的、有意义的人生？这是个值得思考的问题。

我去无锡，拜访阿炳故居，真是我见过最简陋的故居，那又如何？《二泉映月》再过一百年，还是动人心弦，感人至深。有种智慧叫看到结局的智慧，如《红楼梦》所讲，到头来一场空的东西不值得沉迷留恋。朱熹《论语集注》中说："不求安饱者，志有在而不暇及也。"君子志于道，谋道不谋食，此心安处是吾乡。

一个志向高远的人，不会只停留在这些物质层面。安全需求、舒适需求之上，还有情感的需求，社会认同的需求，自我实现的需求。要实现这些需求，就不能只满足于食饱居安，还要就有道而正，要向追求更高的人看齐，敏事慎言，多做实事，少说空话。

墨子曾师从儒者，后创立墨家学派，与儒家共称世之显学。墨子说："吾闻之曰：'非无安居也，我无安心也；非无足财也，我无足心也。'"不是没有安定的居处，而是自己没有安定的心；也不是没有足够的财产，而是自己没有满足的心。墨子是听谁说过的这句话已无从查证，但这句话很好地阐明了君子何以"居无求安"。

孔子在这里第一次提出"敏事慎言"，后面还将多次提到这种观念。多做少说，谨慎言说，重视践行。敏，勤勉，做事行动勤快敏捷。《尚书·说命》中说："惟学逊志，务时敏，厥修乃来。"好学要心志谦虚，务必时刻努力，修为才能精进。孔子也说："我非生而知之者，好古，敏以求之者也。"

传说孔子到洛邑游学时，曾到后稷庙堂祭拜，庙堂右边台阶前有尊铜像，嘴被封了三层布条，意思是"三缄其口"；铜像背后镌刻着铭文："古之慎言人也。"这就是上古圣贤遗训《金人铭》。慎言，不仅仅是少说话，而是言必有中，能说到点上，一句是一句，一句顶一万句。慎言，说出来的话，得是箴言级别，经得起验证的至理名言，也就是立言的言。

中国自古就有立言的传统，引用名臣贤相之言也很常见，如《尚书·盘庚》中："迟任有言曰：'人惟求旧，器非求旧，惟新。'"迟任为殷商贤人。《左传·昭公五年》："周任有言曰：'为政者，不赏私劳，不罚私怨。'"《论语·季氏》中也提到，"周任有言曰：'陈力就列，不能者止。'"周任为周代的史官。

孔子探讨过很多问题，往往都只是提出具体意见和建议，很少上升到立言的层面。有一次，子贡问老师："有一言而可以终身行之者乎？"孔子回答："其恕乎！己所不欲，勿施于人。"据说联合国总部的一幅壁画上，有句话翻译过来就是这个意思。这句人际关系乃至国际关系的"黄金法则"，可以称为孔子的立言。无论何时何人，都可以终身奉行。

认识你自己

子曰："不患人之不己知，患不知人也。"（1.16）

孔子说："不忧虑人没有觉悟自己，忧虑人不知觉悟自己啊。"

看似简单的一章，古往今来大都解读为：不担心别人不了解我，担心我不了解别人。稍微学过数学就知道，A=B，B=A，别人不了解我与我不了解别人，完全是一回事儿，并无根本差别。就像"人不知而不愠"，这里的"人"不是别人，人就是人，是人人，是你，是我，是每个人。

真正的自己人，只有自己。所有人的成长，都是始于自我觉醒、自我承担。悲喜，自渡。好，自为之。人首先是其自身，为何非要依赖在别人身上？依赖他人的理解，就是回避自身、自我，从外部环境、外部条件寻求解决方案，这将是一个无解的陷阱。

《荀子·天论》中说："故君子敬其在己者，而不慕其在天者；小人错其在己者，而慕其在天者。君子敬其在己者，而不慕其在天者，是以日进也；小人错其在己者，而慕其在天者，是以日退也。"君子日进，小人日退，差距越来越远，为什么呢？君子自强不息，尊重自己的努力；小人舍弃自己的努力，希望凭借外力。

生命中最难的阶段，不是没有人了解你，而是你不了解自己。我们这样来读更好懂：不患人之不己知，患不知人（之不己知）。不己知普遍存在，用不着担心；应该担心：不知道不己知，落实到关心自知自觉。《道德经》里说："唯夫病病，是以不病。"知道毛病是毛病，才可能改掉毛病。与本章可谓异曲同工。

君子实践中道，会遇到外部的各种挑战，应该如何面对？子贡问贫富也是这个问题，贫富是一种表象差异，但挑战并不限于贫富，包括一切外在差异，都会给人们造成忧虑。答案是，外部的困扰不是根本的困扰。什么才是真正的困扰？必须从内部视角审视。所以孔子说："君子求诸己，小人求诸人。"

人的一生处于各种忧虑之中，所谓"不患无位"，不忧虑是不存在的。不忧虑不该忧虑的，忧虑该忧虑的。所谓"患所以立"，死于安乐，生于忧患，置之死地而后生。有一次，子路向孔子请教死亡问题。孔子说："未知生，焉知死。"潜台词是知生则知死，觉悟生则觉悟死。回到真正值得忧虑的事情，就是回到自我觉悟。

中国文化非常有趣，我们把"至交好友"称为"知己"，意思是他（她）很懂我。高山流水遇知音，世上知己最难得。"知我者，谓我心忧。不知我者，谓我何求。"从概率学上来看，不能说没有，鲁迅就对瞿秋白说过："人生得一知己足矣，斯世当以同怀视之。"其实，本章依然是"人不知而不愠"的延展。

君子首先致力于自我觉悟，一切外部的、内部的遭遇，都要回到自觉自安，觉悟自己，心有安处。他者可以带来启发，却无法真正参与其中。人生有乐也有患，真正能够让人成长的东西，往往就是我们经历的忧患。正如没有陈蔡绝粮，就没有对孔子思想的笃定，"造次必于是，颠沛必于是"。

《论语·宪问》篇有类似的章节："不患人之不己知，患其不能也。"不患人之不己知，"人"是所有人，每个人；"己"亦不单指"自己"，而是所有人的"自己"。最根本的问题，永远是认识自己，觉悟自己。郭店楚简《性自命出》中说："愠斯忧，忧斯戚，戚斯叹，叹斯辟，辟斯通。通，愠之终也。"通，达也。往来不穷、推而行之谓之通。

想来孔子是反复叮咛：自知自觉，自省自律，自尊自信，自立自强，自在自由。《论语》中唯一一次出现"儒"这个字，叫作："女为君子儒，无为小人儒。"虽说仅见一次，却奠定了儒家真精神。孔门之学，是为己之学，为己不是小我，不是一己之私学，不是人际关系学，而是切己修己，落在实处，自觉而觉他，下学而上达。

从《论语》开始，类似的观点多见于战国诸子。如《中庸》："莫见乎隐，莫显乎微，故君子慎其独也。"如《道德经》："知人者智，自知者明。胜人者有力，自胜者强。"如《韩非子·喻老》："故知之难，不在见人，在自见。""不在胜人，在自胜也，故曰：

自胜之谓强。"如《吕氏春秋》:"故察己则可以知人,察今则可以知古。""故欲胜人者,必先自胜;欲论人者,必先自论;欲知人者,必先自知。"

见自己,就是见众生,见天地。黑塞在《德米安》中以辛克莱的身份写道:"对每个人而言,真正的职责只有一个——找到自我。然后在心中坚守其一生,全心全意,永不停息。所有其他的路都是不完整的,是人的逃避方式,是对大众理想的懦弱回归,是随波逐流,是对内心的恐惧。"恰恰是通往自我的道路,有时最让人畏惧不前。

认识你自己,在这一点上,东方的孔子与希腊的苏格拉底,在同一轴心时代,在不同的国度,得出了同样的结论。镜子中照出你的外在形象,不会早于你的内在形象。人只有沿着自己的路向前走,不管它通向哪里。李泽厚《论语今读》说得好:"要义仍在把握个体的价值和尊严,即走自己的路,为自己所当为,做自己所当做,自身实在存于自我认识中而不在人知中。"

人怎样才能认识自己?尼采在《疯狂的意义》中提出一种自问法:"迄今为止你真正爱过什么?什么东西曾使得你的灵魂振奋?什么东西占据过它同时又赐福予它?你不妨给自己列举这一系列受珍爱的对象,而通过其特性和顺序,它们也许就向你显示了一种法则,你的真正自我的基本法则。不妨比较一下这些对象,看一看它们如何互相补充、扩展、超越、神化,它们如何组成一个阶梯,使你迄今得以朝你自己一步步攀登。因为你的真正的本质并非深藏在你里面,而是无比地高于你,至少高于你一向看作你的自我的那种东西。"

认知"黄金三角"

孔子曰："不知命，无以为君子也；不知礼，无以立也；不知言，无以知人也。"（20.3）

孔子说："不知天命，就无法成为君子；不知礼，就无法确立社会位置；不知圣人之言，就无法觉悟自己。"

人生有三知：知命，知礼，知言。

实践中道，允执其中，离不开这个认知"黄金三角"。张居正在《讲评〈论语〉》中说："《大学》一书，首先致知，《中庸》一书，要在明善，而《论语》一书，则以三知终焉。诚以天下之理必知之明，而后能行之至。"诚然，知明行至，天下之理，知行一处。本章是《论语》全书最后一章，呼应《论语·学而》篇第一章，为便于讲解，特放在此处。

三不知：不知命，不知礼，不知言，可以说普遍存在。"三不知"也就是"人不知而不愠"的"人不知"，也就是"不患人之不己知"的"不己知"。每个人都要经历，从不知到知的过程。"我非生而知之者，好古，敏以求之者也。"孔子说自己也不是生来就知道。

学以致其道，离不开知行一处。知命，知礼，知言。孔子说："君子有三畏：畏天命，畏大人，畏圣人之言。"畏，不是畏惧，而是敬畏。这里的"三畏"可以对比"三知"：知命——畏天命，知命之命，就是天命，五十而知天命的天命；知礼——畏大人，大人指位高者，有高就有低，关于位置对等的一套范式，就是礼的具体细节；知言——畏圣人之言，圣人之言就是圣人的立言。

《论语》中还提到：讷言、罕言、慎言，都是立言的言，言不可不慎也。允执其中，就属于圣人之言。与"三知"相反，"小人不知天命而不畏也，狎大人，侮圣人之言"。如此行为和操作，纯属无知者无畏。君子志于学，志于道，首要在于认知"黄金三角"。

知命就是知天命，天命之谓性，率性之谓道，也即性与天道。《中庸》里说："天地位，万物育。"《论语》里说："四时行，百物生。"天地之大德曰生，上天有好生之德。知天命，也就是知道自己的天赋使命。使命，简单说就是如何使用自己的生命。

使命决定人生将走向哪里，决定生命的价值和意义。所谓"天降大任于斯人也"，肩负责任，斯文在兹，这是成为君子的前提。圣人之道是对天命、天道的效法，中道是对圣人之道的总结。天命是天人关系，是人对天道的自我承担，也就是下学上达。

不知命无以为君子，知命可以为君子，就是君子以实践中道为使命，仁以为己任。郭店出土的战国楚简《语丛一》说："知天所为，然后知道，知道然后知命。"又说："知己而后知人，知人而后知礼，知礼而后知行。其知博，然后知命。"这两段话，可以作为本章的延伸。

孔子说："士志于道，而耻恶衣恶食者，未足与议也。"知天命是谋道，游于艺是谋食，如果知天命，明确自己的人生使命，就可以像颜回一样，箪食瓢饮，住在陋巷，人不堪其忧，不改其乐；也可以像子贡一样，结驷连骑，与时转货赉，亿则屡中，成己达人。

知礼就是知道文明秩序、社会秩序以及伦理秩序。不知礼，就不清楚自己的位置，不明确自己的人生定位，就不知道如何在社会上立足、立业。孔子强调：立于礼。"不学礼，无以立。"礼，是克己复礼，是人际关系的互动，是社会交往的体现。礼关乎自我的定位，关乎人在社会上的位置之确立。

子贡说："一言以为知，一言以为不知，言不可不慎也。"不懂圣人之言，不了解真正的圣言、箴言，不能为往圣继绝学，就无法更好地觉知自己。圣人之言，是文化大成，反映文化属性，是经典智慧，是精神财富，是先知觉后知，先觉觉后觉。

《论语》提倡生命实践哲学，提出美善人生实践原理。孔子说：修己以安人，己欲立而立人。人在自我成就的同时，还能成就更多人。世界的终极规律是万物生长，是和为贵的秩序。生命之美好，值得赞美与肯定，哪怕困厄重重，哪怕兵荒马乱，哪怕不如意事十有八九。

孔子确信人生自有意义，笃信人生自有价值。孔子认为现实世界是第一现场，也是每个人最重要的人生舞台，人格可以在修养中完善，认知可以在实践中提升。《论语》有一种向上的力量，孔子始终相信：人生可以更美好，这个世界可以更美好。

中道易行

孔子知道之易也，易易云者三日。子曰："此道之美也，莫之御也。"（海昏侯汉简、肩水金关汉简）

孔子明白道的简单易行，如此简单啊，这样感叹多日。孔子说："这是道之美啊，还没有人能够驾驭运用它。"

《论语》成书于战国早期，历经秦火焚书之乱，到汉代得以重新收集，但流传有三个版本的《论语》——《鲁论语》《齐论语》和《古论语》。《鲁论语》二十篇，流传于鲁国故地，兰陵萧望之是汉代《鲁论语》的知名传人。《古论语》二十一篇，由汉景帝时鲁恭王刘余在孔子旧宅中发现。

《齐论语》二十二篇，比其他两个版本，多出《知道》和《问王》(一说《问玉》)两篇，我认为《齐论语》的传播与子贡晚年在齐国大有关系。西汉末年，安昌侯张禹融合《鲁论语》和《古论语》整理而成《张侯论》，汉灵帝时所刻《熹平石经》就是依此版本，这也是我们看到的今本《论语》。

王国维在《最近二三十年中中国新发见之学问》中讲："古来新学问起，大都由于新发现。"本章综合出土的汉代竹简，管中窥豹，以呈现最新考古学术成果。其一，肩水金关汉简："孔子知道之易也。易易云者三日。子曰：此道之美也。"其二，海昏侯汉简："孔子智（知）道之易也。易易云者三日。子曰：此道之美也，莫之御也。"

肩水金关汉简出土于甘肃肩水金关遗址，写于西汉中晚期至东汉初期。肩水金关，汉代属于张掖郡，是河西走廊门户之地。甘肃是出土简牍的重镇，从斯坦因骗取的敦煌藏经洞遗书，到放马滩秦简、肩水金关汉简、居延汉简、马圈湾汉简、悬泉汉简，先后共

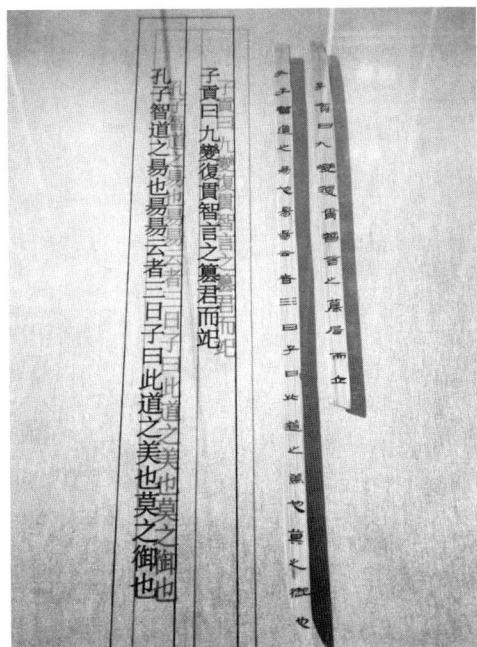

海昏侯汉墓出土 竹简《论语》

有超过六万枚秦汉简牍出土。

　　海昏侯汉简出土于南昌西汉海昏侯刘贺墓。海昏侯遗址在江西，肩水金关遗址在甘肃，两个出土地一东一西，相隔一千七百公里，足见《论语》在汉代流传之广。秦汉统一以后，文化意义上的中国超越文化地域真正形成，我们今天仍然自称汉族、汉人，使用汉字、汉语，与汉代文化大一统的精神主体塑造不无关系。

　　海昏侯刘贺墓出土的《论语》，现存竹简五百多枚，大部分有残缺，可释读文字约为今本的三分之一，竹简背面靠近简首处有篇题，如《公冶长》《雍也》《子路》《先进》等篇。其中，最特殊的是《知道》篇，竹简背后有"智道廿一"，即《知道》是《论语》

第二十一篇。海昏侯这一考古发掘，极有可能是遗失一千八百年的《齐论语》。

刘贺做昌邑王时的老师昌邑中尉王吉，出自琅玡王氏，是传《齐论语》的名家。除了《齐论语》，海昏侯墓中还出土了《诗经》《孝经》《易经》等儒家经典。海昏侯刘贺是汉武帝刘彻之孙，祖母是汉武帝宠妃李夫人。刘贺是西汉历史上在位时间最短的皇帝，前后仅二十七天，也是唯一同时做过帝、王、侯的人。

我曾探访海昏侯国遗址博物馆，有一件孔子徒人图漆衣镜，着实令人赞叹。镜匣背面彩绘孔子及弟子的形象和传记，颜回和孔子相对而立，还出现子贡、子路、澹台灭明、子夏、曾参、子张六位弟子。其中的子贡像，侧身而立，头戴小冠，浓眉须髯，身穿宽袖长袍，仪态优雅从容，比较符合我心中子贡的模样。

道之易也，即道之日用常行，简单易行。《韩诗外传》中也有："孔子知道之易行。"圣人效法天道而行，孔子第一个总结圣人之道为中道，并扩而大之，称之为中庸。道之易，说明道不远人，中道向更多人敞开。孔子又说："人能弘道，非道弘人。"人必须主动走向道，拥抱道，彰显道，承担道，践行道。

在《孔子家语·颜回》篇中，孔子告诉颜回："人莫不知此道之美，而莫之御也，莫之为也。何居为闻者，盍日思也夫。"《礼记·乡饮酒义》中也说："王道之易易。"如本章所言，道虽易行，然而人们往往不愿实行。就连老子都感叹："大道甚夷，而民好径。"孔子也发出同样的感叹："中庸之为德也，其至矣乎！民鲜久矣。"

弟子说

仁的梯子

> 有子曰："其为人也孝弟，而好犯上者，鲜矣；不好犯上，而好作乱者，未之有也。君子务本，本立而道生。孝弟也者，其为仁之本与！"（1.2）

有若说："做人孝顺父母，敬重兄长，却喜欢冒犯领导，这很少见；不喜欢冒犯领导，却喜欢制造冲突，没有人这样做。君子务求从根本做起，根本确立就会生发仁之道。善事父母兄长，就是为仁的基本。"

中国人做什么事情，不仅讲究合乎道理，还要合乎情感，所谓合情合理，合情甚至还在合理的前面，成为绕不开的情面，从而形成人情社会，乃至出现"苟以其情，虽过不恶，不以其情，虽难不贵"（《性自命出》）。孝悌为仁之本，孝悌是践行仁的基本，实为此种思想的源头。

孝悌是仁的梯子。

孝悌，一种对父母兄弟的爱，源自血缘关系的先天连接，具有普遍性和基础性。从孝悌到仁，合乎内外之道。李泽厚在《论语今读》中说："孔子通由仁而开始塑造一个文化心理结构体，如说得耸人听闻一点，也就是在制造中国人的心灵。"

郭店楚简《性自命出》中说："道始于情，情生于性。始者近情，终者近义。知情者能出之，知义者能入之。"孝悌，发乎情，止乎礼。孝悌无法离开人的内在情感的根基，也离不开外在行为的互动，是合乎内外之道的实践。正因为发自于内心，才能做到真正的恭敬。

孝悌为礼，首先作为外在管理制度，可以确定秩序，避免混乱局面。孝悌为情，上升到了克己 / 行己有耻的自我管理，"道之以德，齐之以礼，有耻且格"。孔子相信人性的美好，倾向于真诚美善的人文管理，而非粗暴式强硬管理。只要激发内在的美好情感，加以合理引导，人就可以进行自我管理、自我修为、自我成就。

爱众亲仁是为政，出入孝悌也是为政，生活是广义的政治舞台。仁，是孔门的精神标识；孝悌，是仁的情感源头和人性基础。"老吾老以及人之老"，从孝敬父母、友爱兄弟开始，扩展到"四海之内皆兄弟"，这就是泛爱众。

以仁释礼，是孔子的创造性发展。"人而不仁，如礼何？"孝悌，恰恰是礼与仁之间的梯子。由此，礼回归到仁之情，仁激发为礼之用。从孔子到有若，孝悌是孔门非常关心的话题之一。因为孝悌这种普遍的先天情感，已被孔子确认为修齐治平的真实基础。

子贡曾向孔子请教，如何践行仁，孔子说："能近取譬，可谓仁之方。"孝悌就是近取譬，就是从基础做起，从友爱帮助身边的人开始，由内而外，由近及远，从爱身边的人到泛爱众。从社群到社区，从社区到社会，就像涟漪扩散。仁者，介于君子与圣人之间。孝悌，正是君子行仁的第一把梯子，是修身齐家的第一个阶梯。

《中庸》里说："仁者，人也，亲亲为大。"《孟子·尽心上》

里说："亲亲而仁民，仁民而爱物。"都是这个意思。亲亲，不是亲吻，不是亲亲抱抱，而是动名词用法，亲近亲人。第一个亲为动词亲爱，第二个为名词亲人。尊尊、贤贤、明明、君君，类似一字双意的用法，对后世佛经翻译有影响。

孔子不敢以仁自许，他亲口说："若圣与仁，则吾岂敢。"这倒也不仅是谦虚，在《论语》中，被孔子赞誉为仁者的历史人物，总共不超过十位。孔门弟子颜回、子贡、子张、樊迟、冉雍、司马牛等，都向老师请教过仁的问题。

孔子切合每位弟子的特点与阶段，给予了不同的回答，其中两个最经典：爱人、己欲立而立人。按《论语》的顺序，有若是第一个谈到仁的孔门弟子，他提出君子务本，孝悌为仁之本，讲述了君子、孝悌、仁之间的内在关系，以及修为次第的展开。

《礼记·檀弓下》中提到："有若之丧，悼公吊焉。"有若去世时，鲁悼公亲自前往吊唁。鲁悼公是鲁哀公之子，《史记·鲁周公世家》说："悼公之时，三桓胜，鲁如小侯，卑于三桓之家。"孟子评价有若"智足以知圣人"，又说"有若似圣人"。司马迁也说："有若状似孔子。"子游则说："有子之言似夫子。"

相貌也好，思想也罢，总之有若跟孔子有点像。孔子去世后，子夏、子张、子游等，推举有若继承老师的位置，曾参持反对意见。《左传·哀公八年》记载，公元前487年，吴王夫差进攻鲁国，驻军泗水，鲁国精选三百勇士准备偷袭吴军，有若也入选其中。夫差听说这件事情后，连夜搬了三次住所，最终决定撤军。以上种种，足见有若在孔门弟子中非同寻常。

我们比较《论语》和《左传》，会发现一个有趣的现象。《论语》中提及孔门弟子不到三十人，只有很少一部分出现在代表先秦史学高峰的《左传》之中。孔门中德行优异的弟子，如颜回、闵子骞、曾参，都不曾出现于《左传》，当然很多孔子同时代的名人，如老子、孙武、范蠡等，也没有出现。

出现在《左传》中的孔门弟子，主要来自言语、政事两科。除了上面提到的有若，还有子贡、子路、冉求、樊迟、高柴、司马牛、宰我、澹台灭明，等等，都是从政优异的孔门弟子。中国现代考古学的奠基人之一、历史学家卫聚贤在《古史研究》中认为，《左传》为子夏所作，学界未有定论。

孔门弟子在《左传》中，第一个出场的是子路。鲁定公十二年，公元前498年，"仲由为季氏宰，将堕三都"。子路出任季氏家宰，同年孔子已担任鲁国司寇。第二个出场的是子贡，鲁定公

曲阜 有若墓

十五年，公元前 495 年，"邾隐公来朝，子贡观焉"。此时，孔子一行在卫国都城帝丘（濮阳），子贡则往来鲁卫之间，并不固守于孔子跟前。

有若（前 508—鲁悼公在位期间），鲁国人，小孔子四十三岁。有若在《论语》中仅见四章，数量不多，但有两点值得注意：一、有若称有子，这种待遇只有他和曾参享有。闵子、冉子属孤例一见，不算在内；二、有若在孔门弟子中第一个亮相，紧跟孔子排在《论语》全篇第二章。

有若的名字总让我想起一个词：若有若无。我到曲阜的时候曾专程寻访有若墓，按地图定位找了半天，显示就在附近，车来回开了三趟却没发现，最后到社区居委会咨询管理人员才算找到。有若墓在曲阜南泉村，从 1919 年拍的照片资料来看还有墓有碑，现在只剩一块新立的文物保护碑，隐匿在草木之间。

反省力

> 曾子曰："吾日三省吾身：为人谋而不忠乎？与朋友交而不信乎？传不习乎？"（1.4）

曾参说："我每天从三个方面反省自己：为人做事尽心尽力了吗？与朋友交往信守承诺了吗？传授的学问自己做到了吗？"

我们必须格外注意，"曾子曰"在《论语》中非常重要。我认为"曾子曰"基本是曾门弟子后面补入，子贡领衔编成《论语》初稿之时，并没有十几章"曾子曰"。孔子曾亲自点名过十位优秀弟子，被誉为"孔门十哲"，这里面没有曾参。

在《论语》中却有一条记载，"参也鲁"，曾参鲁钝。正因为这种慢工细活的精耕品质，让曾参最终走得比同门更远，成为日后崛起的孔门正宗传承人。孔庙"四配"，颜回和曾参是孔门弟子，孟子和子思不是。颜回称圣人，很多人也许会怀疑，因为颜回貌似没做过什么实事。曾参称圣人，则当仁不让。

不忠乎？不信乎？不习乎？三个"不"表示加强肯定的意思。孔子说"回也不愚"，颜回大智若愚，这话也可以用在曾参身上。有些人看上去并不那么聪明伶俐，但肯持续下功夫，战战兢兢，堂堂正正，到最后往往高出一筹。所谓"骐骥一跃，不能十步；驽马十驾，功在不舍"。

谋而忠，交而信，传而习，始终做到这三点，又怎会不成就一番事业？曾参最大的事业，就是传承孔门之学，承上启下。子思是曾参的弟子，孟子学自子思门人。据传，《孝经》和《大学》是曾参的著作，《论语》也与曾参有莫大关系，《论语》定稿于曾门弟子之手。

"吾日三省吾身"，这是曾参的慎独功夫，曾参是名副其实的"曾三省"，拥有三项超级品质：使命感、钝感力和反省力。这里讲第一项：反省力，也叫反思力。反省反思是一面镜子，是自我精进的内在驱动，是克己复礼的自我管理，自我控制力的依据。

张居正在《讲评〈论语〉》中说："曾子之学，随事精察而力行之，故其用功之密如此。"反省力离不开"谋而忠"，"谋而忠"不就是谋道不谋食吗？首先忠于道，忠于天命、使命、愿景、目标；其次忠于己，忠于自己的内心、本分、职责、工作。

人无信不立，信于人，取信于人，人与人之间的信用、诚信。上到一个国家，也要取信于民。公司也要取信于同事和客户。孔子说："人而无信，不知其可。"传而习，也就是学而时习。王阳明的《传习录》，名字正是出自这里的"传不习乎"。

"吾日三省"，就是每天从三个方面反省。"三"不是虚指，不是多次，不是做做样子。"三"是精确，是明确，是落到实处，绝不含糊，绝不打马虎眼，绝不三天打鱼两天晒网。"三"是身体力行，日日不断之功，必须有标准可依从。如果没有标准量化，就无从下手，无规矩不成方圆。

清代中兴之臣曾国藩，就像他的先祖曾参肯下笨功夫，天天写日记，天天写那才叫日记，写日记也是曾氏修身养性的方法之一。在日记中，曾国藩每日反躬自省，精进不止，从读书治学到家风家务，从朋友交往到为官处世，内容无所不包。

曾国藩的日记一写就是三十年，一百五十多万字，贯穿整个后半生。可谓日拱一卒，功不唐捐。毛泽东说："愚于近人，独服曾文正。"蒋介石说："曾公乃国人精神之典范。"行百里者半九十，"有始有卒者，其惟圣人乎？"

曾参（前505—约前435），鲁国南武城人，小孔子四十六岁，其父曾点也是孔子早期弟子。曾参在《论语》中称曾子，亮相于《论语·学而》篇第四章，是第二位出场的孔门弟子，后世称"宗圣"。曾参名字里的这个"参"的读音有争议，我认为不读 shēn

音，应该读 cān 音。曾参，字子舆。古人名和字意义相关，比如，孟子名轲，字子舆。

这里的参和舆，在古代都与车舆制度有关。舆人造车，属于攻木之工。《周礼·考工记》中说："舆人为车，轮崇、车广、衡长参，如一，谓之参称。"刘向《说苑·修文》记载："诸侯四匹乘舆，大夫曰参舆，元士下士不用舆。"在《论语》中，本就讲到参和舆，《卫灵公》篇有言："立则见其参于前也，在舆则见其倚于衡也。"可证之。

曾参故里，一说在临沂平邑，有曾子山和曾子庙；一说在济宁嘉祥，也有曾子庙，又称宗圣庙。嘉祥曾子庙，现有建筑规模和风格，为明代万历年间重修，主体建筑为宗圣殿，上有雍正御书"道传一贯"匾额，殿内主祀曾子彩绘塑像，陪祀子思和孟子。孔子之后，曾参和子夏传承儒学影响最大。曾参上承孔子之道，下启思孟学派，对儒学发展厥功至伟。

蜚声世界美术史的武氏祠也在嘉祥。武氏祠见于欧阳修的《集古录》、赵明诚的《金石录》。清代金石学家黄易重新发现了被埋没的武氏祠。美国学者费尉梅根据画像石拓片曾对祠堂进行复原。早年看巫鸿所著《武梁祠》，就想一探究竟，后来终于成行。武氏祠汉画像石不仅有尧、舜、禹的形象，也有孔子见老子、周公辅成王等题材，还有一对中国现存最早的东汉石狮。

一日三省身，忠信传习乎？
一座武氏祠，半部金石史。

山东济宁嘉祥 曾子庙

四种关系管理

> 子夏曰:"贤贤易色;事父母能竭其力;事君能致其身;与朋友交,言而有信。虽曰未学,吾必谓之学矣。"(1.7)

子夏说:"见贤思齐,和颜悦色。侍奉父母,能够尽心尽力;效力领导,能够投入身心;与朋友交往,说话守信。这样的人,虽说没学过人文知识,我也要说他做得可以了。"

每个人在生活中,都要面对四种关系:贤者、父母、领导、朋友。四个方面涉及人的成长、家庭、工作和社交,应该采取什么交往和应对态度?

我们先来看《论语·学而》篇的结构,第一章孔子提出"学",后面是弟子依次谈论对"学"的理解,先是有子有若,再是曾子曾参,中间又穿插孔子对"学"的延展看法。本章延续孔子、有若、曾参,就"学"这一核心话题,进行深入探讨。

这里出场的是孔门弟子子夏,谈论自己对"学"的理解,子夏从如何面对贤者、父母、领导、朋友四个方面,表达了自己的观点,与有若、曾参的理解大同小异。四种关系之中,父母、领导、朋友,我们多次讨论过。不同的是,子夏在这里提出:贤贤易色。历来的争议也都集中在这一句,解释五花八门。

贤贤易色,通常解读为不能看重外表容貌,引申为要轻视美色。比如朱熹的《论语集注》:"贤人之贤,而易其好色之心。"

还有注者说，这是对待妻子的方式。真是失之毫厘，谬以千里。《论语》通篇未曾言及夫妇之间，夫妻小家庭在那个家族时代并没有单独成为一个社会单元，也就没有进入《论语》的讨论范围。

孔子经常讨论"色"，非常重视君子的仪容。一要"正颜色"，君子坦荡荡，泰而不骄，威而不猛。以铜为镜，可以正衣冠。二要"察言而观色"，学会察己观人，择善而从，好德如好色。三不要"巧言令色"，反对表里不一的"色取仁而行违"。

谈到贤者，孔子说："贤者辟世，其次辟地，其次辟色，其次辟言。"谈到君子，孔子说要区分"色庄者"。君子为礼，哪能无关容貌？正颜色即颜色正义，关乎礼仪。看内在也看外表，方才是仁。我认为：易色的色，是一个中性词汇，也可以指"凡一切相"，跟女色没有直接关系。

《论语·为政》篇记载，子夏向孔子问孝，孔子说："色难。有事，弟子服其劳；有酒食，先生馔，曾是以为孝乎？"这里提到"色难"。易色——色难，色之难易，难道不是指向同一件事情吗？色，不是美色、好色，而是脸色、面色、表情管理，也就是态度。

马王堆汉墓出土帛书《五行》中记载有"独色然辨于贤人""独不色然于君子道"，这里的"色然"，即改变容貌，意思与"易色"相近，事关人的态度，而与女色无关。

色难，就是脸色好看很难。易色，就是和悦脸色，和颜悦色。易，是平易、和悦、平和。如《诗经·小雅·何人斯》："尔还而入，我心易也。"贤贤易色，效法贤者，以使自己和颜悦色，也就是君子正颜色，所谓"以人为镜，可以明得失"。人生海海，君子有态度。

再说其他几处难解之意：一、"贤贤"，贤于贤者，见贤思齐。动词加名词的用法，如同君君、臣臣、亲亲、尊尊。二、"致其身"，是不是要献出性命？戏太过了，全副身心干好本职工作就是"致其身"。身心合一，心无旁骛。三、"虽曰未学"，就是"行有余力，则以学文"。不学这些人文，仍然可以做好事情。

子夏（前507—魏文侯时期），卜商，小孔子四十四岁，晋国人（一说卫国人，今河南温县人）。宋代郑樵《通志·氏族略》记载："卜氏，周礼卜人也。鲁有卜楚邱，晋有卜偃，楚有卜徒父，皆以卜命之，其后遂以为氏。如仲尼之徒卜商。"卜人负责卜筮之事，预测吉凶祸福。子夏的家族或与占卜职业有关，故以此为姓氏。

子夏应该懂占卜，在《论语·颜渊》中，子夏说："商闻之矣，死生有命，富贵在天。"在《孔子家语·执辔》中，子夏说："商闻易之生人及万物、鸟兽、昆虫，各有奇偶，气分不同。"《论语》中体现出一种人文理性态度，不强调占卜，更重视德行和实践。孔子对占卜的态度，是"不占而已矣"。孔子曾教导子夏，要做君子儒，不要做小人儒。

孔子称赞子夏"起予者商也"，说子夏可以给自己带来启发。在《论语》中，子夏和子贡两位弟子和孔子谈《诗经》，得到老师的赞扬。子夏曾任莒父宰，莒父即今莒县，春秋时期属于莒国，成语"毋忘在莒"的故事发生地。子夏为莒父宰，时间应该在孔子与弟子们重返鲁国之后。

孔子去世后，子夏与曾参，一西一东，并列为儒家两大宗师。子夏博学笃志，开创西河学派，传授五经，整理古代文献。据说，《春秋》之《公羊传》和《谷梁传》以及《诗经》等为子夏所传。

汉代徐防就说："诗书礼乐，定自孔子；发明章句，始于子夏。"清代学者陈玉澍说，子夏是汉代学术之鼻祖。

司马迁《史记·儒林列传》记载："如田子方、段干木、吴起、禽滑厘之属，皆受业于子夏。"子夏的弟子中，还有魏文侯、李悝等王侯将相，子夏堪称"一代帝王师"。子夏最有名的三句话是："学而优则仕""四海之内皆兄弟""死生由命，富贵在天"。

以终为始

曾子曰："慎终追远，民德归厚矣。"（1.9）

曾参说："谨慎对待终局，长远考虑未来，人们会得到更好的结果。"

在孔门弟子中，曾参最重视孝，据说《孝经》就是他的著作。曾参本人啮指痛心的故事，也被作为经典案例收入《二十四孝》。前面我们多次讲到孝，比如：事父母能竭其力，着力于父母生前敬奉。

以往多将本章解读为：父母去世后如何尽孝，慎重地办理临终丧事，追念死去的先祖。也即《论语·为政》篇所说："生，事之以礼；死，葬之以礼，祭之以礼。"也即《中庸》所说："敬其所尊，爱其所亲，事死如事生，事亡如事存，孝之至也。"祭如在，这确实是中国长久以来的民风民俗。

我们不如换一个角度。

先说慎终。《论语》中说："有始有卒者，其惟圣人乎？"做人做事，有始有终，多数人做不到，能够做到就是圣人。《诗经·大雅·荡》中说："天生烝民，其命匪谌。靡不有初，鲜克有终。"做任何事情，都有个开始，却少有人能够坚持到底。所谓"行百里者，半于九十"。

上海博物馆战国楚简《弟子问》中，宰我问君子，孔子说："汝能慎始与终，斯善矣。"类似的说法也见于《左传·襄公二十五年》："君子之行，思其终也，思其复也。书曰：'慎始而敬终，终以不困。'"慎始而敬终，作为孔子的话，还出现于《礼记·表记》。慎始与终，慎始敬终，都是慎终。

《道德经》中也提到"慎终"，第六十四章说："慎终如始，则无败事。"慎重对待终局，不忘初心，自始至终，谨慎如一，事情就会有好的结果。慎终，以终为始，始终为一，道一以贯之，就是谋道，志于道，就是思无邪，就是战略思维。

再说追远。《论语》中有很多相关章节："遂事不谏，既往不咎。"过去的事情，就让它过去。"告诸往而知来者。"要从过去的事，反思未来的事。"往者不可谏，来者犹可追。"过去已经过去，未来正在到来。"温故而知新，可以为师矣。"做事及时复盘，从而获得新的认知。

考虑不够长远，眼前就会有忧虑。"人无远虑，必有近忧。"抑或无论远或近，都有忧和虑。道出人生世间的一大境遇，忧虑是普遍存在的，这是客观事实。忧虑就是"患"。不患无位，患所以立。患，无处不在，无时不在；在患中，找到所以立，不惑，不忧，不惧，不改其乐。

慎终追远。做事善始善终，有始有终。面向将来，保持战略恒定。无论是政府还是企业和个人，都应如此。长期战略，要一以贯之，不要朝令夕改；阶段策略，要深思远虑，不要只顾眼前利益。按照这样的方法做事情，就会得到更好的结果。

慎终追远。以终为始，慎重对待，曾参在《论语》中引用《诗经》："战战兢兢，如临深渊，如履薄冰。"慎终追远，既是一种看待问题的时间观和价值观，也是战略思维的两大抓手，解决问题的战略与策略。慎终追远，相辅相成。因为对终极目标慎重，就会考虑得更加长远，奉行长期主义；因为谋划得长远，对终极的理解也更加慎重，更为透彻。

和为贵

有子曰："礼之用，和为贵。先王之道斯为美。小大由之，有所不行；知和而和，不以礼节之，亦不可行也。"（1.12）

有若说："礼的运用，贵在中和。古代圣王治理国家，以此为最美好。小事大事都经由礼，有时也行不通；为了和而和，不用礼来加以节制，也不一定行得通。"

"和为贵"这三个字，在中国家喻户晓，是很多人处世的座右铭，经商的人也常常奉为圭臬，和气生财。源远流长的和文化，是中国传统文化的一大特点。子贡就曾用"和"来称道孔子："立之斯立，道之斯行，绥之斯来，动之斯和。"

仁即中和，合乎内外之道，这句话也可以替换为："礼之用，仁为贵。"所以孔子说："人而不仁，如礼何？人而不仁，如乐何？"山东人尤以和为贵，济南泉城路有个商场就叫贵和商厦。贵和、仁和，都寓意极好，文化浓度极高，经常被用作品牌名称。

《中庸》讲："礼仪三百，威仪三千，待其人而后行。"说明礼是文明的产物而非束缚。《说文解字》讲："礼，履也，所以事神致福也。"《素书》讲："礼者，人之所履，夙兴夜寐，以成人伦之序。"履，蹈履，实践。礼不在多，在于躬行。礼之用，关乎事神、致福、人伦之序。

胡适在《中国哲学史大纲》中将礼的作用分为三层："第一，礼是规定伦理名分的；第二，礼是节制人情的；第三，礼是涵养性情，养成道德习惯的。"礼的作用，孔子一贯提倡一向重视。本章是"礼"第一次在《论语》中出现，又是有若第一个说出，就像仁、和、孝悌，都是有若第一个讲到。

什么叫天经地义？《左传·昭公二十五年》中说："夫礼，天之经也，地之义也，民之行也。"作为秩序规范，礼带着根本性与普遍性，从天经地义推演投射到人间世界，为世俗的行为建立合法性，以天地运行的规律作为人类社会的参照，天地人三位一体。

从大处来说，礼关乎经天纬地，日月星辰的运行，草木鱼虫的生长。从管理上来说，经国家，定社稷，序人民。从微观上说，涵盖生活的种种仪式感，礼贯穿着人出生到死去的每个关键节点、重大时刻，标记着生命的里程碑，记录着生命的仪式感。

孔子说："礼云礼云，玉帛云乎哉？乐云乐云，钟鼓云乎哉？"对于整个礼制，孔子当然不是全然照搬，不是无条件接受。孔子更在意礼的实质作用，而不仅仅是礼仪本身。礼，如果符合仁，那就坚决秉持；如果不符合仁，改变也无妨。孔子说："礼，与其奢也，宁俭。丧，与其易也，宁戚。"随着时代变化，礼也在变化，不变的是仁的原则。

和为贵，和也是一个重要原则。《礼记·乐记》中说："乐者，天地之和也；礼者，天地之序也。"乐是和谐，礼是秩序。乐由中出，礼自外作。礼乐共同作用的结果就是和。中和即仁。和，与乐有关，也与同有关，有和就有同。君子和而不同，小人同而不和。和同，这是中道的思维方式。

作为社会伦理体系的礼，它要求的就是：同。物以类聚，人以群分。同，才能作为参照的标准和范式。同，才能成为共同认可的行为准则。"非礼勿视，非礼勿听，非礼勿言，非礼勿动。"和，则是在不同的基础上，和谐共处，就像不同乐器合奏交响乐的效果，所以《礼记·乐论》中说："大乐与天地同和。"

比孔子年龄稍长的晏婴曾表述过和同的思想。晏婴说："和如羹焉，水、火、醯、醢、盐、梅，以烹鱼肉，燀执以薪，宰夫和之，齐之以味，济其不及，以泄其过。"醋是一种味道，盐是一种味道，做菜必须五味调和。若以水济水，谁能吃得下去？"先王之济五味，和五声也，以平其心，成其政也。"心平，德和。为政亦如此，治国若烹鲜。

和而不同，就是大同。一味要求相同、一刀切，不符合发展规律，参差多态乃幸福的本源。尊重差异，发扬个性，又不逾越边界，和谐共处，才是中道。《中庸》里说："喜怒哀乐之未发，谓之中；发而皆中节，谓之和。中也者，天下之大本也；和也者，天下之达道也。"中为本心，和为达道。这就是：致中和，和为贵。

信用原则与正义原则

> 有子曰："信近于义，言可复也。恭近于礼，远耻辱也。因不失其亲，亦可宗也。"（1.13）

有若说："守信合乎道义，诺言可以收回。恭敬合乎礼仪，能够避免耻辱。因袭礼义之道，而不遗失亲近的人，也是值得效仿的。"

《论语·学而》篇总共十六章，除了孔子和孔门弟子，没有其他人物和事迹出现，也没有孔子与弟子之间的对话，十六章全部是孔子和弟子们各自的独立言论。孔子的言论有八章，占全篇一半的内容。孔门弟子的言论加起来也是八章，其中子夏有一章，子贡、曾参各有两章。

有若不仅一人独占三章，而且紧跟在孔子之后，全书第二章就是他的言论，足见有若在《论语》中的重要性。曾参的出现，有其特殊性。子贡与子夏的出现，因为这两位是《论语》最重要的编纂者。《论语·学而》全篇都在呼应一个主题：学，效法圣人之道，实践中道，君子应该怎么做。

孔子有四教：文、行、忠、信。可见信之重要。孔子又说："人而无信，不知其可也。"提倡"主忠信""言而有信""民无信不立"。有一次，子贡问孔子怎么做才算一个"士"，孔子给出了三重境界，其中最入门级的一层，就是："言必信，行必果。"一诺千金，言出必行。

言而有信，是一项重要品质，那么是不是无条件遵从的绝对品质？并不是，比如本章的"信近于义，言可复也"。复，有践行的意思，也有往来的意思。在这里，复言其实是收回承诺，而非履行诺言。因为诺言的履行或不履行，义的原则优先于信的原则。季札挂剑，是守信于义。尾生抱柱守信，人间不值得。

《孟子·离娄下》中就说："大人者，言不必信，行不必果，惟义所在。"《左传·哀公十六年》中有明确记录："复言，非信也；期死，非勇也。"司马光在《资治通鉴·秦纪》中说："复言、重诺，非信也；糜金、散玉，非惠也。"复言就是食言，也即收回诺言。李炳南《论语讲要》中说："合宜则守信，不合宜则不必守信。"

孔子周游列国途中，在蒲地被卫国的公叔氏胁迫，不得不与其定下盟约，等到脱身后，孔子随即反悔。子贡有些困惑，就问："盟可负邪？"孔子回答："要盟也，神不听。"像这种危急之下被迫签订的盟约，违背道义和仁义，神不会听到，遑论支持。

张居正《讲评〈论语〉》中说："其所言者，若不合于义理之宜，将来行不将去，则必至爽约失信矣！"刘宝楠《论语正义》中说："人言不欺为信，于事合宜为义。若为义事，不必守信，而信亦有非义者也。"从张居正到刘宝楠都认为，义的原则优先于信的原则。真知灼见不是没有，只不过人云亦云者太多罢了。

"因不失其亲，亦可宗也。"这句话比较难懂。刘宝楠《论语正义》中说："谓观其所亲爱之是非，则知其人之贤与不肖。若所亲不失其亲，则此人之贤可知，故亦可宗敬也。"如果亲近之人，是仁义之人，是有知人之明，故可宗敬。因是凭借，宗是依靠，大多按此理解。

通观本章的意思，礼、义高于恭、信，恭、信是做人做事的基础，做到恭、信也算不错，但显然还比不上礼、义。那么，面对亲近的人应该怎么做？是因循礼义，不近人情，还是不顾礼义，因情徇私？单纯的恭、信，就不足以应对此类情况，还是要因承礼、义。

孔子在《论语》中多次谈到"义"：言不及义、义以为质、义以为上、义之与比、质直而好义。如果能做到首先因为礼、义，同时还顾及亲近之情，就会受到尊重。也即《论语·尧曰》所说："虽有周亲，不如仁人。"这是周武王说过的话。

周公与周武王一同灭商，又辅佐年幼的周成王。周公摄政留守周都，由其子伯禽代为就封鲁国。针对如何治理鲁国，周公对伯禽说："君子不施其亲，不使大臣怨乎不以，故旧无大故则不弃也，无求备于一人。"意思就是："因不失其亲，亦可宗也。"举亲不避嫌，举贤不避亲。

子贡说

温良的力量

> 子禽问于子贡曰："夫子至于是邦也，必闻其政。求之与抑与之与？"子贡曰："夫子温、良、恭、俭、让以得之。夫子之求之也，其诸异乎人之求之与？"（1.10）

子禽向子贡问道："老师到一个国家，必定得知它的政事。是自己求取的还是人家主动跟他说的呢？"子贡说："老师温和、善良、恭敬、自律、谦让，就凭这得到的。老师的获取方法，与别人的求取方法有所不同吧？"

隐身于《论语》背后的男神——子贡，终于出场了。继有若、曾参、子夏之后，子贡是《论语》中第四位出场的孔门弟子。别看出场晚，这才是真正的幕后大佬。本章内容不难理解，让我们先来看看，子贡精心安排的出场方式，到底有什么不同？

第一，子贡不是直接亮相，而是通过子禽之问引出场，真是一个讲排场的人啊。这位子禽特别有意思，他在《论语》中的角色好像就是负责串场。子禽问过子贡两次问题，第一次是本章引子贡出场，为孔子描摹人格画像；第二次是《论语·子张》篇最后一章，引子贡为《论语》做总结陈词。

子禽从未直接请教过孔子，与其他孔门弟子也没有交流。不过，子禽还请教了一回伯鱼，就是孔子的儿子孔鲤。有学者指出，子禽并非孔子弟子，有可能是子贡的弟子。司马迁在《史记·仲尼弟子列传》中，就没有收录子禽。我倾向于相信，子禽是子贡的弟子或者说助手，协助庐墓的子贡编纂整理《论语》。

第二，还是司马迁，他说自己读过很多"孔氏书"，就想见见这位"子曰先生"。我们也怀着同样的心理吧，前面已经读过好多章"子曰"，到这里我们才第一次看见"子曰"背后的孔子，他是一个什么样的人，什么性格，天空飘来五个字：温、良、恭、俭、让。

这就是圣人气象，如果不是最懂孔子的人，哪能总结得如此到位。就曾有人问子路：您的老师是一个怎样的人啊？结果子路张口结舌，一句话也讲不出来。张居正《讲评〈论语〉》中说得好："子贡之言，不惟足以破子禽之疑，而使万世之下，犹可以想见圣人之气象，此所以为善言德行也。"

第三，子贡回答问题的视角与众不同，因为看上去好像答非所问。子禽要问的是以何求的方法论，子贡却给出一套何以求的价值观。刚入孔门时，子贡曾问过孔子："君子贵玉而贱珉何也？为玉之寡而珉之多欤？"玉为什么比石头贵？是玉少石头多的缘故吗？物以稀为贵的市场原理，这个大家都懂。

我们来看孔子的回答，高明之处在哪里。

孔子说："非为玉之寡故贵之，珉之多故贱之。夫昔者君子比德于玉。"玉之所以比石头贵，不仅是稀有，而是因为君子以玉比德。玉有多种品德，诸如温润而泽，缜密以栗，气如白虹。玉象征君子之德，石头则不能，所以玉比石头贵重。这就从产品价值上升到了品牌价值观，子贡得到了孔子的真传。

武内义雄《论语之研究》指出，齐人所传《论语》以子贡为中心。为孔子庐墓六年之后，子贡迁居齐国，最后死于齐国；以及子贡赞叹齐国功臣管仲，子贡得授一贯之道，《论语·子张》篇借叔孙武叔和陈子禽等人的话，将子贡抬至孔子之上，都关乎《齐论语》的流传。在《论语》中，聚敛的聚、无欲速的速、矜不能的矜，都是东齐之语。

稍显复杂拗口的"夫子之求之也，其诸异乎人之求之与？"这里的"其诸……与"句式，也属于齐地方言，这一用法不见于其他地域，却常常出现于齐人所传的《公羊传》，如"其诸以病桓与""其诸为其双双而俱至者与""其诸君子乐道尧舜之道与""不能于其母者，其诸此之谓与"，等等。

子贡提出的"温、良、恭、俭、让"，已成为中国人的优良传统。什么是温良？曾把《论语》翻译成英文的辜鸿铭在《中国人的精神》里说："中国人的精神，第一个就是温良，温良并不是天性软弱，也不是脆弱屈服，而是没有强硬、苛刻、粗鲁和暴力。"

辜鸿铭将温良视为一种绅士性，灵魂的性情，心灵的状态。在热播剧《觉醒年代》中，辜鸿铭也讲过类似的话："在我们中国人身上，有其他任何民族都没有的，难以言喻的东西，那就是温良。温良不是温顺，不是懦弱，温良是一种力量，是一种同情和人类智慧的力量。"

在子贡的时代，很多人认为"子贡贤于仲尼"，但子贡尊师重道，第一个站出来说孔子是圣人，自己完全没法与老师比。孔子死后，子贡庐墓六年为老师守丧。在《论语》中，孔子与弟子的对话，子贡所占篇章最多，所讨论的问题涉及核心话题最多。

司马迁在《史记》中对子贡费墨颇多，诸如《仲尼弟子列传》

论语方法论

《货殖列传》《孔子世家》都有写到。老子、孟子、墨子、孙子，都很有名吧？子贡在《史记》中的篇幅是他们的十几倍。日本作家井上靖在《孔子》一书中说："目前，在孔门的高弟中，对子贡的研究最为落后，我想不久的将来他可能居于孔门研究中心。"

孔门早期弟子像曾点、子路，与孔子年龄差没那么大。晚期弟子子夏、子游、曾参，则比孔子小四十岁以上。子贡是中期弟子，还有颜回、冉求等，跟孔子相差三十岁左右，形同父子的年龄差，关系最亲密，感情最深厚。如果将孔子比作佛陀，那么子贡和颜回就是文殊菩萨和普贤菩萨，佛陀的左右胁侍。

子贡（前520—前456），姓端木，名赐，字子贡，又写作子赣，小孔子三十一岁，卫国人（今鹤壁浚县人）。子贡位列"孔门十哲"，是孔子最重要的弟子之一。子贡通达善言，是孔门言语科

鹤壁浚县 子贡墓

高才生，活跃于春秋末年的政治和外交舞台。

　　子贡还是儒商鼻祖，不仅在孔门中最富裕，也是那个时代排名前三的富商。以前的店铺里常常挂一块匾，上书："陶朱事业，端木生涯。"指的就是范蠡和子贡。对于子贡这个人，这些年我倾注了很多时间和精力。好几次，在曲阜孔林，在子贡庐墓处，我默默一坐就是半天，时间在那一刻仿佛就像静止一般。

　　子贡故里在浚县，与殷商故都朝歌（淇县）一河之隔。某年秋天，我从商丘、定陶、濮阳，一路周游到浚县。古城里大殿五间的子贡祠，如今早已荡然无存。倍感欣慰的是子贡墓还在，偏居田野一隅，远离喧嚣之外，这何尝不是幸事。精神见于山川，子贡温润如玉，与《论语》和光同尘，如日月之明光照古今。

贫富差距与精神贫富

　　　　子贡曰："贫而无谄，富而无骄，何如？"子曰："可也。未若贫而（好）乐，富而好礼者也。"子贡曰："《诗》云'如切如磋，如琢如磨'，其斯之谓与？"子曰："赐也，始可与言《诗》已矣，告诸往而知来者。"（1.15）

　　子贡说："贫穷而不谄媚，富有而不骄横，怎么样？"孔子说："算可以了。但是比不上无论贫富，都能好乐好礼的人。"子贡说："《诗经》上说'就像制作兽骨、象牙、玉、石那样雕琢研磨'，讲的就是这个道理吧？"孔子说："子贡呀，现在可以与你谈论《诗经》了。告诉你一面就能知道另一方面。"

　　贫而无谄，富而无骄。

　　贫而好乐，富而好礼。

　　有人说，这章里"贫而乐"后面漏掉了一个道字，即：贫而乐道，举例，颜回箪食瓢饮，住在陋巷，人不堪其忧，颜回不改其乐。贫而乐道，本身没有错，颜回确实就是这样的人。但是，把贫和道拧在一起，形成了强关联，容易造成一种误解：贫而乐道，富而不仁，贫、富成了乐道和不仁的前提。

　　贫对于乐道，自然是一种考验，但不是必要，就像吃低级的苦。富其实也是一种考验，富家子弟多纨绔。这里只是说，不应该把贫当作乐道的前提和条件，贫为优先就大错特错了，这种清高和混淆要不得。乐道，并不取决于贫或富，颜回之贫，周公之富，都可以乐道。

　　乐道只需志于道，心志坚定，实践躬行，与贫富本身没有关系。其实，这两句话是互文结构，就是无论贫富都要好乐好礼，以礼乐为志趣。《吕氏春秋·慎人》讲："古之得道者，穷亦乐，达亦乐，所乐非穷达也。道得于此，则穷达一也，为寒暑风雨之序矣。"表达的也是这意思，所乐并非穷达或贫富，而是乐道本身。

　　我认为这里如果说漏掉了一个字的话，大概率漏掉的也是一个"好"字。贫而（好）乐，富而好礼。好乐、好礼与无谄、无骄，恰好是形式统一的文法结构。好乐，好礼，立于礼，成于乐。礼之用，和为贵。这是孔门经常讨论的话题。君子实践中道，普遍会遇到一个考验，那就是贫富差距的问题。

此处最合理应该是"贫而好乐"，我这么说并非毫无根据。事实上，在被视为子思作品的《礼记·坊记》中，开篇就记述了一段话："子云：'贫而好乐，富而好礼，众而以宁者，天下其几矣！'"孔子说："贫穷而能以乐为好，富有而能以礼为好，人多势众而能安守本分，天下能够做到的人寥寥无几啊！"这里明确提到"贫而好乐，富而好礼"。

每个人的出身、经历、性格、才华、机会、志趣等不同，不是每个人都能或都想登上财富排行榜。颜回属于典型的"三无"人员，没有从政，没有钱财，没留著作，但颜回心有所安，终生不改其志。子贡，作为一代儒商，以货殖著称，对贫富问题自然比一般人体会更深刻，也更敏感，由他来引出这个社会话题最合适不过。

子贡站在自己的立场上，一分为二看待这个问题，并结合自身的心得，提出"贫而无谄，富而无骄"。没钱不巴结谁，有钱不傲娇。只要我们稍加留意周边或看看新闻报道就会知道，能够做到这一点已经相当难得，应该说达到对人恭信这个层次了，但还远没有达到礼、义、仁、道。

知道并做到，贫无谄，富无骄，就是子贡说的闻一知二。对于子贡，如果只是做到这点，就是人品不错的普通富商，而不是承载圣人之道的儒商创始人。孔子怎么看待这个问题？合二为一。孔子能够超越地看待，不关心贫富差距本身造成的人生态度之分别，而是有一个总体态度，就是志于道。

唯一的问题，在于人生是否选择志于道。唯一的道路，是抵达之路。吾道一以贯之，总态度穿越一切现象和表象差异，无论是贫富还是美丑，出身卑微还是高贵，凡一切相都只是存在，而不是问题。志于实践中道，这些统统不是问题。

贫穷如颜回，富有如子贡，都可以好乐、好礼。富有的人未必先抵达道，贫穷的人也未必，就像面对媚奥还是媚灶，应该拜近的小神还是远的大神的问题，孔子的答案依然是志于道。建立在财富基础上的道德拔高，更像一种道德绑架。

《吕氏春秋》讲过一个子贡的故事。鲁国有条法律，遇见鲁国人在国外沦为奴隶，如果有人能把他们赎出来，可以领取赔偿金。有一次，子贡赎出一个鲁国人，但回国后拒绝报销赎金。子贡认为自己可以承受，不需要由国家来负担这笔费用。

孔子知道后却说，这件事子贡做得不对。今后鲁国人将不会再赎回奴隶，因为并非所有人都像子贡那样富有，领取补偿金不会损伤品行，但不领取补偿金，很多人就没有能力再做这件事。是啊，按这标准，只有比尔·盖茨算是道德高尚的人了。

子贡的问话将两种状态并列来看、来谈，但孔子不是，他加了一个"者也"统一贫和富，就是说那两种人啊，虽然也还不错，但是比不上另一种人：不管是贫是富，都能够做到好乐、好礼。这就是志于道的人，朝闻道夕可死的人。

至于那些"士志于道，而耻恶衣恶食者"，并不是真的志于道，超越这些现象才是志于道。没有力不足，只有志不笃；不怕起点低，就怕不到底。无论是兽骨、象牙还是玉、石，价钱、材质虽然有不同，但经过切磋琢磨，都可以成为真正的艺术品啊。

孔子的高明之处，在于周而不比，不着相于表面的贫富。孔子说过:"不患寡而患不均,不患贫而患不安。"竟然有人说这句话弄错了,应该是"不患贫而患不均,不患寡而患不安。"哪来的道理?虽寡但公平,虽贫但心有安处,并没有错。

贫富不是问题,真正的问题在于是否志于道、安于道。既来之,则安之。《中庸》说:"君子素其位而行,不愿乎其外。素富贵,行乎富贵;素贫贱,行乎贫贱。"讲的就是这个道理,说到底就是从自己的真实情况出发,无论从哪里开始都可以抵达。

哈耶克在《通往奴役之路》中说:"有理性的人都不会以经济目的作为他们活动的最终目标。……经济变化往往只能影响我们的需求的边缘或'边际'。有许多事情远比经济上的得失,可能影响到的事情来得重要,对于我们来说,它们的重要性远远超过受经济波动影响的生活上的舒适品,甚至超过许多生活必需品。和它们相比,我们在经济上是否拮据一些或是否宽裕一些的问题,似乎没有多大重要性。"

道理都是一样的,就看怎么觉悟。

不怨天,不尤人,下学而上达。

传说中的神农时代,就产生了商业。《周易·系辞》中说:"日中为市,致天下之民,聚天下之货,交易而退,各得其所。"殷商被称为商,也与擅长经商有关系。甲骨文中称王亥为"商高祖",王亥用牛车拉着货物进行交易,开创商业贸易的先河,被尊奉为"华商始祖"。我们到今天仍然在说商人、商品、商场、商业。

子贡熟悉《诗经》,擅长经商,与其成长的外部环境也有一定关系。我们来看《诗经·卫风·氓》:"氓之蚩蚩,抱布贸丝。

匪来贸丝，来即我谋。送子涉淇，至于顿丘。匪我愆期，子无良媒。"这里的顿丘，就在子贡的家乡浚县一带，与殷商故都朝歌近在咫尺，距离卫国都城帝丘（今濮阳县）也不远。抱布贸丝，足见商业氛围十分浓厚。

子贡是卫国人，卫国著名城邑很多，帝丘、顿丘之外，还有戚城、铁丘、五鹿、澶渊，都是春秋时代的名邑。以戚城为例，在《左传》中出现近三十处，多次诸侯会盟，都在此举行。卫国位居黄河要津，向为兵家必争之地，城濮之战、铁丘之战等就发生在这里。

卫国地处天下之中，工商业、手工业发达。公元前478年，帝丘发生了百工起义，这是世界上最早由手工业者掀起的反抗斗争。卫国经济发展，文化兴盛，思想也活跃。这里诞生了中国也是世界文学史上第一位女诗人许穆夫人，"卫郑新声"，堪称最炫民族风，风靡华夏。《诗经》三百首，直接描写卫国淇河的就有三四十篇。

本章子贡所引"如切如磋，如琢如磨"，就出自《诗经·卫风·淇奥》。

> 瞻彼淇奥，绿竹猗猗。有匪君子，如切如磋，如琢如磨。瑟兮僩兮，赫兮咺兮。有匪君子，终不可谖兮。
>
> 瞻彼淇奥，绿竹青青。有匪君子，充耳琇莹，会弁如星。瑟兮僩兮。赫兮咺兮。有匪君子，终不可谖兮。
>
> 瞻彼淇奥，绿竹如箦。有匪君子，如金如锡，如圭如璧。宽兮绰兮，猗重较兮。善戏谑兮，不为虐兮。

翻开《左传》就会发现，当时各个诸侯国在外交舞台上，政治会晤谈判都援引《诗经》，可以说《诗经》就是当时最重要的外交语言。孔子说："不学诗，无以言。"生活在《诗经》和商业氛围都很浓厚的环境中，子贡谙熟经营之道，成为言语科高才生，也算事出有因。我曾在淇河边漫步，风景依然很美，但这里早已不是当年的帝都了。

孔子说

战略就是北极

子曰："为政以德，譬如北辰居其所，而众星共之。"（2.1）

孔子说："治理国家据于德，就像北极在那里，众星共同朝向北极。"

《论语·学而》篇讲什么是学，君子志于学，效法圣人之道，践行中道。《论语·为政》篇讲君子从政这项具体实践。中国古代有四大职业门类：士、农、工、商。孔门弟子，除了子贡是政商结合，其余弟子少数教书治学，多数是从政。

司马迁《史记·儒林列传》记载："自孔子卒后，七十子之徒散游诸侯，大者为师傅卿相，小者友教士大夫。"仕而优则学，学而优则仕。毋庸讳言，工、农并不是孔门的主攻方向。有一次，樊迟请学稼，也就是请教种地，还被孔子批评教育了一顿。

"为政以德"，是为政的最高追求，真正做到这一点就会各得其所、各归其位，就会实现无为而治，按照既定战略顺利推进各项工作。在《论语·卫灵公》篇中，孔子说："无为而治者，其舜也与！夫何为哉？恭己正南面而已矣。"所谓"恭己正南面"，就像"北辰居其所"，是"为政以德"的体现。

《中庸》里也说："大德必得其位，必得其禄，必得其名，必得其寿。"所谓必得其位，就是以德配位，为政以德，都是孔子赞美舜的无为而治。志于道，谋道不谋食，道一以贯之，意思正如

"北辰居其所"。战略就是北辰，必须要有心不动摇的战略定力。

什么是北辰？《尔雅·释天》里说："北极谓之北辰。极，中也。辰，时也。居天之中，人望之在北，因名北极，斗杓所建，以正四时，故云北辰。"东晋郭璞注解说："北极，天之中，以正四时，天中即天心。天体圆，此为最高处。"北辰，北极，天极，天心，天中，天枢，都是同一所指，即地轴与天相交的地方。北辰，就是天之中。现在也常说中枢，中心。

《西游记》第一回引用邵雍《冬至吟》："冬至子之半，天心无改移。一阳初起处，万物未生时。"这里的天心，即北辰、北极。北极星，则是位于北极天心的恒星。北极星位于地轴北端，在北斗七星中的天璇与天枢连线的五倍延长线上，并不是完全处在北极正中心。北极星只是看起来静止不动，其细微缓慢的变化，肉眼很难观察到，所以可以指示北方。

中国的"中"字，最早就指"天之中"，天之中就是天心，就是北辰、北极。先有天之中，而后在地上建中，也就是"土中"，也就是天下之中——天下的中心和枢纽，从而建立政权合法性。所谓"择天下之中而立国"，是华夏文明很早就形成的国家观念。

在孔子看来，北辰与众星显现的宇宙天象，就是天道运行的规律反映，就是人世间政治道德参照效仿的对象。天人之际，天人合德，天生德于予。每颗星辰都在自己的位置上，各在其位，或明或暗，无不闪耀。就像每一个人，都是夜空中最亮的星，光芒璀璨于人生存在意义的天空。

星汉虽远，浮槎可渡。

天地之间是人的舞台。每个人都无法选择出身，生来是什么角色不重要，因为先天条件无法更改，重要的是了解自己的角色。斯坦尼斯拉夫斯基在《演员的自我修养》中说："没有小角色，只有小演员。"人生如戏，必须入戏。人生的意义，在于寻找到属于自己的使命和兴趣，演好自己，做自己的主角。

　　北辰居其所而众星共之，还体现出一种战略思维和长期主义。成就一项事业，要制定使命和战略，然后围绕这个中心，各部门统一思想，各自展开工作，一张蓝图绘到底。战略最怕什么？朝秦暮楚，朝令夕改，所谓"难乎有恒"，就是难以一以贯之。"不恒其德，或承之羞。"战略就是指引方向的北极。

　　政者，正也。孔子说："子帅以正，孰敢不正？"为政者带头做到端正，就像众星各在其位，各自端正位置。孔子的为政三部曲，就是：庶之，富之，教之。北辰居其所而众星共之，这就是天道下贯的教化力量。

　　为政以德，不说为政者以德，强调为政是整套运作系统的运转，所有人都要向战略看齐。这是"德"字在《论语》中第二次出现，第一次是《学而》篇的"民德归厚"，从天德到民德，德的落脚点在民，在于安民、保民。

　　为政以德，譬如北辰。仰望星空，脚踏实地。这让人想起康德《纯粹理性批判》里的话："有两样东西，我对它们的思考越是深沉和持久，它们在我心中唤起的惊奇和敬畏也就与日俱增：头顶的星空和心中的道德律。"这句话最后刻在了康德的墓碑上。

　　我从少年时就知道这句话，每每想起内心都会有波动。头顶的星空，心中的道德律：星空就是天心、道心；道德律，就是人心、格心。人心惟危，道心惟微。康德所说的敬畏，又让我们想到孔子所说的：畏天命，畏圣人之言。智慧无分西东，人生最重要的事情，就是找到自己的北极，并时时接受它的指引，心中有梦，躬行不殆，步履不停。

思无邪

子曰："诗三百，一言以蔽之，曰：'思无邪。'"（2.2）

孔子说："《诗经》三百篇的主旨，用一句话来言说，就是：'思不出位。'"

《为政》篇自然是讲为政，"诗三百"与"思无邪"却出现在《为政》篇第二章，看似政治和文学前言不搭后语，实则顺承上章"为政以德"，表达孔子的从政思想。孔子说："诵诗三百，授之以政。"又说："诗，可以兴，可以观，可以群，可以怨。迩之事父，远之事君。"兴观群怨，关乎政治。

在孔子的时代，《诗经》的政治功能远大于文学价值。《诗经》对于从政有两大作用：一为教化作用，如沐德风，温柔敦厚；一为言语外交作用，"不学诗，无以言"。《孔丛子·杂训》里说："夫子之教，必始于《诗》《书》而终于《礼》《乐》。"足见孔子对《诗经》的重视。

"思无邪"出自《诗经·鲁颂·駉》："思无邪，思马斯徂。"歌颂鲁僖公能尊奉伯禽的治国之道。伯禽为周公之子，代周公就封鲁国，为鲁国第一代国君。《晋书·王导列传》里说："故有虞舜干戚而化三苗，鲁僖作泮宫而服淮夷。桓文之霸，皆先教而后战。"这是赞扬鲁僖公注重修文德以教化。

　　《诗经》是中国第一部诗歌总集，最初称《诗》或《诗三百》，西汉时被尊为儒家经典，称为《诗经》。据传，孔子曾编订《诗经》，子夏传承《诗经》。《诗经》分为《风》《雅》《颂》三个部分，《风》是各诸侯国的歌谣，《雅》是正声雅乐，《颂》是王室祭祀的乐歌，分为《周颂》《鲁颂》和《商颂》。

　　《论语》中多次引用讨论《诗经》。孔子评价《诗经·关雎》："乐而不淫，哀而不伤。"《毛诗序》里说："发乎情，民之性也；止乎礼仪，先王之泽也。"发乎情，止乎礼，礼仪起于真情实感，并约束情感不泛滥，这是《诗经》的整体思想，各在其位，没有逾越，从心所欲不逾矩，就像北辰居其所而众星共之。

　　思无邪，可以理解为：思正。政者，正也，为政以德。"子帅以正，孰敢不正？"正己而后正人，这是战略思维；也可以理解为：思不出其位。不在其位，不谋其政。找不到自己的位置，就无法做成事情，这是定位思维。战略与定位，相辅相成，以终为始，道一以贯。

　　孟子说："心之官则思，思则得之，不思则不得也。"思为心，中心；道即中心，思即道，中道。思接天命，最重要，最根本，必须真诚，不能忽悠。战略就是思，战略就是北极，战略既定，就要往那里走，不能自欺欺人。思无邪，骗不了自己，也骗不了别人。

德即是位，正位凝命，如鼎之镇。天命之使命，即自我之位置。人不知而不愠，不知什么呢？孔子说："不知命，无以为君子。"首先就是"知命"，知道自己是谁，置身于什么位置，什么阶段，什么状态，认清自己，接受现实，也就是在其位，这是千里之行的开始。

为政以德，德要配位，位居其所，众星拱之。"思无邪"就像"北辰居其所"，"思"就像北极，位居中心不动摇；"诗三百"就像"众星共之"，三百就是众多，无论多少都围绕中心不动摇。这就是"思无邪"与"为政以德"两章相连的原因。

王阳明将"致良知"与"思不出其位"联系在一起。

《传习录》中说："君子之学终身只是集义一事。义者宜也。心得其宜之谓义。能致良知，则心得其宜矣，故集义亦只是致良知。君子之酬酢万变，当行则行，当止则止，当生则生，当死则死，斟酌谓停，无非是致其良知，以求自慊而已。故君子素其位而行，思不出其位。凡谋其力之所不及而强其知之所不能者，皆不得为致良知。"

君子实践中道，终身只是"集义"这一件事。义就是宜，心能做到适宜就是义。能致良知，则心就能做到适宜。君子待人接物，应对事变，该做就做，该停就停，该生就生，该死就死，其间的斟酌思考，无非是致良知，以求心安理得而已。所以孔子说"君子素位而行"，又说君子"思不出其位"。凡是去谋求自己力所不能及的事，强行去做自己智所不能任的事，都不算作致良知。

管理的四个抓手

> 子曰:"道之以政,齐之以刑,民免而无耻。道之以德,齐之以礼,有耻且格。"(2.3)

孔子说:"治理国家依靠政令,用刑法规范民众,民众会免于犯罪但不会有羞耻心。治理国家依靠道德,用礼义来规范民众,民众会有羞耻心而且心悦诚服。"

孔子生活的时代,是法律制度迎来变革的时代。

最典型的两大事件就是"铸刑书"和"铸刑鼎",其历史意义相当于中国的《汉谟拉比法典》。据《左传·鲁昭公二十九年》记载,公元前513年,晋国的赵鞅和荀寅铸造刑鼎,将范宣子所作刑书刻于青铜鼎。自此以后,礼乐与刑罚之辩,成为孔子及战国诸子的重要议题。

其实早在晋国之前二十多年的鲁昭公六年,即公元前536年,郑国主政子产就首次铸刑书,将刑法铸于青铜鼎,放在都城宫门之前,让百姓都能够看到,这是中国历史上第一次公布成文法。晋国的叔向表示反对:"弃礼而征于书,锥刀之末,将尽争之。"担心人们知道刑书条文,就不会再遵守道德礼仪。对此,孔子没有发表看法,但我们知道,子产是孔子的为政偶像。

《左传·昭公二十年》记载,公元前522年,子产在临终之前,告诉他的继任者游吉:"唯有德者,能以宽服民,其次莫如猛。夫火烈，民望而畏之，故鲜死焉。水懦弱，民狎而玩之，则多死焉，故宽难。"

只有德行高尚的人，能够用宽厚政策使民众服从，其次没有比刚猛更有效的了。比如烈火，民众望见就害怕，所以很少烧死的。水柔弱，民众亲近并嬉戏，所以很多淹死的，因此宽厚政策更难实施。

子产去世后，继任者不忍用猛为政，结果造成"郑国多盗"。孔子对此评价："政宽则民慢，慢则纠之以猛。猛则民残，残则施之以宽。宽以济猛，猛以济宽，政是以和。"就是说为政虽然崇尚德治，但也要张弛有道，宽猛并用，两手抓，两手都要硬。

本章政、刑、德、礼虽并列而言，但并非顾此失彼、彼此对立，而是政、刑、德、礼各有其用，各得其所。正如孔子所说："礼乐不兴，则刑罚不中；刑罚不中，则民无所措手足。"孔子并不反对刑法，只是更崇尚德礼。

据上海博物馆战国竹简记载，孔子认为道之以德如果不发挥作用，刑罚为辅就很有必要："大罪杀之，臧罪刑之，小罪罚之。"孔子具有政治理想主义的气质，但为政却不是天真派。公元前501年，鲁定公任命孔子为中都宰，这是孔子为政生涯的小试牛刀，治理一年就有所成效。

据《韩非子·内储说》记载，殷商有一条针对在大街上乱扔垃圾的刑罚，子贡认为过于苛刻，孔子则认为在街道上扔垃圾，会造成尘土飞扬扑面盖人，人会愤怒从而引起争斗，严重的会导致家族之间互相残杀，所以必须重罚没得商量。孔子说："重刑者，人之所恶也；而无弃灰，人之所易也。"人们都厌恶重罚，可以避免犯罪；不乱倒灰，人们却容易做到。

在《礼记·缁衣》中，孔子说："夫民教之以德，齐之以礼，则民有格心。教之以政，齐之以刑，则民有遁心。"郭店楚简出土《缁衣》表述为："长民者，教之以德，齐之以礼，则民有劝心；教之以政，齐之以刑，则民有免心。"字句有些不同，但意思一致。格心，劝心，向善归附之心。遁心，免心，逃避苟免之心。趋利避害是人的本性，免而无耻是底线，有耻且格则是愿景。

德律 / 心律——内在要求——自制力——克己

刑律 / 法律——外在要求——强制力——复礼

在《论语·颜渊》篇中，季康子向孔子问政，可以作为本章的现场讨论版。季康子问孔子，杀无道以就有道，怎么样？孔子说："子为政，焉用杀？子欲善而民善矣。君子之德，风；小人之德，草。草上之风，必偃。"意思就是：道之以德，齐之以礼。

德，就像道德律，一种"未写出的法律"。作为伦理学之术语，道德律是指根据人类共同本体所确定的适合一切社会和时代的道德生活的基本定律，就像孔子说的"己所不欲，勿施于人"，《圣经》中的箴言"你们愿意人怎样对待你们，你们也要怎样待人"。

子贡传承了孔子崇尚德政的思想。据《韩诗外传》记载，子贡曾反对季氏重用刑罚，称之为"暴治"。子贡说："托法而治谓之暴，不戒致期谓之虐，不教而诛谓之贼，以身胜人谓之责。责者失身，贼者失臣，虐者失政，暴者失民。"

子贡指出，假托依法承办就是暴政，不预先戒备就惩治就是残虐，不事先教导而诛杀就是贼害，以为自己胜于人是求全责备。暴、虐、贼、责是为政"四害"，最终会导致失去民心，从而自受其害。

东汉章帝时，尚书陈宠认为政令严苛，请求宽之以济，在上书中就以子贡举例，"子贡非臧孙之猛法，而美郑乔之仁政。"汉章帝看后，采用了陈宠的建议，从而"每事务于宽厚"。

人生的进阶

> 子曰："吾十有五而志于学，三十而立，四十而不惑，五十而知天命，六十而耳顺，七十而从心所欲，不逾矩。"（2.4）

孔子说："我十五岁有志于学习，三十岁立于礼志于道，四十岁志于不惑，五十岁志于知天命，六十岁志于顺从天命，七十岁从心所欲不逾矩。"

圣人并不是生来就是圣人。孔子的一生，下学而上达，这也是《论语》的人生态度。

孔子明确讲过："我非生而知之者，好古，敏以求之者也。"还说："若圣与仁，则吾岂敢？"不承认自己是圣人，而是"为之不厌、诲人不倦"的人。又说："盖有不知而作之者，我无是也。多闻，择其善者而从之，多见而识之，知之次也。"生来就觉知的人，应该有吧？但孔子说自己不是。

孔子把人的觉知分为四种类型：生而知之，学而知之，困而学之，困而不学。孔门之学，指向的主要是学而知之、困而学之，通过实践而觉知。闻道有先后，术业有专攻，孔子并不依赖生而知之。学而知之，孔子正是这一社会群体的最大代言人，也是最早以私人教师著称的人。

孔子一生充满艰难曲折，而又百折不挠。本章可以看作孔子对于自己一生实践不止的自我总结。年龄划分只是标识一个人生阶段，一种觉知境界，并非指某个具体年龄。十有五志于学，志于六艺之学，三十而立于礼，成为远近闻名的礼学专家，这是孔子从年轻到三十岁左右的人生实践。

了解孔子的重要人生节点，更容易把握本章的主旨。

公元前525年，鲁昭公十七年，孔子二十七岁，东夷之国郯国的国君郯子到访鲁国，孔子向郯子请教郯国以鸟为官的传统，事后孔子说："天子失官，学在四夷。"这是孔子第一次以事件当事人身份，出现在先秦史书《左传》的记载中。

从三十岁到鲁国斗鸡之乱，到鲁昭公去世，孔子四方游学，到过郑国、洛邑和齐国，见过子产、晏婴、老聃、齐景公。据说，孔子曾到王都洛邑向老子问礼，当时的周王室正处于内斗纷争。鲁昭公对孔子多有赏识，孔子对主政鲁国的"三桓"，持有不同政见。

齐景公也曾向孔子问政，孔子告之以"君君臣臣"。四十岁之后，孔子返回鲁国都城，开始集中教学，广收弟子。以上就是：十有五而志于学，三十而立，四十而不惑。不惑，并非对这个世界没有困惑，而是笃定于自己的使命与选择，所谓"从吾所好"。

孔子五十岁开始从政，从中都宰到鲁国司寇，治理中都，主持夹谷会盟，推行堕三都计划。早期弟子如子路，也开始从政。五十五岁结束鲁国从政生涯，孔子开始周游列国，历经卫、陈、宋、蔡等诸侯国，冉求、子贡等中期弟子也开始从政。

周游十四年后，重返鲁国之时，孔子已经六十八岁，然后整理"《诗》《书》"，直至获麟绝笔。孔子七十三岁在曲阜去世，子贡陪孔子度过最后七天，并主持了孔子的丧礼。以上对应：五十而知天命，六十而耳顺，七十而从心所欲不逾矩。

五十而知天命，这是《论语》中第一次出现"天"（命）。子贡说："夫子之言性与天道，不可得而闻。"圣人之文章，可以依靠"闻"获得。天道，则无法依靠"闻"而获得，必须闻而行之，躬行不殆。不怨天，不尤人，下学上达，就是在践行圣人之道中觉知天道。圣人之道，允执其中。

《论语》中的道具有双重层面：在超越世界是天命、天道；在现实世界最高是圣人之道，体现为中道，最低则是君子之道。子思在《中庸》里说："天命之谓性，率性之谓道，修道之谓教。道也者，不可须臾离也，可离非道也。"儒家至此，打通了形而下与形而上。

本章理解分歧最大的是"六十而耳顺"，"耳顺"何解，众说纷纭。甚至有人干脆说"耳"字多余，就是六十而顺。我认为"耳顺"之意为：听天由命。耳即听天，顺即顺命、由命。由，实践、蹈履。耳顺，聆听天命，践行天命。从五十知天命，到六十听天命、顺天命，到七十从心所欲。

耳顺心从，由命而行。《周易·象传》中说："需于血，顺以听也。"孔子所说的"耳顺"，就是"顺以听也"。你听见内心的呼唤了吗？海德格尔说："开启我们的耳朵，净心倾听在传统中作为存在者之存在，向我们劝说的东西。通过倾听这种劝说，我们便得以响应了。"

什么是"从心所欲不逾矩"？孔子极高明而道中庸，处处不离中道而行。孔子一生始终相信：人能弘道，以人心合道心；择善而从，最终达到圣人的境界："不勉而中，不思而得，从容中道。"从心由心，由自自由。本章可比较《金刚经》："应无所住，而生其心。"一心为宗，万法如镜。

王阳明在《传习录》里讲："你未看此花时，此花与汝心同归于寂；你来看此花时，则此花颜色一时明白起来。便知此花不在你的心外。"这个岩中花树的故事，就是"从心所欲"的意思。普遍之花，寂然不动，非道弘人；看花之心，颜色明白，从心所欲。

孔子是一个天命感、使命感爆棚的人。"天"在《论语》中比比皆是：五十而知天命，天生德于予，天之将丧斯文也，天何言哉，知我者其天乎，吾谁欺欺天乎，畏天命……连那个时代的路人，也看出来了："天将以夫子为木铎。"更不用说最懂孔子的子贡，"固天纵之将圣"。孔子并未实现子产、晏婴、管仲那样的政治作为，而是成为思想文化之集大成者。

斯文在兹，这就是孔子的天命。

不响

子曰："吾与回言，终日不违，如愚。退而省其私，亦足以发，回也不愚。"（2.9）

孔子说："我和颜回讨论，整天他都没反对意见，像个愚钝的人。等我观察他私下的行为，发现不但理解还能有发挥，颜回其实不愚钝啊！"

颜回为人不声不响，终日不违。什么是不违？我不禁想起《论语·颜渊》篇，颜回"请问其目"，目即条目，与纲相对，也就是请教实践仁的具体条目，孔子告诉他："非礼勿视，非礼勿听，非礼勿言，非礼勿动。"四个"非礼勿"，很好地阐释了什么是不违。

本篇中孟懿子问孝，孔子告之以"无违"，意思与"不违"相同。一个人做事"无违"，不太表现自己，很少展示自己的想法，会不会显得愚钝？像颜回这样的人，看上去也真像愚钝。其实，违与不违只是表面。真实面对自己，有几斤几两自己最清楚。一般而言，干大事的人，往往沉稳踏实。

通过孔子之口，本章是颜回在《论语》中第一次亮相。孔子与颜家渊源颇深。孔子的母亲是曲阜的颜氏族人，名字叫颜徵在，据说与颜回的祖父颜有乃是同族的兄妹。颜回的父亲颜路，比孔子小六岁，颜路极有可能是孔子的表兄弟，正因为这层亲戚关系，颜回去世时，颜路想让孔子卖掉马车，为颜回置办棺椁，否则无法理解颜路提出这样的请求。

关于"终日"的用法，在《论语》里有"群居终日""饱食终日"的说法，也有"终日不食""终夜不寝"的说法，我认为这里的断句，应该是"终日不违"，而非"与回言终日"。颜回其心三月不违仁，"三月不违"就源自这"终日不违"，日日不违，冰冻三尺非一日之寒。

"终日不违"，就是孔子所说的："有能一日用其力于仁矣乎？我未见力不足者。"如果做不到"终日不违"，不就是"其余则日月至焉而已矣"吗？颜回亦步亦趋，追随孔子为榜样。孔子之后的第一个圣人就是颜回，所谓"复圣"，既指"克己复礼"，也未尝不可理解为"复制"，颜回亦步亦趋，就像从孔子这个模范里复刻出来的。

颜回（前521—前481），又称颜渊，小孔子三十岁，鲁国人。据说，孔子刚开始办学的时候，私人教育行业作为新兴行业竞争激烈，生源稳定性成为问题，所谓"孔子之门，三盈三虚"，学生经常跑去其他老师那儿，唯有颜回从未离开孔门半步。颜回自十三岁进入孔门学习，一直追随孔子左右，与孔子感情非常深厚。

颜回箪食瓢饮，奉行极简主义生活方式。章太炎在《诸子略说》中说"惟庄子为得颜子之意耳"，认为庄子是颜回的精神传人。又说："禅宗虽呵佛骂祖，于本师则无不敬之言。庄子虽揶揄孔子，然不及颜子，其事正同。"故而庄子不骂本师，尽管对孔子颇有微词，但对颜回从无贬语。

曲阜有一座颜回庙，又称复圣庙。从孔府后花园出来，走几

曲阜 复圣庙

曲阜 颜回墓

步之遥，对面就是陋巷街，陋巷对面就是颜回庙。我曾在陋巷旁边的小餐馆吃过一顿水饺，像我这样对美食不挑剔的人，特别欣赏颜回箪食瓢饮的简约生活态度。曲阜还有另一处关于颜回的文化遗迹，防山脚下的东颜林，这是颜回及其家族的墓地。

颜回墓处于墓园中心，墓区内还有墓冢上千座。很巧的是，带我前去的司机师傅就姓颜，正是颜氏后人，于是顺理成章找来管理人员给打开锁着的大门，使我得以一窥复圣之遗风。颜回无疑是孔子最欣赏的学生，天资过人，品格高尚，寡于言辞，也是孔子心中的衣钵继承人。可惜，颜回早逝，在孔子生前就去世了。

洞察力

子曰："视其所以，观其所由，察其所安。人焉廋哉？人焉廋哉？"（2.10）

孔子说："观察人，一看做事方法，一看过往经历，一看心之所安。这样哪里藏匿得了？又怎么藏匿得了？"

以：凭借。所以：做事的方法、动机、原因、初衷。
由：来历。所由：走过的路，读过的书，爱过的人。
安：心志。所安：志趣所在，安身立命，心安处是吾乡。
洞察力就看三件事：视其所以，观其所由，察其所安。视、观、察，提升洞察力的三个方法。前面我们讲到孔子如何观察颜回，从"如愚"到"不愚"，孔子是怎么看出来的呢？

本章就给出了非常实用的"三看"原则：视、观、察。当然，这也是反身求诸己，认识自己、自我观察的通用方法，而且自我观察应为每个人的第一要务，对自身的视、观、察，如同曾参的"吾日三省吾身"，是自我觉知的重要门径。

孔子与弟子在陈国和蔡国之间受困绝粮，大家几天没有吃好饭，颜回不知从哪里讨来些米为同门做饭。饭快煮熟的时候，孔子无意间看见颜回用手从锅里抓饭吃，等到正式开饭，孔子装作不知故意说："今者梦见先君，食洁而后馈。"刚好梦见先祖，这饭很干净，我要先用它祭祀再吃。"

颜回当即出来阻止："不可。向者煤炱入甑中，弃食不祥，回攫而饭之。"不可以呀，刚才煮饭，有炭灰掉进锅里，弄脏了米饭，丢掉又可惜，我就抓起来吃掉了。孔子不禁感叹："所信者目也，而目犹不可信。"有时亲眼所见也不一定为实。知人不易，知己更难，所以要从三个方面多方考察。

《吕氏春秋·论人》讲到"八观六验"，不妨对照一看："凡论人，通则观其所礼，贵则观其所进，富则观其所养，听则观其所行，止则观其所好，习则观其所言，穷则观其所不受，贱则观其所不为。喜之以验其守，乐之以验其僻，怒之以验其节，惧之以验其特，哀之以验其人，苦之以验其志。"

所谓"八观"：处境顺利看他礼遇哪些人，地位显贵看他推荐哪些人，富有时看他养哪些门人，听取意见看他采纳哪些内容，无事可做看他爱好什么，状态放松看他讲些什么，穷困时看他不接受什么，卑贱时看他不苟且什么；所谓"六验"：得意是否忘形，有无特别癖好，发怒如何自控，恐惧能否坚定，哀怨考验为人，困苦考验意志。

君子有所为，有所不为，无论富贵贫贱，喜怒哀乐，都要为之以德。

以自己为师

子曰："温故而知新，可以为师矣。"（2.11）

孔子说："复盘之前的事情，从而获得新认知，可以作为师法。"

温故而知新，这是千古名句，街头巷尾，妇孺皆知。

"而"字，一说是并行、并列之义，而且，既要温故，还要知新，传统文化不要丢，新知识也要领会。这种说法特别契合近现代中国的现实语境，从洋为中用到中体西用，从西学东渐到新儒家，从疑古到考古，从师夷长技到科教兴国，从新文化运动到改革开放，就是在温故和知新之间发生。

关于两者的争论、消长、对话和重拾自信，延续了一个半多世纪。

另一说是递进之义，进而，温故而后知新，承前启后，在传承中创新，所谓"周因于殷礼，所损益，可知也"。往大了说：以古鉴今，以古为鉴，可知兴替；往小了说：以古为师，做学问，练书法，习国画，玩古董，都很容易懂得这个道理。

我认为作"进而"讲更可靠。有一次，子贡与老师讨论对待贫富的态度，子贡引用《诗经》中的"如切如磋，如琢如磨"，应和老师的启发。孔子夸赞子贡说："告诸往而知来者。"告往而知来，就是温故而知新。

还有一次，冉求询问子贡，"夫子为卫君乎？"我们老师会不会介入卫国的内政？子贡说等我前去问问就知道了。子贡怎么问呢？"伯夷、叔齐何人也？"他问老师："伯夷、叔齐是什么样的人啊？"孔子说："古代的贤人。"子贡又问："他们心里有怨恨吗？"孔子说："求仁得仁，为什么要怨恨呢？"

子贡退身出来，把问来的答案告诉冉求，"夫子不为也"，老师不会搅和到卫国的政治之中。伯夷、叔齐是商朝末年的人，时间要比子贡早了五百多年，他通过这个问题就可以得出孔子决策将来动向的密码。因为行动来自价值观，价值观决定人生态度和行为方式。

可以为师，是什么意思？这个从来没有疑问。师，自然是老师，具备教师资格，通常都是这么职业化的理解，并把创办私学的孔子本人树立为一代先师，中国第一老师。师者，行为世范，传道，授业，解惑。好的老师就像一面镜子，孔子说："三人行必有我师焉。择其善者而从之，其不善者而改之。"

每个人在成长的道路上都需要老师，这无可争议，一位好的老师甚至会改变学生的一生，就像子贡遇到自己的老师孔子。古人供奉"天、地、君、亲、师"的牌位，新儒家牟宗三建议改为"天、地、圣、亲、师"，学者李零则提议"天、地、国、亲、师"，无论怎么改，都少不了一个"师"字。

可以为师，还可以怎么理解？在这里还要仔细体会。卫国的公孙朝请教子贡，孔子那么厉害，他是跟谁所学？子贡说："夫子焉不学？而亦何常师之有？"这就是韩愈所讲的"圣人无常师"。

以孔子为例，第一，孔子请教过同时代的郯子、师襄、苌弘，这算是跟具体的某位老师学；第二，孔子说三人行必有我师，没有名分的老师，但有学的对象，尧、舜、禹、周公，往圣先贤都可以称之为老师。

授人以鱼，不如授人以渔。掌握方法比掌握知识点重要。

受人之鱼，不如受人之渔。学会学习比学习本身更重要。

可以为师，不妨理解为：可以作为师法、方法。千百年来最大的误解，就是单纯以老师和学生的视角看待孔子和弟子。包括解读《论语》的人，多数就是学校里的老师，更加深了这一印象。我们需要校正这一点，这是对孔门的狭隘化。

孔子与弟子组成的孔门团体，与其说是一群师生、一所学校，毋宁说是一个学习型组织，拥有自身的使命和追求，品格和才能。狭义的学习知识技能只是其中的准备部分，并不代表一种完成和目的本身。修己安人、天下归仁是孔门的追求，所以孔子说："天下有道，丘不与易也！"

谁人可以为师？当下为师。值得效法，就是师。一个人，一本书，一句话，一个道理，一种方法，天、地、自然、万物，如果能给你带来觉知，都可以称之为师。这就叫，当下为师，造化为师，三人行必有我师。通常所说的老师，也只是师中之一。熊十力在《十力语要》中说："盖求师于外，则得师难矣；求师于内，则万物皆吾师也，万善皆吾师也。"

古之学者为己，为己师。今之学者为人，为人师。我们需要人师，更需要己师。不是每个人都要去当老师，但每个人都要自我成长，终身学习，以己为师。甚至好为人师，也没什么不好，吸收容易，输出最难，只有讲课才知道自己到底掌握多少内容，还能提升总结能力，将零散知识梳理成知识体系。

我们前面表扬过的子贡说得多好啊："文武之道，未坠于地，在人。贤者识其大者，不贤者识其小者，莫不有文武之道焉。夫子焉不学？而亦何常师之有？"天之未丧斯文，就像一块古玉，有人无动于衷，有人能感受温润之美，有人能聆听一个王朝的心跳，有人从细密的纹理中洞悉了文明发展的高度。

温故而知新，可以为师。我读《论语》，读先秦历史，走访孔子周游列国之路，走访博物馆，看文化时期的陶器，看商周时期的青铜和玉器，又何尝不是如此？反身求诸己，以自己为师，这是孔子告诉大家的一个可行的心法，将温故而知新作为一种自学的方法，将自己作为一种方法。

本章也给大家一个启示，必须重视复盘，不断总结过往经验，有助于自我成长，认知迭代。曾国藩的日记和家书，基本都是复盘心得。曾国藩能做到立功、立言，某种程度上，就在于坚持复盘，不断勇猛精进。做任何一件事情，无论成事败事，及时进行复盘，不断反思和优化，择善而从，不善而改，这种方法值得师法。正所谓"前事不忘，后事之师"。

专业主义

子曰："君子不器。"（2.12）

孔子说："君子不仅要有才能。"

"君子不器"这句话，孔子其实只讲了一半，还有半句没有说出来，于是给后世留下了广阔的阐释空间。不如让我们来一场成语接龙游戏，看看后面半句怎么接？

我们先来看《周易·系辞》，里面有一句众所周知的名言："形而上者谓之道，形而下者谓之器。"这是《周易·系辞》给出的后半句的答案，道和器分别代表形而上和形而下。道一以贯，道器不离，器以载道。按这个道理，君子不器，就是不停留于形而下的有形之物，而是追求形而上，心外无物，天地之精神，也就是志于道。

道器之争，属于中国哲学的核心命题。重道轻器，还是形存神灭，争论了两千多年，由此催生了半部中国哲学史。关于道和器的关系，明末清初的思想家顾炎武在《日知录》中给出了第三句："非器则道无所寓。"寓，寓所，承载；没有器，道则无所彰显。

这让我想起诗人里尔克的《秋日》："谁这时没有房屋，就不必建筑，谁这时孤独，就永远孤独。"孔子说："人能弘道，非道弘人。"人能弘道，也即器能弘道。孔子既强调"志于道"，也要求"利其器"。志于道，游于艺，艺用为器，依据仁德，这是孔子完整的看法。

社会发展到今天，我们有必要为器正名。器，首先代表一种专业主义，一种匠人精神。实事求是地说，从中国制造向中国创造转型，专业主义正是这个时代非常需要的稀缺品质。不器，首先不能随意轻视器、贬低器，请珍视器、敬畏器、尊重器，器用、器识、大器、重器。

形而上是道心，人文精神，游于物外，是独立品格的养成。形而下是匠心，匠人精神，格物致知，是追求手艺极致。始于道心，成于匠心，神乎其技，器而不器。做到即知道，手法即心法，专心做好一件事，照样可以悟道而行。"游于艺，居于心。"这是我朋友的签名，很好地概括了《论语》的精神。

有些酸腐庸陋之辈，常为孔子接上评价子贡的半句"汝器也"，说子贡没有达到道的境界，这是睁眼说瞎话，赤裸的偏见或无知。如果没有子贡，哪来我们知道的孔子，这是司马迁在《史记·货殖列传》里讲过的公道话："夫使孔子名布扬于天下者，子贡先后之也。"孔子闻名天下，离不开子贡的文化传播。

随便翻开《论语》，就知道子贡在孔门是一种什么样的存在，就知道子贡与孔子的亲密关系。子贡，堪称孔子最想见面、最聊得来、探讨最深入的弟子，甚至没有之一。当然，子贡也没有辜负孔子的厚爱。有一次，子贡向孔子请教为仁，孔子明确告知："工欲善其事，必先利其器。"

又或者接一句：安贫乐道。宋代的儒家，好寻孔颜乐处，孔子说乐以忘忧、乐亦在其中，颜回不改其乐，所乐为何？这个命题关乎人格理想与道德境界。我认为颜回之乐，不是说颜回以贫穷为乐，只是说贫穷不能限制颜回的人生志趣，就像富裕不能限制子贡的人生态度一样。君子无论面对贫富，内心都笃定志于道的追求。

在孟子的记录中，对子贡还是着墨颇多，也承认子贡在孔门中的特殊地位，尤其在孔子去世之后一段时间，可说是幕后掌门人级别。抬高颜回，贬低子贡，大约是庄子发明的把戏，以子之矛攻子之盾，典型的例子如《子贡南游于楚》。在孔门弟子中，子贡和颜回都很重要。孔子、子贡和颜回，他们三人就像华严三圣，佛陀与左右的文殊和普贤。

又或者接一句：游于艺。持此种看法的人，认为一器一用，器有专才。比如一个杯子，可以用来喝水，不能用来煮饭。以朱熹《论语集注》为代表："器者，各适其用而不能相通。成德之士，体无不具，故用无不周，非特为一才一艺而已。"君子必须多才多艺，不能像器具那样，不能局限于一种技艺，不能只做某个领域的专家。

这话说得很好听，貌似很有道理，但是我们也看到了，很多时候大而全不如精而专，博杂而无所通，不如一贯而通。所谓样样都会，样样不精，那就不如擅长某一样技艺，成为一个领域绝对的专家。任何技艺的提升都需要耐心、专注、切磋、创新，匠人精神就是专业主义。惟精惟一，用心一也，恰恰是允执其中之道。

在《论语·子罕》篇中，吴国的太宰伯嚭向子贡问道："夫子圣者与？何其多能也？"孔子是圣人吧？那么多才多艺。孔子听后说道："吾少也贱，故多能鄙事。君子多乎哉？不多也。"我是没办法啊，都是为了谋生活，君子会那么多吗？不会那么多啊。

在孔门弟子中，冉求多才多艺，所谓"求也艺"。有一次，冉求说："非不悦子之道，力不足也。"孔子直接回怼，你这是画地为牢，哪里是能力的问题，明明是态度不端正。到这里，问题基本也就清楚了，孔子并不是反对器，也不是说君子可以无所器，而是如何看待君子、衡量君子，有比器更重要的标准。

在孔门弟子中，冉求从政能力非常卓越，应该说首屈一指。公元前 492 年，在周游列国的中途，冉求提前被季康子召回鲁国，然后长期做季康子的家宰。"三桓"把持鲁国政坛，以季氏势力最大，作为季氏家族的家宰，冉求其实就是辅助季康子管理大半个鲁国。正因为冉求的存在举足轻重，很有发言权，再加上子贡忙前忙后，多次为鲁国出使外交的功劳，孔子才能在晚年结束周游，重返鲁国。《论语·先进》记载了两个关于冉求的故事。

第一个，冉求帮季氏增加财富，"求也为之聚敛而附益之"。这估计与季氏推行"用田赋"政策有关，冉求没有加以阻止，就像没有阻止季氏去祭祀泰山。孔子非常气愤，公开讲冉求"非吾徒也，小子鸣鼓而攻之可也"。冉求不再是我的弟子了，你们可以大张旗鼓地讨伐他。

关于政治理想，孔子有句名言"良农能稼而不能为穑"，意思是"只管耕耘，不问收获"。冉求不同，他属于务实派，在从政实践中不像老师那么坚守礼乐，能力大小且不说，非礼勿视属于德行问题，这让孔子无法忍受。君子不器，当今之世最大的器是什么？经济。经济内卷一切领域，精神成为肉身享乐的附属。

第二个，季氏家族的季子然问孔子："冉求可谓大臣与？"冉求算是大臣吗？孔子说：也就算一个"具臣"吧。什么是"具臣"？具备从政的才能，不会干坏事，但也不会那么坚持原则，所以距离大臣还有些远，因为"所谓大臣者，以道事君，不可则止"。不可则止，就是捍卫正道，绝不妥协。

这与孔子高度评价管仲如其仁却不知礼一样，就是从德行上看，管仲还不够完美，但是管仲做的事情对民众有利，值得称颂。在孔子这里，君子不仅要有才能、能力，还要有德行、品格，二者缺一不可。《论语·为政》篇多处讨论孝，《论语·学而》篇讲孝悌为仁之本，都是这个道理。《论语》中大量君子和小人的对比，都是对这一议题的讨论和立论。

孔子生活的时代礼坏乐崩，诸侯大夫代替天子礼乐征伐，没本事干坏事的人很多，有本事干坏事的人也不少，比如阳虎，单讲政治才干能力，可能超过孔子时代很大一部分人。阳虎抓准时机压制"三桓"，执掌鲁国政治多年，后来发动叛乱失败，出奔齐国，再后来又逃亡晋国，成为赵鞅的得力助手。

孔子决定出仕，多少也有阳虎劝说的因素。"怀其宝而迷其邦，可谓仁乎？……好从事而亟失时，可谓知乎？"身怀宝贵的才华不肯施展，任由国家迷乱下去，这能说是仁吗？想要从政却一次次错失机会，称得上明智吗？阳虎这话说得漂亮，极具感染力。后来，刚过知天命之年的孔子，在五十一岁时被鲁定公任命为中都宰。

如何接"君子不器"？《周易·系辞》里还有一句话："化而裁之存乎变，推而行之存乎通，神而明之存乎其人，默而成之，不言而信，存乎德行。"也即：君子不器，存乎德行。其实，在《论语》中本身就暗藏着一个答案，孔子说："骥不称其力，称其德也。"接在这里恰如其分：君子不器，称其德也。

圆满心与比较心

子曰："君子周而不比，小人比而不周。"（2.14）

孔子说："君子周遍而不比较，小人比较而不周遍。"

周而不比，心生圆满就会少比较。

比而不周，心生比较就会不圆满。

周，周遍、周全、周到、圆满。比，比较、对比、攀比，比就会有所偏，偏爱、偏执、偏重、偏心、偏袒。圆满心，君子无所争，意味着自足、自尊、自安、自得，定而后能静，静而后能安。比较心，意味着攀比、分别、争心、外求，胜负心太重，容易放纵欲望。

孔子说："饭疏食，饮水，曲肱而枕之，乐亦在其中矣。不义而富且贵，于我如浮云。"这是孔子版的"箪食瓢饮"。人生真正的幸福感和获得感，来自内求而非外在，来自价值输出而非争名夺利。孔子尊重人的欲望和需求，希望君子不以恶衣恶食为耻，可以"就有道而正焉"。

圣人自圣，小人自小。

人有一半的不快乐，来自比较心。一个人沉迷比较，有碍自身成长。泰山不让土壤，故能成其大。子贡说："贤者识其大者，不贤者识其小者。"识其大就是圆满心，识其小就是比较心。有关君子的话题已经讨论过很多，这里是孔子第一次将"君子"与"小人"做对比。

刘宝楠《论语正义》认为，小人有二义："一谓微贱之人，一谓无德之人。"孔子曾说樊迟"小人哉"，就是指地位而言，批评樊迟想当农民，志向不够高远。清华大学藏战国竹简《保训》篇有："昔舜久作小人，亲耕于历丘。"舜自然是千古圣人，这里的"久作小人"，也是指地位而言。

周代的社会结构是：天子、诸侯、大夫、士、平民。

就地位而言，"小人"与"民"也不能全然画等号。

在《论语》中，"民"的意思比较明确：使民以时，民免而无耻，使民敬忠以劝，何为则民服，其使民也义，其养民也惠，博施于民，民无得而称，民兴于仁，民可使由之，使民如承大祭，民无信不立，民莫敢不服，善人教民，民到于今受其赐，上好礼则民易使也，民之于仁也甚于水火，君子信而后劳其民……主要就是指民众、平民、百姓。

在孔子的时代，君子的传统意义仍然指向贵族身份和地位。以德行和才能为新标准，不以地位和血统来区分君子和小人，打造德才兼备的新型管理人才君子，正是孔子的政治原创思想。唐代赵蕤《长短经》记载，孔子按德行把人格的境界分为：圣、贤、君子、士人、庸人。

将小人作为君子的对立面，表示德行人品差的一面，就是从孔子这里开始的。司马迁《史记·孔子世家》记载，孔子十七岁时，想去参加季氏组织的家宴，却被季氏家臣阳虎很不客气地拒之门外。"季氏飨士，非敢飨子也。"或许从那一刻起，重构君子（士）的精神，创新君子之道的内涵，就在孔子的内心埋下了种子。

　　　　　　　　　　　论语方法论

战略与执行

子曰："学而不思则罔，思而不学则殆。"（2.15）

孔子说："做事没有战略就会迷惘，有战略没有执行就会停滞。"

古往今来对本章的理解，都是大同小异的说法，基本如下：学习、读书不知道思考，就会惘然；只空想而不学习、读书，就会枯竭。将学和思限定于学习和思考，完全是当代人的自以为是，是对孔子思想的狭隘化；将孔子看作单纯的老师，也是对孔子身份的狭窄化。孔子不单是教育家和思想家，更是实干家和实践派。

在《论语》中，"学"也不是简单的学习，而是效法圣人之道，实践中道。用《大学》中的话说，"学"就是："大学之道，在明明德，在亲民，在止于至善。"思，则是战略思维，思无邪，思不出其位，譬如北辰居其所，就是道一以贯之。

孔子在这里谈战略与执行的关系。做任何事情，如果没有战略，就会缺少全局观，就会迷惘，就会茫然，就会迷失方向，就无法道一以贯之。做任何事情，光有战略而没有实施与执行，也只是空想、空谈，也不会成事，顶多是一个"计划"或一张"蓝图"。

做任何事情，都离不开思与学结合，战略与执行统一，道路合一，知行一处。具体到做企业也一样，既要有战略和定位，也要有落地执行。仰望星空，脚踏实地，才是正确路径。思不出其位，学以致其道。思，体现的是战略、愿景、使命和目标；学，表达的是计划、任务、实践和行动。

哲学或者说思想，提供的是思维方式和思考模型。无论是西方的苏格拉底、柏拉图，还是东方的孔子、老子、孙子、佛陀，他们开创的文化巅峰是元智慧，般若智慧，故而跨越时间，至今依然在提供强大有效的理念赋能。在今天这个碎片化的社会，认知尤难，人们不得不透过庞杂的信息到达知识，穿越丰富的知识抵达智慧。

古圣先贤留下的恰恰是智慧，我们要继承的是他们卓越的思考方式，而不是他们对遥远时代的生活方式的具体意见。别说两千五百年之久，就是一百年前的礼仪规范，也早已跟今天非常不同。《论语》之所以值得我们关注和聆听，在于文化认同和价值体系，以及孔子提供的思维方式和方法系统。

异端作为方法

> 子曰："攻乎异端，斯害也已！"（2.16）

孔子说："攻击不同的一面，这是很有害的。"

异端就是中庸。

有个成语叫"异端邪说"，"异端"的这种用法，在现存的先秦文献里找不到，尽管孔子的思想在他的时代，因其文化先进性，从官方的角度看多少有些"异端思想"的味道。"异端"一词，作为歧见、不同学说和见解，是后起的说法，如东晋《百论序》："外道纷然，异端竞起，邪辩逼真，殆乱正道。"

端，本义为"始"，引申为一头或一方面。如《中庸》所说："执其两端，用其中于民。"《论语》中亦有："我叩其两端而竭焉。"在这里，"异端"并不是一个固定的词语，而是相连的两个字。异端，就是不同的另一面。异端，异于一端，那是什么？就是"中"。所有端的中，就像圆心，就如太极。

本章呼应前面的章节：君子周而不比和君子不器。异端就是中道的体现，就是"周而不比""和而不同"。攻乎异端，就是比，就是器。攻，不是专治，而是其本义"攻击"。攻击异端，也就是攻击不同的一面，这样做当然是有害的。攻击中道，其害无穷。

《论语》作为儒家原始文献，是中国原创思想之开端，应该是五经之后第一本子书，早于战国百家，自然无法视诸子后学为"异端"，反倒经常成为先秦诸子的思想靶子。他山之石，可以攻玉。孔子的心态是开放的，孔门之学也是向多数人敞开的。叩其两端，周而不比，和而不同，文质彬彬。

做到即知道

> 子曰："由诲女，知之乎！知之为知之，不知为不知，是知也。"（2.17）

孔子说："践行教导你，什么是觉知！知道去做就是觉知，不知道去做就是没觉知，这就是觉知。"

有强不知以为知的人，有不懂装懂的人，有弄虚作假的人，有狐假虎威的人，有滥竽充数的人，有信口开河的人……我们都讨厌这样的人，所以不要变成自己讨厌的人。但在这里，孔子的意思并不在于批评上面几种行为，虽然这些行为很让人讨厌。

本章通常解读为："子路，教给你的都明白了吗？知道就是知道，不知道就是不知道，这就是智慧啊！"先不说这是不是一种智慧，我想请问这里的"由"，到底是不是子路呢？在《论语》中称呼子路，用过子路、仲由、由也、由与、由之等等，一般不用单字"由"来称呼子路。

在《论语》中，单独使用一个"由"字，意思常常是由行、来由、经由、任由，如"行不由径""观其所由""为仁由己，而由人乎哉？""谁能出不由户？何莫由斯道也。"由，并不用来指子路。孟子说："舜明于庶物，察于人伦，由仁义行。"这里的由，也是经行、践行。

通读《论语》全篇，我们还会发现一个非常有趣的现象：孔子经常将"由"和"知"同时进行讨论。就如本章这样"由"和"知"并举，在《论语》中曾数次出现，试举几例：

小大由之，有所不行。知和而和，不以礼节之，亦不可行也。（《论语·学而》）

　　　　　　　　　　　　　　　　　　　　　论语方法论

民可使，由之；不可使，知之。(《论语·泰伯》)

由知德者鲜矣。(《论语·卫灵公》)

由，由仁义行的由，行不由径的由，意思是：行走、蹈履、践行。知，觉知、认知。觉而后知，先知觉后知。由和知的关系，如同我们熟悉的知和行的关系，由知即行知。由——知，不依赖唯一真理，践行可以获得智慧，智慧又指导实践。知，知道了吗？由，做到了吗？

由而知，知而由。由和知，以实践为连接并相互转化，从而形成新的知，指导新的由。由知，就是学而知之，温故而知新。知而不行，只是未知。由知合一，知行一处，实践出真知。推荐阅读毛泽东的《实践论》，加深对知和行（知和由）的理解。

王阳明《传习录》说得好："今人却就将知行分作两件事去做，以为必先知了，然后能行。我如今且去讲习讨论做的工夫，待知得真了，方去做行的工夫。故遂终身不行，亦遂终身不知。此不是小病痛，其来已非一日矣。某今说个知行合一，正是对病的药，又不是某凿空杜撰。"知道去做才是真知道，不知道去做就是不知道。

契约精神

子曰："人而无信，不知其可也。大车无輗，小车无軏，其何以行之哉？"（2.22）

孔子说:"人如果没有信誉,不知道他怎么做人。就好比大车没有套横木的輗,小车没有套横木的軏,如何能够行走呢?"

没有契约精神,就没有现代文明。

信,就是人际交往的社会契约论。人与人之间,言而有信,这是个人信用。国家也要取信于民,民无信不立,这是国家的信用。孔子说:"人而无信,不知其可也。大车无輗,小车无軏,其何以行之哉?"一个人没有信用,就像车子少了关键零件,根本无法行进。

冯时在《文明以止》中认为,信的观念最初来自"天则不言而信"的天文观测:"诚信思想是先民从对时间的观测与规划中感悟并懂得的,人们与时间虽无约守,但其每每如期而至,从无差误,初民据此指导农业生产,屡获丰稔,故时间便具有了诚信不欺的鲜明特点。"郭店楚简《忠信之道》里说:"至信如时,必至而不结。"讲的就是这个道理。

孔子一贯提倡讲信用、守信誉,如主忠信、谨而信。孔门弟子也强调契约精神,曾参就说:"与朋友交而不信乎?"子夏也说:"与朋友交,言而有信。"有若则说:"信近于义,言可复也。"不难看出,孔门强调在人际交往中遵守契约。不做失信人,拒绝失信人。

我们现在习惯说一个词:诚信,做人要讲诚信。在《论语》中,主要单讲"信"字,"诚"字要到子思的《中庸》才有所发挥,甚至提升到"至诚如神"的高度。"诚者,天之道也;诚之者,人之道也。"诚与诚之，即天人相贯相合的存在方式。

诚和信，在今天基本意思一致，仔细体会又有细微差别，不妨这样理解：诚，自内而外，个体由诚之也就是习诚，唤醒内在的性诚，从而上达天道之诚。信，由外而内，个体对他人守信，从而双方相互遵守契约，到最后也有自信的意思。

《韩非子·外储说》中讲了一个曾参烹彘立信的故事。曾子之妻之市，其子随之而泣。其母曰："女还，顾反为女杀彘。"妻适市来，曾子欲捕彘杀之。妻止之曰："特与婴儿戏耳。"曾子曰："婴儿非与戏也。婴儿非有知也，待父母而学者也，听父母之教。今子欺之，是教子欺也。母欺子，子而不信其母，非所成教也。"遂烹彘也。

曾参的妻子要到集市去，儿子边跟着边哭，曾妻说别跟着了，等我回家为你杀头猪。妻子回来后，曾参就要抓住一头猪杀了，妻子连忙制止说，刚才跟孩子闹着玩儿罢了。曾参很严肃地说："小孩子不能和他闹着玩儿。小孩子不懂事，要靠着父母逐步学习，听从父母教诲。如今欺骗他，就是教他学会欺骗。母亲欺骗儿子，儿子就不会相信自己的母亲，这不是教育孩子的好办法。"于是就把猪杀了煮了。

道理说来简单，落在实处最难。

真正的勇气

子曰："非其鬼而祭之，谄也。见义不为，无勇也。"（2.24）

孔子说："不是自己的祖先而去祭祀，是谄媚；遇见正义的事不去维护，是没勇气。"

敬鬼神而远之，这是《论语》的态度。

鬼即人死去后的鬼魂，《礼记·祭义》中说："众生必死，死必归土，此谓之鬼。"蒲慕州在《早期中国的鬼》中说："鬼的本义是一个通用词语，泛指人类、神祇甚至动物的精神或灵魂。在甲骨文和青铜铭文以及《诗经》中，'鬼'一词似乎仅指具有恶意的人之鬼，这一事实可以理解为广义的鬼的概念中的狭义解释。"

早在殷商时代，甲骨文中已出现"鬼"字。鬼常给人带来伤病和伤害，多指向可怕和恐惧，如"卜，贞多鬼梦"。鬼并不都可怕，鬼也可以指人的祖先。本章的鬼，即指祖先，逝去的先辈。《礼记·曲礼下》中记载："非其所祭而祭之，名曰淫祀，淫祀无福。"说明了"非其鬼而祭"，不仅是谄媚，而且得不到福气。

《左传·昭公七年》中记载，子产到访晋国，赵景子请教："伯有犹能为鬼乎？"子产回答："能。人生始化曰魄，既生魄，阳曰魂。用物精多，则魂魄强。是以有精爽，至于神明。"人刚死去叫作魄，已变成魄，阳气叫作魂。生时衣食精美丰富，魂魄就强有力，因此可以现形，达到神化。子产这么说是尊重祖先，《左传》总体态度是："鬼神非人实亲，惟德是依。"

在电视剧《人民的名义》中，剧中的市委书记李达康在一次重要的会议上，向省委书记沙瑞金等领导讲述了一个祁同伟哭坟的故事。祁同伟任职市公安局处长的时候，某年清明节跟时任京州市委书记的赵立春回乡省亲祭祖。没想到在赵立春父母的坟前，祁同伟扑通就跪下痛哭，当时其他人就震惊了。这场极尽阿谀奉承的哭坟戏，我们不做评论，孔子已给出了答案。

见义勇为，成语出自本章。孔子说："仁者不忧，知者不惑，勇者不惧。"知、仁、勇，被视为君子"三达德"。勇，无疑是一种优良品格，但不是无条件的价值原则，比如"勇而无礼则乱"，比如"好勇不好学，其蔽也乱"。子路问孔子："君子尚勇乎？"孔子回答："君子义以为上。君子有勇而无义为乱，小人有勇而无义为盗。"仁者有勇，见义勇为。仁和义，就是勇的前提。

在孔门弟子中，知、仁、勇基本可以对应子贡、颜回、子路，三人与孔子的互动，代表一种孔门经典对话模式。勇，是子路的身份标签，孔子评价子路"好勇过我"。子路年轻的时候就好勇力，整天头上插着鸡毛在大街上晃荡，直到被孔子教育成"儒服委质"，穿上儒者的衣服，带着礼物，请拜孔子为师。

子路勇武刚强，最终杀身以成仁，临死之时都要把帽子佩戴端正，"君子死而冠不免"，可谓大勇。什么是大勇？孟子说："吾尝闻大勇于夫子矣。自反而不缩，虽褐宽博，吾不惴焉；自反而缩，虽千万人，吾往矣。"子路浑身散发着这种浩然正气，可谓勇者不惧，威武不能屈，此之谓大丈夫。

弟子答问

能养

> 子游问孝。子曰："今之孝者，是谓能养，至于犬马，皆能
> 有养。不敬，何以别乎？"（2.7）

子游向孔子请教孝。孔子说："如今所谓的孝，是说能够养活
父母，甚至于犬马，都能得到养活。如果没有恭敬之心，那有什么
区别呢？"

不妨先来看看《道德经》，老子如何看待孝？《道德经》第
十八章："大道废，有仁义；慧智出，有大伪；六亲不和，有孝
慈；国家昏乱，有忠臣。"老子深谙"反者道之动"的原理，看问
题总是直指源头。

人们向往仁义，渴望人间正义，恰恰因为大道荒废不用。人
们讲求孝悌，恰恰因为现实中存在六亲不和的现象。老子拥有理想
主义的浪漫情怀，他指出问题然后悬置。孔子不同，他看见问题，
然后直接思考解决之道。

我经常同时读《论语》和《道德经》，读到后来发现，老子
和孔子虽然思考向度不同，但对生命本身的价值和意义维度，都心
有执念。道法自然是向后，天下归仁是向前。一个寄托往者可谏，
一个期望来者可追。孔子和老子，可谓刚柔并济，山水相和。

相忘于江湖，当然是各自安好的结局。如果身处江湖之远，
相濡以沫更为难得。江湖之浩瀚，并不在意给人取一瓢饮，相濡以

沫则是付出了拥有的全部。现象是因果，还是现象即存在，这是个问题。只有身处其中的人最能体会种种境遇，正如郑国的子产所说"吾以救世也"。顾不了那么多了，迫切的问题就在眼前。

至于犬马，皆能有养。能养，就算不得孝吗？从行为上力所能及地赡养父母，我认为这正是孝的底线。试想就是这一条，大家都做到、做好了吗？我看也未必。能养也是孝，能养之上是心敬，心敬源出心意，自内心而生发。

孟子说："人之所以异于禽兽者几希"，孝就是一个根本区别。王永彬《围炉夜话》中说："百善孝为先，论心不论迹，论迹寒门无孝子。"因为每个人的能力有大有小，能力的大小不等于心意的大小，尽心尽力而为就好了。

子游（前506—前443），言偃，小孔子四十五岁，吴国人（今常熟人）。子游名列"孔门十哲"文学科，曾任鲁国武城邑宰，注重礼乐教化，是孔门弟子中少有的南方人。孔子说："吾门有偃，吾道其南。"子游被称为"南方夫子"，孔门之学在江南传播，就有子游传道讲学的作用。

常熟人文之风盛于今天，我曾去常熟寻访当地的文庙、言子墓祠和言子故居，也游及翁心存、翁同龢父子故居彩衣堂，还有昭明太子萧统的读书台，四大私家藏书楼之一的铁琴铜剑楼。上海有个奉贤区，奉贤，即敬奉贤人的意思，就是纪念子游。新建的言子书院，已成为奉贤新城的文化地标。

色难

　　子夏问孝。子曰："色难。有事，弟子服其劳；有酒食，先生馔，曾是以为孝乎？"（2.8）

　　子夏向孔子请教孝。孔子说："和颜悦色最难。有事情，子女为他们去做；有酒饭，让家长先享用，这样就算是孝了吗？"

　　从"能养"到"有敬"再到"色难"，以及不违、又敬不违、劳而不怨，体现出孝的不同层次、不同层面，我们也可以理解为孝的三重境界。

　　第一层次：能养，能够在自己的能力范围之内，赡养父母，照顾父母，这是最基本的要求。

　　第二层次：敬而不违，发自内心的敬意，不违背父母的意志和意见，三年无改于父之道。

　　第三层次：色难，这是从看山是山回到看山还是山，心之敬意体现于外在，即是正颜色，色思温。发于内，施于外，内外一致，从心所欲，和颜悦色。

　　钟鼓馔玉何足贵，孝不能只流于表面文章。父母和子女代表人与人之间一种上下对等关系，也是人生在世最先开始面对的一种对等关系。上和下，在不同的关系里又会转换。比如，一个孩子的父亲，在他父亲面前又是孩子，如何做好不同的角色，那就要多加担待。

　　《论语·为政》篇从第一章讲到这里，我们要连贯着看。居上要宽，道之以德，齐之以礼。在下恭敬，有事服其劳，色难。做人做事，这是基本的原则。设身处地，将心比心。各位其位，譬如北辰居其所，而众星共之。贤贤易色，亲亲以心，谈何色难？

慎言慎行

子张学干禄。子曰："多闻阙疑，慎言，其余则寡尤；多见阙殆，慎行，其余则寡悔。言寡尤，行寡悔，禄在其中矣。"（2.18）

子张向孔子请教求禄位。孔子说："多听，有疑问的先保留，谨慎说话，其他的就会减少过失；多看，有危险的先保留，谨慎行事，其他的就会减少懊悔。说话减少错误，做事减少懊悔，禄位就在这里面了。"

言行相顾，心迹相符，慎终犹始。本章可作互文理解，即："多闻多见，阙疑阙殆，慎言慎行，则寡尤悔，禄在其中。"参照"其余则日月至焉而已矣"，慎言、慎行，独立断句，"其余"连接在下句。

多闻多见，慎言慎行，这些都是孔门的一贯主张。孔子说："多闻，择其善者而从之；多见而识之。"多闻多见，见贤思齐，见不贤而内自省。孔子说："见善如不及，见不善如探汤。吾见其人矣，吾闻其语矣。"言不可不慎，敏于事而慎于言。

子张在《论语》中第一次出场，即本章的问干禄，干禄就是从政获得俸禄，干求禄位，也就是从政，如《诗经·旱麓》："岂弟君子，干禄岂弟。"子张在这里与孔子探讨如何从政，《论语·尧曰》篇也有子张问孔子："何如斯可以从政？"孔子说："学也，禄在其中矣。"也即学而优则仕。

张居正在《讲评〈论语〉》中说："尝观古之学者，修其言行，而禄自从之，是以世多敬事后食之臣。后之学者，言行不修，而庸心干禄，是以世少先劳后禄之士。"这是批评后世之学者，常常违背谋道不谋食，把手段当作了目的。孔子倡导先之劳之，敬其事而后其食。

孔子从不回避为政的愿望："如有用我者，吾其为东周乎。""苟有用我者，期月而已可也，三年有成。"仕而优则学，学而优则仕。孔子着力培养新型为政人才，重塑了君子作为一个社会阶层的精神风貌，开启了士的新时代。理想中的君子，体现着德行操守、人格自觉和理想追求，为仁由己的使命感，忧道不忧贫的价值观。

陶渊明在《归园田居》中写道："户庭无尘杂，虚室有余闲。久在樊笼里，复得返自然。"这场景让人想起《论语》里的"暮春者，春服既成，冠者五六人，童子六七人，浴乎沂，风乎舞雩，咏而归。"我与孔子发出相同的喟叹："吾与点也！"这就是心怀天下、可进可退的士的精神。穷则独善其身，达则兼济天下。

根据著名汉学家顾立雅的研究，除了孔子本人曾经从政，《论语》里提到的二十几个孔门弟子中，还有九人得到了重要官职。比如子路、冉求、子贡、宰我、冉雍、高柴、公西华、宓不齐、子游、子夏、澹台灭明等人，均具有从政经历。孔门四科，言语和政事，直接关乎从政。

司马迁《史记·儒林列传》中说："七十子之徒散游诸侯，大者为师傅卿相，小者友教士大夫，或隐而不见。"孔门弟子学而优则仕的现象说明，官职全然由贵族身份世袭的格局已被打破，才能和德行成为重要依凭，这是"先赋身份地位"向"自致身份地位"的转变。

子张（前504—？），即颛孙师，小孔子四十七岁，陈国人。据《通志·氏族略》记载："颛孙氏出自陈公子颛孙。"在《孔丛子·论书》中，孔子说："自吾得师也，前有光，后有辉。"可谓光大孔门。子张性情张扬，为人勇武，相貌堂堂，可以说与曾参性格正好相反。曾参和子游，明确表示难与子张并为仁。

海昏侯刘贺墓出土孔子徒人图漆衣镜，除孔子外，刻画七位孔门弟子，其中就有子张。据《韩非子·显学》记载："自孔子之死也，有子张之儒，有子思之儒，有颜氏之儒，有孟氏之儒，有漆雕氏之儒，有仲良氏之儒，有孙氏之儒，有乐正氏之儒。"孔子死后，儒分为八。"子张之儒"列在第一个，是八派中唯一明确为孔门弟子开创的儒家学派。

一眼千年

> 子张问："十世可知也？"子曰："殷因于夏礼，所损益可知也；周因于殷礼，所损益可知也。其或继周者，虽百世可知也。"
> （2.23）

子张向孔子请教："三百年后可以知道吗？"孔子说："殷商因袭夏朝的礼仪制度，所做的创新和传承，可以知道；周朝因袭殷商的礼仪制度，所做的创新和传承，可以知道。将来或许有周朝后继者，就算再过三千年，也可以知道。"

孔子在这里讲述了自己的历史观和文化观。孔子的历史观是超越朝代的历史观，不以朝代为局限，之所以能够实现这种超越，正是基于孔子独特的文化观，朝代更迭之上是文化共同体。文化先有相因，后有损益，在传承之中创新。从历史观来观照文化观，以文化为脉络，就是斯文在兹，就是中国文脉。

"损益"一词，如今多用于经济学领域，实则内涵更为丰富而深刻。孔子认为损益之道，足以观得失，可以用来观察、考察历史和文化的变迁和规律，就像在这里探讨夏商周三代礼制的关系。在马王堆汉墓出土帛书《要》篇中，孔子说："损益之道，足以观天地之变，而君者之事已。"

《周易》中有"损"和"益"两卦，帛书《要》篇中说："益之为卦也，春以授夏之时也，万物之所出也，长日之所至也，产之室也，故曰益；损者，秋以授冬之时也，万物之所老衰也，长夕之所至也，故曰损。"生命如四时，损益复始，不可不察。正如《周易·益卦·象传》所说："损上益下，民说无疆，自上下下，其道大光。"

张居正在《讲评〈论语〉》中说："凡朝代更换，叫作一世。"我们还是取"世"的本义：三十年。一世三十年，十世就是三百年，百世就是三千年，所谓三千年未有之大变局。

华夏文明成为世界上仅有的绵延不绝的文明，汉字成为流传三千多年的文字，正是得益于孔子提出的这种大文化观。伫立于十世可知的历史维度，孔子梳理出了《论语·尧曰》篇讲过的圣人之道。

艾兰在《二里头与中华文明的形成：一种新的范式》中说："形成于二里头的上层文化，被效仿的范围远远超出它的政治疆域，而且它的特定形式设定了一个上层建筑的轨迹。通过这种上层建筑，后世中国人确定了他们的文明……奠定了共同文化的基础。在孔子的时代，这种共同文化是按照共享的礼仪来定义的。因此，我们或许有理由称之为'中华文明'。"

在安阳殷墟遗址，我听导游讲了一句话，"经济靠流通，文化靠传承"，浅显明白，很有道理，当时就想到"周因于殷礼"。诗人艾略特在《传统与个人才能》中说："不但要理解过去的过去性，而且还要理解过去的现代性。"我们可以去宝鸡青铜器博物院、安阳殷墟博物馆、偃师二里头夏都遗址博物馆，亲身感受夏商周文明之光，从实地、实物之中观察体会这种损益可知。

做企业的人，常说要打造"百年品牌"。一百年，人们的生活方式难免会发生翻天覆地的变化，一个品牌如何保持立足、持续经营？拥有自己的品牌文化观就很重要。我们知道日本有很多历史悠久的企业，时间最长的金刚组创建于公元 578 年，到现在已经一千四百多年。

据日本经济大学的后藤俊夫研究，在日本经营超过一百年的企业有几万家，超过二百年的有几千家，超过五百年的有上百家。

这与日本重视文化与经济的结合不无关系，明确商业之道在于道。熟读《论语》是日本稍有水准的企业家的基本修为，涩泽荣一的《论语和算盘》仍在发挥持续的影响。

保持基业长青，打造百年品牌，并非容易之事。中外商业史上，企业"其兴也勃焉，其亡也忽焉"是常见现象。三十年河东，三十年河西。企业能存活一世即三十年，已经是凤毛麟角。企业如何坚持长期主义？追风肯定不是，挣快钱肯定不是，山寨造假肯定不是。

企业做经营战略和品牌战略，短期十年，中期三十年，长期一百年。成长于改革时期的中国企业，经营到今天三四十年，处于新一代继承人接替创始人的阶段，想做百年企业，三十年是第一个门槛。俗话说"富不过三代"，要想打破这个定律，就得依靠文化传承。

很多人看过电视剧《大宅门》，其中，白景琦的原型就是在济南魏家庄创建宏济堂的乐镜宇，他是同仁堂乐氏第十二代子孙。同仁堂创建于清康熙八年（1669年），先后经历清朝、民国、新中国，在三百多年的风风雨雨中，始终恪守"炮制虽繁必不敢省人工，品味虽贵必不敢减物力"。这是文化赋能品牌的力量。

五美四恶

　　子张问于孔子曰："何如斯可以从政矣？"子曰："尊五美，屏四恶，斯可以从政矣。"子张曰："何谓五美？"子曰："君子惠而不费，劳而不怨，欲而不贪，泰而不骄，威而不猛。"子张曰："何谓惠而不费？"子曰："因民之所利而利之，斯不亦惠而不费乎？择可劳而劳之，又谁怨？欲仁而得仁，又焉贪？君子无众寡，无小大，无敢慢，斯不亦泰而不骄乎？君子正其衣冠，尊其瞻视俨然，人望而畏之，斯不亦威而不猛乎？"子张曰："何谓四恶？"子曰："不教而杀谓之虐；不戒视成谓之暴；慢令致期谓之贼；犹之与人也，出纳之吝，谓之有司。"（20.2）

子张向孔子请教："怎样才可以从政呢？"孔子说："尊崇五种美德，摒弃四种恶习，就可以从政了。"子张问："什么是五种美德？"孔子说："君子惠而不费，劳而不怨，欲而不贪，泰而不骄，威而不猛。"子张问："什么叫作惠而不费？"孔子说："顺着民众以为有利的事而去利于他们，这不就是惠而不费吗？选择民众可以劳作的时候而去劳役他们，谁又会有怨言？想要实施仁政而又施行了仁政，还有什么可贪求？无论人多或少，无论地位高或低，君子都不敢怠慢，这不就是泰然而不骄傲吗？君子端正衣冠，自尊视瞻，仪容庄重，矜严的威仪，让人见了就有敬畏之情，这不就是威而不猛吗？"子张问："什么是四种恶习？"孔子说："不先施行教化就杀戮叫作虐；不先告诫就强求做出成绩叫作暴；不加监管而又限期做好叫作贼；犹如以财物与人，却出手吝啬，叫作有司。"

从政九条，五美四恶。

食、色，性也。民以食为天。司马迁说，自从我们有文明和文字以来，大家都喜欢赏心悦目的东西，爱吃山珍海味，希望安逸快乐，追求财富名利。"耳目欲极声色之好，口欲穷刍豢之味，身安逸乐，心欲夸矜势能之荣。"这是久远而普遍的事实，应该怎么对待呢？

司马迁在《史记·货殖列传》中说："故善者因之，其次利道之，其次教诲之，其次整齐之，最下者与之争。"善者因之，其次利道之，这就是"因民之所利而利之"。利而利之，实现的是双赢的局面。正如郭店楚简《唐虞之道》所说："利天下而弗利也，仁之至也。"

鲁哀公曾向有若请教："年饥，用不足，如之何？"年成歉收，国家备用不足，该怎么办啊？有若回答："盍彻乎？"何不实行十抽一的税率呢？鲁哀公说："二，吾犹不足，如之何其彻也？"十抽二，尚且不够用，怎么能实行十抽一啊？有若回答："百姓足，君孰与不足？百姓不足，君孰与足？"

有若告诉鲁哀公：如果百姓用度足，国君怎么会用度不足呢？如果百姓用度不足，国君用度怎么会足呢？所谓利国利民，就是国以民之利为利，因民之所利而利之。就像如今的改革开放，人民富裕了，国家就强盛了。这就是《礼记·大学》所说："此谓国不以利为利，以义为利也。"

"劳而不怨"，在《论语》中曾出现过一次。孔子说："事父母几谏，见志不从，又敬不违，劳而不怨。"还说过："有事，弟子服其劳。"劳，就是辛劳，现在很多成语也在用：任劳任怨、吃苦耐劳、以逸待劳、劳而无功。

孟子把"劳"分为：劳心和劳力。《孟子·滕文公上》中说：

"劳心者治人，劳力者治于人。"劳心、劳力，不是固定不变，看处在什么位置，各有其劳。劳而不怨，这里指劳力者，在工作中不抱怨很难，择可劳而劳之。分工明确，任务明确，时间明确，奖罚明确，诸事明确就减少抱怨。

劳使民众，怎样才能没有抱怨？怨或不怨，说到底不能怪劳力者，劳心者首先要反思自身做得好不好。子夏说："君子信而后劳其民，未信，则以为厉己也。"信与未信，这与孔子取信于民、使民以时的原则一致。厉己，反身求诸己。

孔子说："子帅以正，孰敢不正？"上行下效，劳心者做得对，劳力者就做得好。子路问政，孔子回答："先之，劳之。"子路继续请教，孔子说："无倦。"不知疲倦地先之劳之，鞠躬尽瘁，死而后已。劳心者如此用心，劳力者自然劳而不怨。

欲而不贪。首先，孔子并不排斥人的欲望和需求。孔子说："富与贵，是人之所欲也；不以其道，得之不处也。贫与贱，是人之所恶也；不以其道，得之不去也。"其次，欲和仁，也并不矛盾，甚至是正向关系。孔子说："夫仁者，己欲立而立人，己欲达而达人。"

欲仁而得仁，类似的意思，孔子还说过："仁远乎哉？我欲仁，斯仁至矣。"孔子的最高人生境界是："从心所欲，不逾矩。"也是讲欲与仁的关系。欲而不贪，求仁得仁，还有什么好贪求的呢？想要行仁，就去行仁，没有比这更好的了。

泰而不骄，威而不猛。泰若安然，威仪棣棣，这是文质彬彬的君子之风。骄和猛，则是过犹不及了。骄最要不得，孔子说："如有周公之才之美，使骄且吝，其余不足观也已。"即便周公那样德才兼具的人，如果有骄傲的毛病，也会不足观。

孔子又说："君子泰而不骄，小人骄而不泰。"骄就是 嘚瑟，盛气凌人。泰就是泰然自若，大气低调。孔子本人温、良、恭、俭、让，温而厉，威而不猛，恭而安。君子正颜色，端正自身，自尊自重，有威仪而不用力过猛。也即：望之俨然，即之也温，听其言也厉。

五美讲完，说说四恶。孔子说过四毋：毋意，毋必，毋固，毋我。意、必、固、我，这是个人修身要注意的四个恶习，从政也要注意四个恶习。

第一，不教而杀就是虐，就是"以不教民战，是谓弃之"。有教无类是孔子的出发点。举善而教不能，是为了胜残去杀，为邦百年。这是孔子的为政路径：庶之——富之——教之。

第二，不戒视成就是暴。人无远虑，必有近忧。慎终追远，民德归厚。没有起初的合理谋划，什么都不事先讲清楚，事后却要成绩，怎么可能？欲速成者，欲速则不达。

以上合称暴虐。

第三，慢令致期。布置安排工作讲究颗粒度，目标、计划、要求、轻重缓急，必须具体、清楚、可执行，否则就是作弄人，浪费彼此的时间。所以孔子称之为贼，就是偷走时间的人，疏于时间管理、缺少计划和节奏的人。

第四，出纳之吝。如果答应给人什么，就不要舍不得。不少管理者都难免有这个毛病，夸下海口，最后却不兑现。小处见大，没有信用的人，不知其可。做人做事，还是要脚踏实地，有一是一，言出必行，这样才可期。

他人答问

无违

孟懿子问孝。子曰:"无违。"樊迟御,子告之曰:"孟孙问孝于我,我对曰'无违'。"樊迟曰:"何谓也?"子曰:"生,事之以礼;死,葬之以礼,祭之以礼。"(2.5)

孟懿子向孔子请教孝。孔子说:"不要违背礼制。"樊迟给孔子驾车,孔子告诉他说:"孟懿子向我问孝,我回答他'不要违背礼制'。"樊迟说:"什么意思呢?"孔子说:"父母在世,要按礼侍奉他们;父母去世,要按礼安葬他们,祭祀他们。"

鲁国卿大夫孟孙氏、叔孙氏、季孙氏,被称为"三桓",因为皆出自鲁桓公之后。"三桓"掌控鲁国政坛,到孔子之时已有很长一段时间。"三桓"之中,最早与孔子发生联系的就是孟孙氏。孟懿子的父亲孟僖子,因为不懂外交礼仪,有一次出使楚国表现非常狼狈,后来就建议自己的儿子孟懿子与南宫敬叔,向孔子学习礼仪。

据说,孔子第一次去周都洛邑,就是由孟懿子的弟弟南宫敬叔陪同前往。孔子在鲁国从政期间,建议鲁定公拆毁"三桓"的私邑郈、费、郕,也即"隳三都",计划进行到一半,最后失败于孟懿子及其邑宰之手,孔子只能选择离开鲁国,踏上了周游列国之路,这一去就是十四年。

孟僖子(?—前518),又称仲孙貜,孟孙氏第八代宗主。

孟懿子（？—前481），又称仲孙何忌，孟孙氏第九代宗主。

孟武伯，又称仲孙彘，孟懿子之子，孟孙氏第十代宗主。

孟敬子，又称仲孙捷，孟武伯之子，孟孙氏第十一代宗主。

以上是与孔子同时代的四代孟孙氏宗主，最后这位孟敬子，在《论语》中与曾参有过互动。"曾子有疾，孟敬子问之。"曾参病重，孟敬子前去探望慰问。据说，孟敬子是亚圣孟子的高祖父，传承脉络如此：孟敬子—孟惠子—孟敏—孟激—孟轲（孟子）。

生、死、葬、祭，都关乎礼。本章延续"道之以德，齐之以礼"的话题，继续探讨具体实践，意思很好懂。张居正在《讲评〈论语〉》中说："人子事亲，心虽无穷，而分则有限，随其尊卑上下，各有一定的礼节。如父母在生之时，凡朝夕定省，左右奉养，都依着这礼。"孔子跟孟懿子特别提到"无违"，大有"父在，观其志；父没，观其行"的意思。

樊迟，是继有若、曾参、子夏、子贡之后，第五位出场的孔门弟子。在电影《孔子》中，颜回为孔子驾车，这不科学。在《论语》中，只有两个弟子曾为孔子驾车，一个是冉求，在去卫国的路上，"子适卫，冉有仆"；另一位就是樊迟，即本章的"樊迟御"。

孔子早期所教为六艺：礼、乐、射、御、书、数。有一次，达巷党那个地方的人说，孔子"博学而无所成名"，没什么成名的大本事，孔子听后跟弟子们开玩笑说，"吾何执？执御乎，执射乎？吾执御矣。"那么，我是驾车厉害呢，还是射箭厉害呢？应该是驾车吧。看来，樊迟学到了孔子驾车的精髓。

樊迟（前515—前454），又称樊须，小孔子三十六岁，齐国人。樊迟勇武有谋，不仅可以为孔子驾车，还与冉求一同率领鲁国军队与齐国作战，并取得胜利。《左传·鲁哀公十一年》记载，公元前484年，齐鲁两国交战，"冉求帅左师，管周父御，樊迟为右"。季孙说："须也弱。"冉求说："就用命焉。"樊迟可堪重任。

在孔门弟子中，樊迟请教问题比较主动，曾三次问仁，还问过孝、知、崇德，孔子的回答也非常经典。有一次，樊迟请教农业，被孔子斥责没志气。其实大可不必，士农工商，劳动不分贵贱。"三农"问题直到今天依然是头等大事，以农业小镇为理想的宋卫平，在谈蓝城品牌使命的时候，就讲了"风乎舞雩，咏而归"的故事。樊迟关心的农业事业，后世有回响。

逆向思维

孟武伯问孝。子曰："父母唯其疾之忧。"（2.6）

孟武伯向孔子请教孝。孔子说："父母会为子女的病痛担心。"

孟孙氏两代宗主，相继请教孔子。孟懿子问孝，发生在孔子周游列国之前；孟武伯问孝，则在孔子重返鲁国之后。父母生病了，子女总是担忧。父母生病，做子女的担忧，这是分内之事，后知后觉之事。反过来说，子女不应生病，使父母为自己而担忧。

子女如果能体谅父母的心思，把自己的事情做好，不使自己陷于疾困之境，是先念及父母，也是孝心。不妨就理解为同时包含这两层意思：子女担心父母的身体健康，子女照顾好自身不让父母担忧，在外有时报喜不报忧，都是孝的体现。

孟武伯值得一提，他主政鲁国的时候，风格强悍，骄横跋扈。有一次，鲁哀公在街上三问孟武伯：我能有个好死吗？孟武伯没有答话。后来，鲁哀公逃亡越国，到死也没能重回鲁国。公元前478年，孔子去世一年后，孟武伯与孔门弟子高柴，辅佐鲁哀公与齐平公举行会盟。

公元前468年，孟武伯、季康子、叔孙文子随鲁哀公参加会盟，效果不太理想。季康子这时怀念起子贡负责鲁国外交时的游刃有余，孟武伯说：为什么不把他召回来啊？叔孙文子也说：以后请记着他。彼时，子贡已经离开鲁国，远在齐国了。

良币驱逐劣币

哀公问曰："何为则民服？"孔子对曰："举直错诸枉，则民服；举枉错诸直，则民不服。"（2.19）

鲁哀公请教孔子："怎样做能使百姓信服？"孔子回答："提拔正直的人放在曲邪的人之上，民众就会信服。如果提拔曲邪的人放在正直的人之上，民众就不会信服。"

心服才能口服。本章继续探讨为政，孔子认为，为政要举直错枉，选贤任能，知人善任，以君子之德风，正不正之风。增强君子的一面，减少小人的一面，这是此消彼长的过程。孔子注重中庸之道，直枉、和同、周比、文质，这些都是常用的执两用中的方法论。

在《论语》中，鲁哀公是第一个出场的诸侯国君，他曾多次向孔门咨询国政。孔子从鲁定公十三年开始周游列国，并于鲁哀公十一年重返鲁国。孔子去世后举行丧礼，鲁哀公作诔哀悼："旻天不吊，不慭遗一老，俾屏余一人以在位，茕茕余在疚。呜呼哀哉！尼父，无自律！"

鲁昭公（前560—前510），姬稠，鲁襄公之子，鲁国第24任国君，公元前541年至公元前510年在位。

鲁定公（？—前495），姬宋，鲁昭公之弟，鲁国第25任国君，公元前509年至公元前495年在位。

鲁哀公（？—前468），姬将，鲁定公之子，鲁国第26任国君，公元前494年至公元前468年在位。

孔子成年后，历经了三位鲁国国君。鲁昭公为人乖戾，史称"有童心"。在位期间发生"斗鸡之乱"，鲁昭公亲自率兵讨伐季氏，被"三桓"合力击败，流亡国外八年而死。鲁昭公对孔子不错，不光送鲤鱼祝贺孔子之子伯鱼出生，还资助孔子去洛邑游学。《史记·孔子世家》记载："鲁君与之一乘车，两马，一竖子俱，适周问礼。"

鲁定公是鲁昭公的弟弟，继位后欲有一番作为，趁阳虎之乱后"三桓"不稳，任用孔子为司寇，与齐国会盟，支持孔子"隳三都"，意图削弱"三桓"，但计划以失败告终，导致孔子与弟子们出走鲁国，踏上漫长的政治流亡生涯。从鲁哀公开始，鲁国完全被"三桓"控制，国君已经没有存在感。谥号里这个"哀"字，道尽了鲁哀公令人哀叹的一生。

管理者的自我修养

季康子问："使民敬、忠以劝，如之何？"子曰："临之以庄，则敬；孝慈，则忠；举善而教不能，则劝。"（2.20）

季康子问孔子："管理民众，如何才能做到恭敬、忠诚，还有勤勉？"孔子说："用庄重的态度对待，就是恭敬；孝顺慈爱，就是忠诚；推举做得好的教化做不好的，就是勤勉上进。"

管理者有三个原则：敬、忠以劝。本章继续探讨为政。恭敬、孝慈、举直错枉、举善教不能，等等，都是孔子的从政观。从孟孙氏到鲁哀公，这里的季康子是季孙氏宗主，鲁国政界权力人物相继出场。

季康子主政期间，经常向孔子请教政事，任用子贡出使外交，冉求为季氏家宰，孔门弟子子路、樊迟、有若、高柴等，从政者颇多。季康子改革军政，推行用田赋，曾率鲁国参与艾陵之战，联合吴国打败齐国。

季平子（？—前505），季孙意如，任鲁国正卿。公元前535年至公元前505年为季孙氏宗主。

季桓子（？—前492），即季孙斯，季平子之子，公元前504年至公元前492年为季孙氏宗主。

季康子（？—前468），季孙肥，季桓子之子，公元前491年至公元前468年为季孙氏宗主。

在这里向孔子提问的是季康子，主语也是围绕季康子展开，也就是从政者、管理者。因此我认为是季康子请教自己应该怎么做到敬、忠、劝，而不是如何使民众百姓做到敬、忠、劝。为政者在役使民众的时候，如何做到敬、忠、劝？

孔子告诉季康子答案：临之以庄，孝慈，举善教不能。在孔子看来，为政者做到这三条，是作为一个管理者的自我修养。从《论语》来看，"使民"在这里的意思，与"民可使，由之"相同。使民，就是役使民众、治理民众，而非使民众如何的意思。

举直错枉，举善教不能，做到这样则民服，民众才会服气，口服心服。管理者做到敬、忠、劝；居处宽、执事敬、与人忠；居敬而行简，才能以临其民。事和使，相对而言。事君，事父母，事公卿，事其大夫之贤者，事乃对上而言。

"使民"是固定词语，如"使民以时""使民也义"。"使民"与《管子》中的"牧民"意思相近，"凡有地牧民者，务在四时，守在仓廪。国多财则远者来，地辟举则民留处；仓廪实则知礼节；衣食足则知荣辱"。孔子强调榜样的力量、表率的作用。为政者怎么做，民众就跟着怎么做。子帅以正，孰敢不正？子欲善而民善，这些话都是说给作为管理者的季康子听的。

生活是最大的政治

> 或谓孔子曰："子奚不为政？"子曰："《书》云：'孝乎惟孝，友于兄弟，施于有政。'是亦为政，奚其为为政？"（2.21）

有人对孔子说："你为什么不从政呢？"孔子说："《尚书》上说：'孝敬，只有孝敬父母，友爱兄弟，以此施及政事。'这也就是从政，为何要做官才算从政呢？"

"服装就是一种高明的政治，政治就是一种高明的服装。"许舜英这句中兴百货的广告文案，看过就过目不忘。什么是政治？什么是为政？孔子精通六艺，三十岁就以熟悉礼仪著称，在其他人看来，应当去从政惠及民众。

鲁国的阳虎就曾力劝孔子从政："怀有才能而不施展，能说是仁吗？"孔子当然有从政之心，但也看重"用之则行，舍之则藏"的时机。从政即要重视恭敬、孝慈、以直错枉、以善教不能，把这些事情做好，与从政取得的效果相同，做好这些也是为政以德。

生活本身即政治。孔子在这里讲述了一种更大格局的从政观，有耻且格的伦理生活，就是最重要的政治。政治不等于生活，生活却是更大的政治。修己以敬，孝悌为仁之本。《大学》中说："欲治其国者，先齐其家。欲齐其家者，先修其身。"治国始于修身，自上而下，皆以修身为本。

《孟子·离娄上》中说："天下之本在国，国之本在家，家之本在身。"身——家——国，三位一体，家庭是社会的细胞，家事国事天下事，家风影响国风。千家万户都好，国家才能好。由近及远，下学上达。通过自身力量参与社群，社群塑造社区，社区改变社会。

在《论语》中，"或曰"之类的说法出现过很多次，比如：或谓，或曰，或问，或对，也就是：有人说，有人问，有人答。既然是孔门弟子记录在竹简上的事情，大概率知道谈论对象是谁，为何又不直接提及，是不方便透露吗？

或曰："孰谓邹人之子知礼乎？"

或曰："雍也仁而不佞。"

或问禘之说。

或对曰："申枨。"

或曰："管仲俭乎？"

或曰："陋，如之何？"

或问子产。

或曰："以德报怨，何如？"

或问之曰："益者与？"

这个"或"是某个路人？走过路过，顺便一说一问；是孔门弟子的门弟子？还未及门过庭、升堂入室；是刁难者？问答不友好，故意让孔子难堪；是当政者？听闻孔子博学，特意请教。当然，也可能是单纯忘记了。我们现在也常听到"有人说"，我们现在也常说：我有一个朋友……

子贡说

先做再说

子贡问君子。子曰:"先行其言而后从之。"(2.13)

子贡向孔子请教君子怎么做。孔子说:"先做起来,等事情做成以后再说。"

孔子将改造当时政治的希望,寄托于他所设想的新型管理人才,也就是君子。孔子认为,没有君子这种新型管理人才,就不会有新政。君子德才兼备,立志效法圣人之道,实践中道,躬行仁政。孔子付出很大的教育精力,着意培养君子之才。

通过对君子的重新定义和赋能,孔子打破了旧政治的藩篱,启幕了呼之欲出的战国"士"的时代。孔子认为天下有道:第一,要有新型的管理人才;第二,礼乐征伐自天子出。合二为一,就是大一统。所以问君子,是亦为政。子贡问君子,就是请教政治。

孔子曾说子贡是瑚琏之器,可以担当国家重任的栋梁之材。子贡当然也想成为君子,于是请教君子之道。孔子在这里并没有给出什么宏大意见,而是非常具体的建设性建议,而且有些对症下药的意思。简单讲就四个字:先做后说。事以密成,语以泄败。先把一件事做好,不要着急说。

孔子在这里至少有两层意思:少说多做,敏于事慎于言,这是其一;能近取譬,切己,从自身做起,这是其二。颜元《未坠集序》说:"取纸上之文,措之吾人身上,虽小亦道也。"好高骛远，是病得治。做事必须落到实处，莫做空头文学家。

梁启超说："《论语》如饭，最宜滋养。"的确，孔子罕言"心"，只说切实之事，实事求是。由心传手，由手会心。做到即知道，手到即心到，手法即心法。《论语》为王阳明心学滥觞，心学也不过是下学上达，心学也不过是中道之学。心学也离不开切磋琢磨，刻意练习，正如洒扫应对进退，在日常中实践。

欧阳修讲过《卖油翁》的故事，有个人射箭很厉害，百步穿杨，觉得很了不起。一个卖油翁看了却说没什么，并展示了倒油的高超技艺，让射箭者不得不服气。卖油翁又说这没什么，"我亦无他，惟手熟尔"，只是熟能生巧罢了。实践中道，不是在言中思，而是在行中思，在行动和实践中体会、体知。

孔子说

娱乐至死

> 孔子谓季氏："八佾舞于庭，是可忍也，孰不可忍也！"（3.1）

孔子批评季平子："他搞八佾乐舞于自家庭堂，这样的事情他都忍心去做，还有什么不能忍心去做呢？"

《论语》拥有明显的结构意图，《论语·八佾》篇位于《论语·学而》篇、《论语·为政》篇之后。前面我们讲过，君子学以致其道，需要做到各个方面：孝悌，忠信，温故知新，周而不比，举直错枉，道之以政，齐之以礼。效法圣人之道，通过为政实践中道，政刑和礼乐，则是为政管理思想和制度。

《论语·八佾》篇主要讲述"礼"，如丧礼、祭礼、射礼等，内容涉及很广，包括礼的表现、礼的作用、礼的原则、礼与美善。当然，还包括礼的反面案例，即违背礼制、违礼、僭礼、越礼，揭示了春秋末期那个礼坏乐崩的时代，为孔子寻求新思想和社会解决方案交代原因和背景。

孔子对自己的时代充满参与意识，不像隐者那样置身事外，正因为此，对于当时的社会环境，孔子充满愤怒和批评："天下有道，则礼乐征伐自天子出；天下无道，则礼乐征伐自诸侯出。自诸侯出，盖十世希不失矣；自大夫出，五世希不失矣；陪臣执国命，三世希不失矣。天下有道，则政不在大夫。"

意思是礼序自上而下崩坏，层层出现混乱错位。比如，季氏虽是鲁国的卿大夫，却是鲁国实际上的掌控者、主政者，也就是本章的主人公。不可忍，不是说孔子不能容忍季氏这么做，而是指季氏连八佾之舞这种事都忍心去做，还有什么出格的事干不出来呢？潜台词是犯上作乱。

什么是"八佾舞于庭"？八佾，按照礼乐规制，属于古代天子所用的一种乐舞。八佾，亦作"八溢"或"八羽"。佾，舞列，八佾就是八横八列，纵横都需要八名舞者，总共八八六十四人组合成乐舞方阵，如同《周易》有八八六十四卦。八佾而舞，八音协和，阵容豪华，场面浩大。舞蹈，从最早的娱天、娱神，最后成为娱人。

马家窑文化舞蹈纹彩陶盆，出土于黄河上游，属于新石器时代。在彩陶盆口内壁上，以平涂的手法，画了五个手拉着手的舞蹈人。舞蹈人就像围绕着火堆，扭转着灵活的身躯，保持着和谐的队形，踩踏着韵律的舞步，透露出生命的欢愉。这位不知名的陶艺作者，堪称五千年前的马蒂斯。据研究，这三组舞人图案，可能与原始巫术活动有关。

关于佾舞之礼制，《左传·隐公五年》记载："天子用八，诸侯用六，大夫四，士二。夫舞所以节八音而行八风，故自八以下。"鲁隐公之时，初献六羽，始用六佾。海昏侯刘贺墓出土三十六件漆木伎乐俑，就是象征"六佾"，即六行六列，共三十六人组成的乐舞。六佾，正是诸侯可以享用的乐舞礼仪。

作为乐制的最高等级，八佾与八音，相应相和。中国古代乐器，通常为金、石、丝、竹、匏、土、革、木等八种材质制作，是为"八音"。《史记·五帝本纪》中说："诗言意，歌长言，声依永，律和声，八音能谐，毋相夺伦，神人以和。"

季氏八佾舞于庭，这里的季氏无疑是季平子，季桓子和季康子没有那么嚣张。《左传·襄公五年》记载，季文子之死，"无衣帛之妾，无食粟之马，无藏金玉，无重器备，君子是以知季文子之忠于公室也，相三君矣，而无私积，可不谓忠乎。"不过短短几十年时间，季氏家族在鲁国已权势熏天。

季文子是知礼的，他有句名言："礼以顺天，天之道也。"然而到了孔子的时代，季氏八佾舞于庭，是对礼进行公开的嘲讽。孔子成年后历经三代季氏宗主，其中季平子势力最强，飞扬跋扈，颐指气使，凌驾于鲁国国君之上，驱逐鲁昭公的是他，拥立鲁定公继位的也是他。

鲁昭公这个人，童心未泯，不是能力很强的国君，做人又天真。天真本身没有错，错在他是国君，而非一个诗人。孔子与鲁昭公始于一条鲤鱼的交情，孔子的儿子叫孔鲤，字伯鱼，据说因为孔鲤出生时，鲁昭公送了条鲤鱼，孔子心里一直记着这份情谊。

据说孔子到周都洛邑向老子问礼，就发生在鲁昭公二十四年（公元前518年）。洛阳东关大街东头有块清代所立石碑，刻着"孔子入周问礼乐至此"。孔子见老子的题材，在汉代画像石中常出现。鲁昭公的弟弟鲁定公时期，孔子有机会从政，推动隳三都，强公室，打压季氏，但以失败告终。

齐景公与晏婴有一段关于鲁昭公的对话，记载于《晏子春秋·内篇》：

> 鲁昭公弃国走齐，齐公问焉，曰："君何年之少，而弃国之

汉代画像石 孔子见老子
山东博物馆藏

蚤？奚道至于此乎？"昭公对曰："吾少之时，人多爱我者，吾
体不能亲；人多谏我者，吾志不能用；好则内无拂而外无辅，辅
拂无一人，谄谀我者甚众。譬之犹秋蓬也，孤其根而美枝叶，秋
风一至，根且拔矣。"景公辩其言，以语晏子，曰："使是人反其
国，岂不为古之贤君乎？"晏子对曰："不然。夫愚者多悔，不
肖者自贤，溺者不问坠，迷者不问路。溺而后问坠，迷而后问路，
譬之犹临难而遽铸兵，噎而遽掘井，虽速亦无及已。"

鲁昭公因为斗鸡之乱逃奔到齐国，齐景公问他："您为什么
这么早就失掉了国家呢？为什么到了这种地步呢？"鲁昭公回答：
"我年轻时，有很多爱我的人，我自己却不能亲近他们；有很多劝

谏我的人，我却没有采纳他们的意见。因此，朝内朝外都没有辅佐我的人。真心辅佐我的人没有一个，阿谀奉承我的人却很多。这就好像秋天的蓬草，根很孤单，可枝叶却很繁盛，秋天一到，根就要被拔下来了。"

鲁昭公这话讲得挺好，看上去总结反思到位，齐景公也这么认为，就把这话告诉晏婴："假如让这个人返回他的国家，他难道不会成为像古代圣贤君主那样的国君吗？"鲁昭公不可救药的秉性，在老练的政治家晏婴眼里，简直就像透明一般，无处可藏。

所以晏婴告诉齐景公："不要这样，愚蠢的人总是好悔恨，不贤德的人总认为自己贤德。被水淹着的人不询问蹚水的路线，迷失方向的人不打听道路。淹着以后再询问蹚水的路线，迷失方向以后再打听道路，这就好像面临外敌入侵的灾祸才急急忙忙去铸造兵器，吃饭噎着才急急忙忙去挖井，即使很快，也来不及了。"

鲁昭公最终死在流亡途中，生前再也没能回到鲁国。

从内部瓦解

> 三家者以《雍》彻。子曰："'相维辟公，天子穆穆'，奚取于三家之堂？"（3.2）

"三桓"祭祀祖先时，以《诗经·周颂·雍》结束。孔子说："《雍》里面有'诸侯公卿来助祭，天子庄严肃穆'这样的诗句，怎么能用于'三桓'祭祀的庭堂呢？"

周王室东迁洛邑，西周遂告结束，东周之春秋时代开始了，周天子日渐式微，天下礼坏乐崩，来自不同文化地域的诸侯国逐渐崛起，齐桓公、晋文公等春秋五霸就是代表。诸侯国之内，兼具实力与野心的卿大夫强势分权，政治影响力越来越大，最终取国君而代之，如齐国的田氏，晋国的韩氏、赵氏、魏氏。

纵观历史发展，组织陷入混乱，管理制度式微，最早往往从内部开始失序，所谓祸起萧墙。孔子说："吾恐季孙之忧，不在颛臾，而在萧墙之内也。"孔子一针见血指出，对于鲁国而言，真正的威胁来自鲁国内部，也就是季氏为代表的"三桓"，而不是外围那些蕞尔小邦。

这里的三家以《雍》彻，与上章的八佾舞于庭，都属于僭越礼制。三家即"三桓"：季孙氏、孟孙氏、叔孙氏。"三桓"世代为鲁国上卿，担任鲁国重要官职，如大司徒、大司马、大司寇、大司空等，"三桓"有家宰、家臣，有自己的封邑，实力甚至超过国君。

杜预《春秋左传正义》记载："初作三军，十二分其国民，三家得七，公得五。国民不尽属公，公室已是卑矣。今舍中军，四分公室，三家自取其税，减已税以贡于公，国民不复属于公，公室弥益卑矣。"鲁国国君之衰弱，"三桓"之强横，由此可见一斑。

三家之家，不同于现代社会学意义上的家，结构相对简单的家庭单元。《论语》中出现的家，就是指三家的家，即卿大夫之家。如："千室之邑，百乘之家，可使为之宰也。""在邦必闻，在家必闻。"我们常说"修身、齐家、治国、平天下"，这里齐家的家，也是三家的家。

春秋时代的家，是指卿大夫之家，诸侯之下的世卿大族之家，如鲁国的"三桓"，晋国的"六卿"，郑国的"七穆"，齐国的国氏、高氏、田氏、鲍氏等，都是诸侯国中最有权势的世袭大家族，发展到后来，卿大夫最强者开始取国君而代之，三家分晋，田氏代齐，自此春秋进入战国。

孔子经常谈及建筑和空间术语，如舞于庭、过庭、出户、及门、及阶、升堂入室等，包括这里的"三家之堂"。《雍》是祭祀先祖的乐歌，出自《诗经·周颂·雍》："有来雍雍，至止肃肃。相维辟公，天子穆穆。"《毛诗序》说："《雍》，禘大祖也。"大祖即先祖。

鲁国的大祖是谁？一说周文王，一说周人的始祖后稷。鲁国身份特殊，因为是周公的封国，故而保有天子乐舞。八佾舞于庭、三家之堂以《雍》彻，鲁国"三桓"的所作所为，正是孔子真真切切看见的礼坏乐崩，可以说是切肤之痛。孔子的矛头所向，很多可以理解为针对"三桓"有感而发。

麻木不仁

子曰："人而不仁，如礼何？人而不仁，如乐何？"（3.3）

孔子说："人如果不仁，礼于他又如何？人如果不仁，乐于他又如何？"

《论语》并非随意排版的语录合集，这点我们一定要清楚。我们来看《论语·为政》篇前三章，前面连续两章，孔子以发生在身边的鲁国上流社会的真实案例，点明虽有礼乐制度，却无法制约为政者对于礼乐的违背和践踏。那么是礼乐本身出了问题，还是管理者本人出了问题？抑或是都有问题？

　　在尖锐批评了鲁国"三桓"的僭越行为之后，孔子直接给出了自己的答案，在第三章提出《论语》的核心关键词"仁"作为解决方案。人而不仁，礼乐又能拿他怎么样？不仁的人，不被礼乐约束，礼乐约束不到他们，就像肆意妄为的鲁国"三桓"。在孔子看来，"不仁"正是礼坏乐崩的源头。

　　人而不仁，如礼何？孔子学说的核心，是礼吗？当然不是。礼，作为一个社会的伦理体系，并非一成不变的条条框框，而是随着时代在变化。孔子更在意礼的实质作用，而不仅仅是礼仪本身。礼乐，如果符合仁，那就秉持；如果不符合仁，改变也无妨。孔子说："麻冕，礼也。今也纯，俭，吾从众。拜下，礼也。今拜乎上，泰也。虽违众，吾从下。"从众或违众，取决于礼是否符合仁。

　　孔子是步步为营，由礼推进到仁。仁和礼的关系，儒家更重视仁还是礼？历来为学者争论。从本章的意思来看，孔子承认礼乐制度，但也承认礼乐制度面临的问题，所以孔子才提出了仁，来让礼乐制度发挥作用。礼之用，和为贵，仁即中和。致中和，才能天地之间各位其位，其心三月不违仁。

　　礼坏乐崩是表面，礼在仁后，问题在于：人心坏了，内心乱了，也即不仁。孔子认为必须依于仁，才能有效维护礼乐，以仁作为内在驱动，维持礼乐的仪式感。礼乐是共同理想，道德是最高理想。仁是途径、路径，也是初心、发心，是道路合一，知行一处。仁者爱人，仁者，人也。仁是人之为人的存在依据与价值实现。

文化认同

　　子曰："夷狄之有君，不如诸夏之亡也。"（3.5）

　　孔子说："夷狄之国有国君，却不如诸夏没有。"

　　诸夏就是华夏。

　　诸夏，华夏，华即是夏，华、夏同义反复，相互通用。在《左传·定公十年》中，孔子就说："裔不谋夏，夷不乱华。""华夏"一词，历史悠久，最早见于《尚书·周书·武成》："华夏蛮貊，罔不率俾。"中华民族，则是晚近出现的概念，1902 年由梁启超在《论中国学术思想变迁之大势》中最早提出。

　　华夏文明源远流长，最早的华夏文明圈，涵盖大地湾文化、裴李岗文化、龙山文化、仰韶文化、陶寺文化等。《论语》中讲述的文明历史，就是从唐虞时代的尧、舜起始，唐虞之际，于斯为盛。焕乎其有文章！这是孔子对尧、舜的高度赞扬，也是心心念念秉持的华夏正统文明观。

　　不如诸夏的"不如"是什么意思？向来有两种声音。一、不如：不像，这是尊礼制。夷狄都有国君，不像诸夏却没有。二、不如：

比不上，这是尊文化。夷狄虽有国君，却不如诸夏没有。我认为本章还是延续"人而不仁如礼何"的话题，继续探讨礼和仁的关系。

夷狄和诸夏，并不是绝对不变的对立体。孔子的文明观超越地域，孔子的文化观超越朝代。在这里，孔子并非为了比较夷狄和诸夏孰高孰低，谁有国君谁没有。无论夷狄还是诸夏，谁站在文明的一边，谁站在仁的一边，都可以确保礼制的施行。或者说，谁站在文明这边，谁就是诸夏。

《孟子·离娄下》中说："舜生于诸冯，迁于负夏，卒于鸣条，东夷之人也。文王生于岐周，卒于毕郢，西夷之人也。地之相去也，千有余里；世之相后也，千有余岁。得志行乎中国，若合符节，先圣后圣，其揆一也。"这里说舜和周文王，虽然都不是中域之人，志向却在中国，并且成为文化意义上的中国正统。

孔子的文明观，是超越地域和朝代的文化认同观。孔子曾经评价管仲，虽然不怎么符合礼制，但符合仁的实现。遵照礼制，齐国作为诸侯而称霸天下，并不能说符合周礼。但因为齐桓公和管仲的共同努力，尊王攘夷，一匡天下，九合诸侯，不以兵车，固大国之风，民众得以受益。

孔子还特别强调，如果没有管仲，"吾其被发左衽矣"，头发披散不束，衣襟向左开，意思是大家就成夷狄之人了。因为管仲的事功符合仁的最终目标，所以孔子说管仲如其仁。杨树达在《论语疏证》中说："盖孔子于夷夏之界，不以血统种族及地理与其他条件为准，而以行为为准。"看法独到，很有见地。

无论是说夷狄虽有君不如华夏没有，还是说夷狄都有君不像华夏没有，本章的意思都非常明确，国君不是重点，文明才是重点，文化认同才是关键。孔子向来主张从道不从君，"所谓大臣者，以道事君，不可则止"。什么是真正的大臣？学而优则仕，是为实践中道，实现天下归仁的理想，如果行不通就卷而怀之。

华夏泱泱，文明以止。中华文明上下五千年，拥有悠久历史和深厚底蕴，绵延不绝至今，世界文明史上罕见，道统超越治统就是根源之一，文化认同大于朝代认同，这就是孔子说的"斯文在兹"。在危难时刻，孔子"天之未丧斯文也，匡人其如予何"的自信，就是来自他的这种文化自信。

春秋时期礼坏乐崩，文化下移、知识扩散运动如火如荼，愈演愈烈。《论语》中说："太师挚适齐，亚饭干适楚，三饭缭适蔡，四饭缺适秦，鼓方叔入于河，播鼗武入于汉，少师阳、击磬襄入于海。"真实记录了这一浩大的文化传播场景。宫廷王室里的乐师，纷纷四散到了各个地方。孔子和孔门弟子，正是崛起于这样的大时代。

孔子创造性发展了仁的思想，援仁入礼乐，以仁之质校正礼乐之文。甲骨文中没有"仁"这个字，《诗经》也不怎么提及"仁"，其中有两处提到"仁"字："洵美且仁""其人美且仁"，都和"美"字相关。仁的灵感来自哪里？东方曰夷，夷俗仁。孔子欲居九夷，乘桴浮于海，漂洋过海前往夷地，因为那里有君子居住。

距今四千八百年至四千五百年左右的莒县陵阳河遗址，属于夏鼐先生提出的大汶口文化中晚期，遗址出土有大口尊陶文，比甲骨文早一千五百多年。于省吾、唐兰、李学勤、裘锡圭等学者，都认为这些字符与早期汉字存在密切关系。大汶口文化之后，龙山文化随之达到新的高峰。

龙山文化的典型器物，作为礼仪专用的蛋壳陶，被誉为"薄如纸，硬如瓷，明如镜，黑如漆"，基本代表了人类史前制陶技术的最高水平。其中一件蛋壳陶高柄杯，新近获评山东文物标识实物原型。当第一次面对精致的蛋壳陶，我仿佛看见了仁之实体。若非合乎内外之道，哪能完成如此完美的作品。

仁自东方来。

我认为东夷文化，尤其璀璨的龙山文化，孕育了最初的仁的思想。孔子说吾从先进，发扬仁，正是以东夷之仁为抓手，重新复兴西周礼乐。孔子第一次作为历史人物在《左传》中出场，即公元前525年，他二十七岁的时候，东夷之地郯国的国君郯子到访鲁国，孔子向郯子请教东夷以鸟为官的官制，这段佳话即"孔子师郯子"。

《左传·昭公十七年》："秋，郯子来朝……仲尼闻之，见于郯子而学之。既而告人曰：吾闻之'天子失官，学在四夷'，犹信。"郯国在沂河、沭河之间，今天的临沂郯城一带。郯子先祖少昊，拜鸟为师，以鸟名称呼百官。来自夷地的郯子，有仁孝之德。郯子鹿乳奉亲的事迹，被列入《二十四孝》。楚狂接舆把孔子比作凤，或许也有凤鸟崇拜的缘故。

楚国和吴国被视为蛮夷之地，但在孔子的时代，最有气象的诸侯国君，除了吴王夫差，还有一个楚昭王，两位都不属于中原文化圈。公元前489年，吴国攻打陈国，楚昭王出兵救助陈国，后来病倒在城父。这时，"有云如众赤鸟，夹日以飞"，天空出现红色的云霞，像赤鸟围绕太阳在飞翔。可谓天有异象，或有大事发生。

楚昭王于是问吉凶，太史告知："不利楚王，可以把灾祸移到将相身上。"将相听后，请求代替昭王。楚昭王却说："将相和我如同手足，今天把灾祸移到手足上，难道就能够免除我的病吗？"坚决不同意这样做。孔子听后高度评价楚昭王："楚昭王知大道矣。其不失国也，宜哉！"楚虽蛮夷之邦，却知诸夏文明啊。

竞争力

> 子曰："君子无所争，必也射乎！揖让而升，下而饮。其争也君子。"（3.7）
> 子曰："射不主皮，为力不同科，古之道也。"（3.16）

孔子说："君子不与人争，如果一定要说，应是举行射礼的时候吧。彼时，相互行礼后登场比赛，射箭完毕下场饮酒。这样的争让有君子之风！"

孔子说："射礼比箭不以中靶为主，因为各人体力不同，这是古代的道理。"

人人都有争强好胜之心。

凡有血气，皆有争心。与世无争少见，争风吃醋常有。孔子说："血气方刚，戒之在斗。"人类经历了漫长的岁月，从物竞天择的丛林法则，步入告别野蛮的文明社会。过度竞争，就变成了卷。不参与竞争，简直不可能。反过来说，两百万年人类史，又何尝不是自然竞争而来的结果。

竞争在今天也无处不在，人甚至从怀胎十月就开始了胎教竞争，从读书到工作，每个人在成长和生活中，几乎无时无刻不面对来自各方面的竞争。企业的生存和发展，自然也要面临市场竞争。大到一座城市或者一个国家，都要重视提升竞争力、经济硬实力和文化软实力。

不争既然很难做到，那就要公平竞争。孔子拿射箭举例，谈论君子之争。弓矢，据说发明于黄帝时代。据《世本》中说："挥作弓，夷牟作矢。"挥和夷牟，乃黄帝之臣。射箭是古代必须掌握的技能，"男子生而有射事，长学礼乐以饰之"。孔子前期所教，主要就是六艺：礼、乐、射、御、书、数，射为古代六艺之一。

上面这两章都关乎射礼，我们放在一起来讲。射礼分为四种：大射、宾射、燕射、乡射。《礼记·射义》中说："古者诸侯之射也，必先行燕礼；卿大夫士之射也，必先行乡饮酒礼。故燕礼者，所以明君臣之义也，乡饮酒礼者，所以明长幼之序也。"举行射礼前后，常伴随有燕饮。

射礼不仅是六艺之习，谋生的才艺，还教人揖让、谦让的处世之道。君子无所争，文质彬彬，温良恭俭让。根据李零的研究，升、下、饮这三个环节，环环相扣，每一个环节都必须揖让行礼。射礼，不仅是体育运动课，更是人文实践课。射礼讲究礼让、谦和、自省，可谓寓教于射，寓德于射。

《礼记·射义》中说："射者，进退周还必中礼。内志正，外体直，然后持弓矢审固。持弓矢审固，然后可以言中，此可以观德行矣。"射箭之人，进退揖让行礼都要符合礼的规定，内心和形体端正平直，然后执弓搭箭审视动作是否稳固，然后可以谈能否命中目标，以此可以观察射箭者的德行。以射礼观德行，选荐贤能之士，这又是政治管理课。

射礼让人反躬自省，又是修身修行课。《礼记·射义》中说："射者，仁之道也。射求正诸己，己正而后发。发而不中，则不怨胜己者，反求诸己而已矣。"类似的话，孟子也讲过："仁者如射，射者正己而后发。发而不中，不怨胜己者，反求诸己而已矣。"

不怨胜过自己的人，也不是为了胜过别人，而是胜过自己，从自身找问题。正己，反求诸己，君子求诸己，都是孔子反复强调。《中庸》里也说："射有似乎君子，失诸正鹄，反求诸其身。"正己而不抱怨于人，才是最好的自我成长。孔子说："子帅以正，孰敢不正。"仁者如射，正己修己。必正其身，然后正世。

射不主皮，也是射礼的体现。孔子说："不称其力，称其德也。"每个人力气不同，没必要在力气上一争高下。孔子以射礼观仁，遵循古道之风。有一次，孔子说："执御乎，执射乎？吾执御矣。"认为相比射箭，自己更擅长的其实是驾车。孔门弟子中，冉求和樊迟，都曾为孔子驾车。

射、御关乎军事能力，孔子不爱谈论军事，是坚定的反战主义者，但是他精通射箭，熟稔射礼，懂得"有文事者必有武备，有武事者必有文备"。冉求就说自己的军事才能学自孔子。叔梁纥，孔子的父亲，也是一位身强力壮的武士。据说孔子身高超过一米九，力气自然很大，但他并不以此自诩，而是谦让有礼，非常体谅力气小的人。

虽说春秋无义战，其实春秋时期的战争还保有一定仪式感，不至于太血腥。到了争强称雄的铁血战国，称德不称力的原则被碾压得体无完肤。《韩非子·五蠹·世道》记载：齐国准备进攻鲁国，鲁国派子贡前去说服。齐国人回答："子言非不辩也，吾所欲者土地也，非斯言所谓也。"齐国照样出兵攻打鲁国，把国界推进到距离鲁国都城只有十里的地方。

子贡机智善辩，鲁国还是失去了土地，想要保全国家还得依靠硬实力。韩非子的总结很扎心，说多了都是血泪史。秦灭六国，第一个被灭掉的就是韩国。韩非子说："上古竞于道德，中世逐于智谋，当今争于气力。"无论个人、企业和国家，都要提升核心竞争力。半部《论语》治天下，孔子讲修己安人，其争也君子，据德依仁，公平竞争。

双重证据法

子曰："夏礼吾能言之，杞不足征也；殷礼吾能言之，宋不足征也。文献不足故也，足，则吾能征之矣。"（3.9）

孔子说："夏代的礼我能够讲出，但如今的杞国不足为证；殷商的礼我能够讲出，但如今的宋国不足为证。因为两国缺少典籍和贤人的缘故。如果足够，那我就能证明了。"

文献不足故也。文献，现在作为固定词语，在《论语》中则是"文"＋"献"。献，指贤人，等同于贤。比如《尚书·益稷》：

"万邦黎献，共惟帝臣。"文，指典籍。《论语》中常出现"文"，比如：博学于文，焕乎其有文章，行有余力则以学文。《左传·襄公二十年》中，孔子说："言以足志，文以足言。不言谁知其志？言而无文，行而不远。"

孔子自道"述而不作"，正是文献之集大成者。

曰若稽古，华夏对历史的重视远超世界其他文明，从古至今的史书洋洋大观，可备后世证询。周代之礼制，监于夏和殷商二代。孔门弟子卜商，字子夏，名字里兼有夏和商，好大气的名字。这里提到夏、殷商两个王朝，杞国、宋国两个诸侯国。

杞国，今天已经很少有人知道，但我们都还知道一个成语：杞人忧天，说的就是这个诸侯国。据说有个杞国人，整天担心天会掉下来，放到现在，这位杞人说不定能写一本《流浪地球》。

杞国，始于夏朝，国君姒姓，是大禹的直系后裔。西周之初，周武王封杞东楼公于河南杞县，建立杞国以奉夏朝祀，后迁入山东，国祚延绵一千五百多年。公元前445年，楚国灭杞国。

宋国开国之君微子，也称微子启，是商纣王帝辛的兄弟。周武王伐纣翦商后，微子持商王室宗庙礼器来到周武王军营，他袒露上身，双手捆缚于背后，向周武王请罪。周武王将微子释放，恢复他原有爵位，以示宽厚为怀。微子被周成王封于商丘，建立宋国以奉殷商祀。

宋国是孔子真正的祖国，微子的弟弟微仲，即孔子十四世祖，孔氏得姓于六世祖孔父嘉。孔父嘉之子木金父，木金父之子祈父，祈父之子孔防叔，孔防叔的孙子叔梁纥，就是孔子的父亲，叔梁纥为逃避宋国战乱，迁居鲁国陬邑（今曲阜），这就是孔子的家谱。在《论语》中，孔子多次赞颂微子，是少数几位他认可的仁人之一。

从夏代开始，中国进入王朝时代。大禹治水的故事，家喻户晓，然而夏都在哪里？很长时间以来都是谜题。寻夏成为中华文明探源工程的重点，著名的洛阳偃师二里头遗址，年代距今约三千八百至三千五百年，发掘出宫殿遗址、青铜冶炼遗址，出土大量陶器、玉器、漆器、青铜器、绿松石器等文物，被考古学者认定为夏朝中晚期的都城。

我去参观偃师二里头夏都遗址博物馆，鲜活生动的绿松石龙，仿佛刚从遥远的夏朝天空飞来。我去参观安阳殷墟博物馆，在各种青铜器和甲骨文字前流连，甲骨上的"中"字，仿佛舞动的旗帜。考古界先辈李济、董作宾、石璋如、梁思永、夏鼐、胡厚宣，就是从这里，从地下发掘"文献"，开启了中国的新史学与考古学。

两千多年前，屈原就在《天问》中发问："遂古之初，谁传道之？上下未形，何由考之？"如今，考古一改门庭冷清成为显学，这是一个考古和文博的好时代。

文化自信离不开博物馆的内容普及，人均博物馆占有量、人均看展量都是重要指标。德国人口八千万，和我们山东同量级，德国有六千三百多座博物馆，每百万人拥有八十家。截至2023年，中国的博物馆总数达到六千八百三十三座，百万人均不到五座博物馆。任重道远，大有作为。

我就是一个典型的"博物馆控"，最多一年跑了八十座博物馆。在博物馆里，我们可以真切见识中华文明的璀璨之光，震撼于中国艺术审美达到的巅峰，感动于古代匠人的伟大技艺。每件遥远的古物都是文化备份、载体、入口，都连接着曾经的时代、美学、情感。物自有其温度，物透射着精神，面对古代器物，文化传统被激活，这就是斯文在兹的力量。

郁郁乎文哉，吾从中国。一个文化综合体的中国，既是观念所在，也是价值存在，更是具体此在。中国，不仅是一个国度，还是一种文化信仰。从山东陵阳河大口尊的"昊"，从山西陶寺朱书扁壶的"文"，从陕西宝鸡何尊的"宅兹中国"，从湖北郭店战国楚简的"性自命出"……历史赓续，不曾断绝。

现场感

> 子曰："禘，自既灌而往者，吾不欲观之矣。"（3.10）
>
> 或问禘之说。子曰："不知也。知其说者之于天下也，其如示诸斯乎！"指其掌。（3.11）

孔子说："禘祭，从第一次献酒的灌礼以后，我就不想看了。"

有人请教禘祭的学问。孔子说："我不知道。懂得禘祭道理的人，对于治理天下，就像事情示意在这里一样。"边指手说易如反掌。

答案永远在现场，真相永远在现场。孔子教学的一大特点，就是重视现场讲学，重视案例讲解，如临其境，真实直观，今天读来都现场感十足。

这两章讲禘祭之礼，孔子对禘祭违礼的批评。张居正在《讲评〈论语〉》中说："禘，是祭祀之名。古者天子既祭其始祖，又推始祖所自出之帝，祭于太庙，而以始祖配之。"禘祭，天子在始祖庙对祖先的一种盛大祭祀，如周人的祖先是后稷，商族的祖先是契。

汉代贾谊在《新书·礼容语》中说："文王有大德而功未就，武王有大功而治未成。"周武王完成灭商，周朝制度建设完成于周成王时，周公制礼作乐。学者夏曾佑在《中国古代史》中评价："孔子之前，黄帝之后，于中国大有关系者，周公一人而已。"在儒家谱系中，周公被称为"元圣"，第一个圣人。

鲁国为周公封国，周成王特赐鲁国举行禘祭。鲁国禘祭原本不算违礼，估计是鲁国国君搞面子工程，表面热烈隆重，但是缺少诚意和恭敬。后面还会讲到告朔之礼，也是流于形式，子贡实在看不下去，建议干脆去掉告朔之饩羊。《论语·八佾》篇列举各种礼与违礼，就是为了探讨礼的实质。

孔子说："人而不仁，如礼何？"仁，就是礼的根本。发乎情，止乎礼。孝悌，是仁的根本。这里的"指其掌"，意思是，易如反掌，了若指掌。葛洪《抱朴子·对俗》说："苟得其要，则八极之外，如在指掌；百代之远，有若同时。"《中庸》也说："明乎郊社之礼，禘尝之义，治国其如示诸掌乎！"

得心而应手，手到则心到。手的作用绝不亚于脑。手法、手感、手艺，上手的重要性不言而喻。上手就是实践，实践得好叫高手。人的身体的各种器官，唯有手脚能够行动，仿佛是身体的自由意志。人的创造能力，既来自脑的自由思想，还有手的相对自由，人类依靠双手建立了世界。

知易而行难，手法即心法。

如在

祭如在，祭神如神在。子曰："吾不与祭，如不祭。"（3.12）

祭祀祖先时，如同祖先就在，祭祀神时，如同神就在。孔子说："我不去参加祭祀，如果祭祀不真诚。"

《左传·成公十三年》有言："国之大事，在祀与戎。"戎是战争，祀就是祭祀，这是头等重要的两项国之大事。《礼记·礼运》中说："夫礼，必本于天，肴于地，列于鬼神。"相比战争的突发性和组织性，祭祀与人们生活的各个方面，从天地鬼神与祖先信仰，到日月山川崇拜，更为息息相关。

"吾不与祭如不祭"，有两种断句方式：第一种："吾不与，祭如不祭。"我不赞同，祭祀像没祭祀，不赞同不亲自祭祀。第二种："吾不与祭，如不祭。"我认为是第二种。如不祭，是什么意思？就是"如不祭如在"。我不祭祀，如果不祭如在。

如在，是祭祀的关键，也是祭祀的灵魂。

如在，就像真在那里。事死如事生，牌位、神像、礼器代表在场。血缘基因维系家族同在，鬼神是祖先记忆的共同体。如在，就是祭祀应有的正确态度。《礼记·乐记》中说："明则有礼乐，幽则有鬼神。"在世者与鬼神，通过礼乐祭祀，幽明之间，如同共在。

如在，何以体现？我们在博物馆，见过古代的陶器、玉器、青铜器，有些是生活用器，有些则是祭祀礼器，比如大汶口陶尊、

　　　　　　　　　　　　　　　　　　　论语方法论

良渚文化玉琮王、商代后母戊鼎，上面的刻纹就与祭祀和信仰有关。学者张光直、俞伟超、艾兰、张远山等指出，常说的青铜器"饕餮纹"，应该命名为"神面纹"或"天帝纹"。俞伟超认为绝非"饕餮"，而是"人格化天帝"。

人们在祭祀时，恭敬面对着青铜礼器上的"神面"或"天帝"，就是如在，如神在。在《尸子》中，子贡问："古者黄帝四面，信乎？"孔子回答："黄帝取合己者四人，使治四方，不计而耦，不约而成，此之为四面。"黄帝四面，不是说黄帝有四张脸，而是指青铜方鼎的四面都有黄帝之纹，就像商代大禾人面方鼎。

《孔子家语·五帝德》中说："履时以象天，依鬼神而制义，治气性以教众，洁诚以祭祀，巡四海以宁民。"如在，人们并非依靠想象力来完成，而是在祭祀仪式上，真实地面对刻画着天神与祖先信仰的礼器。《左传·宣公三年》记载，王孙满告诉楚庄王："铸鼎象物，百物而为之备，使民知神奸。"百物乃百物之神，铸鼎象物，就是为了体现如在、如神在。

卡西尔在《人论》里说："中国是标准的祖先崇拜的国家，在那里我们可以研究祖先崇拜的一切基本特征和一切特殊含义。"诚然，中国人格外重视祭祀祖先，祭祀作为一种特殊的联系方式，通过特定的时间和仪式，与鬼神实现心灵对话。心到则神知，完成内心的沟通和怀念。祭祀，与其说是一种宗教信仰，不如说是一种家族情感记忆，一种家风文化传承。

清明时节雨纷纷，路上行人欲断魂。传统的清明，既是节气也是节日，直到现在还保留着祭祀祖先的礼俗。我回老家给祖父上坟，感觉祖父的音容笑貌，就在我眼前一样，虽然过去快三十年了，仿佛一切并未走远。祭如在，洁诚以祭祀，祭祀要心存恭敬真诚。没有真心实意，祭祀也就失去了意义。

心存如在，则如其仁。祭祀对应鬼神之如在，而礼乐对应文明之如在。《中庸》里说："鬼神之为德，其盛矣乎！视之而弗见，听之而弗闻，体物而不可遗。使天下之人，齐明盛服，以承祭祀，洋洋乎如在其上，如在其左右。"如在其上，如在其左右，上下左右，周围四方，都是如在。

子思在这里不仅是谈论鬼神，更在于探讨中庸之道。中庸之道，无处不在，洋洋乎如在其上，如在其左右，在人们的日常生活之中，百姓日用而不知。无论祭祀还是中庸，无不是"诚于中，形于外"。如在，有如同在，做事心诚，必须认真对待。所谓君子慎独，也是如在左右。时至今日，真诚依然是一种稀缺品质。斯文如在，至诚如神，如神即如在。

夏商与西周

子曰："周监于二代，郁郁乎文哉！吾从周。"（3.14）

孔子说："周朝的礼制借鉴了夏、商两代，典章制度多么丰富啊！我遵从周朝的礼乐制度。"

天下有文章而光明，人文化成而斯文彰著。

在《礼记·表记》中，孔子说："虞夏之质，殷周之文，至矣。虞夏之文，不胜其质；殷周之质，不胜其文；文质得中，岂易言哉？"虞、夏的质朴，殷、周的文饰，都达到了极致。虞、夏虽也有文饰，但远不如质朴多；殷、周虽也有质朴，但远不如文饰多。文饰关乎文明、文化、文德。孔子说："质胜文则野，文胜质则史，文质彬彬，然后君子。"

根据学者冯时的研究：商周古文字的"文"本作"＊"，象人形而特彰明其心，所以"文"的原始内涵实相对于"质"，如果说"质"的思想乃在表现人天生所具有的动物本能，那么"文"显然已是经德养之后所表现的文雅，这种通过内心修养所获得的文雅自然是对初民之本能之质的修饰，这种修养的文雅由内而外，以德容的形式彰显出来，这便是"文明"的本义。

西周之初传承并创新了夏和殷商的文化和制度，将华夏文明和中国文化推向新的发展高度。孔子的文化观，是超越朝代与地域的文明观。"殷因于夏礼，所损益可知也；周因于殷礼，所损益可知也。"孔子并非一个简单的复古主义者，只是站在诸夏文明的高度，认为历史在传承中发展，在有损有益中创新。

孔子信而好古，祖述尧舜，目的是赋予文明以源头活水，就像黄河和长江，孕育沿途文明。在孔子心里，斯文在兹，始于尧舜时代，成于宪章文武，文王、武王开创西周，周公借鉴夏商两代，创造了文质彬彬的礼乐文化。在我们这个时代，孔子是中国的世界级文化IP。在孔子的时代，最大的文化IP是周公。

孔子曾在《论语》中感叹："甚矣，吾衰也！久矣，吾不复梦见周公。"我是老了吧，好久没有再梦见周公了。孔子的这个周公之梦，就是孔子的天下梦。当孔子不再梦见周公，那个制礼作乐的周礼文化开创者，他开始觉得自己老了。可见，一个没有梦想的人，就会老得快，人不能没有梦想。

斯文在兹，天下归仁，就是孔子的梦想。虽然生于一个礼坏乐崩的季世时代，但孔子胸怀天下，心怀理想，步履不停。"天下有道，丘不与易也！"孔子周游列国十四年，累累若丧家之犬，始终相信天不丧斯文，文武之道未坠于地。孔子的梦里是周公，是善；庄子的梦里是蝴蝶，是美。

周公，姬姓名旦，是周文王的儿子，周武王的弟弟，著名的政治家、思想家。传说他在牧野决战前，发表过战前动员《牧誓》。周武王去世后，周公为稳定天下，摄政辅佐幼年的周成王。周公辅成王的故事，就像孔子见老子，是汉代画像石的常见题材。《尚书》中记载："周公摄政，一年救乱，二年克殷，三年践奄，四年建侯卫，五年营成周，六年制礼作乐，七年致政成王。"

周公辅政头三年，周武王的兄弟管叔、蔡叔与纣王之子武庚一起发动叛乱，并得到一些东方小国的支持，其中就有奄国，周公率军东征平叛；"四年建侯卫"是指周公分封小弟康叔为卫国国君，管理殷商故地；"五年营成周"是指周公经营洛邑为东都，加强对东方的控制；"六年制礼作乐"，即周公颁布系列礼乐制度加强统治；"七年致政成王"，周成王成年后，周公把政权交还周成王。

"殷鉴不远，在夏后之世。"《诗经·大雅·荡》中的这句话，还在周朝的天空飘荡。《礼记·表记》记载："殷人尊神，率民以事神，先鬼而后礼。"殷商崇奉"天帝"，甲骨文很多就是商王室向"天帝"占卜的卜辞。取代殷商的西周，转而重视上天之德，

曲阜 周公庙

以德配天，"德"出现频率越来越高。天之德在民德，敬德保民，"德"成为周王朝权力合法性的核心依据。

从天之中为中心之道，到地之中为中正之德，西周在周公之时完成了两件大事：第一，在洛邑建立成周，在地上建中，也就是国宝青铜器何尊记录的"宅兹中国"；第二，开创礼乐制度，礼乐张弛，不同而和，敬鬼神而泛爱众。周公吐哺，天下归心。周公兢兢业业，为"成康之治"奠定了基础。

礼乐和天地，肇始着中和思想的出现。《礼记·乐记》中说："乐者，天地之和也；礼者，天地之序也。"中和即哲学之中，观念之中，孔子称其为中庸。孔子生活的鲁国，在春秋时期不算大国，却是名副其实的文化中心。鲁国为周公封国，"周礼尽在鲁矣"，山东被称为"礼仪之邦"，可谓渊源有自。孔子重视礼乐，提出中庸、中和之道，与生活在东方礼乐文化策源地不无关系。

每事问

> 子入太庙，每事问。或曰："孰谓鄹人之子知礼乎？入太庙，每事问。"子闻之，曰："是礼也。"（3.15）

孔子进入周公庙，每件事都问一问。有人说："谁说叔梁纥的儿子懂得礼啊？到了周公庙，每件事都要问。"孔子听到后，说："这就是礼啊。"

"吾生也有涯，而知也无涯。"每个人的生命都有限度，知识却无穷无尽，不断更新迭代。知道再多的人也有知识盲点，圣人也不是什么都知道，孔子就曾感慨："吾有知乎哉？无知也。"子贡闻一知二，这是举一反三；颜回闻一知十，这是周而不比。

知有两面：知道、知识；认知、觉悟。觉悟事物的天理，就是不器。王阳明在《传习录》中讲："圣人于礼乐名物不必尽知，然他知得一个天理，便自有许多节文度数出来，不知能问，亦即是天理节文所在。"这就是知识与认知的区别。知识外在于我，实践出真知，认知即我。知识可以转变成认知，也可以妨碍认知，那就变成了"我执"。

孔子在这里"每事问"是一种谦虚，或者说明知故问吗？我看也未必，世间具体名物，孔子哪能事事都知道？银行、汽车、机器人，他肯定不知道，即使是古代的很多东西，他也不可能全知尽知，全知全能是不存在的。

王阳明在《传习录》中讲："圣人无所不知，只是知个天理；无所不能，只是能个天理。圣人本体明白，故事事知个天理所在，便去尽个天理，不是本体明后，却于天下事物都便知得，便做得来也。天下事物，如名物度数、草木鸟兽之类，不胜其烦，圣人须是本体明了，亦何缘能尽知得？"孔子知道什么？知道那个天理，也就是中庸之道。

这里的"鄹人之子"，即鄹家的那小子，很有一种轻视的意味。鄹，亦作邹，鲁国下邑，孔子的父亲叔梁纥做过鄹邑大夫。以籍贯称呼某人是常见用法，比如韩愈称韩昌黎，孟浩然称孟襄阳，王安石称王临川，顾炎武称顾亭林，李鸿章叫李合肥，张之洞叫张南皮，康有为叫康南海，袁世凯叫袁项城。

这位或曰之人，大概率不怀好意，嫉妒找茬儿，想要出孔子的洋相，孔子不是礼学专家嘛，大家看看啊，他也有不懂的时候，他也有不知道的东西。有些人就是这样，要么道听途说，说东道西，要么习惯性挑刺，关注别人的瑕疵，胜于关心自我的成长。对于这种人，孔子有一句话相送："夫我则不暇。"我可没有那个闲工夫。

鲁国是周公的封国，鲁国的太庙就是周公庙。孔子走进周公庙，每种礼器，每种礼仪，他都向人虚心请教，这不是谦虚，而是一种好学的态度。就像我们进了博物馆，感受文化魅力，体验文化沉浸，各种见证文明的古代文物和当代文创，及其背后的文化承载，目不暇给，文质彬彬，怎么会不想多了解一些内容，简直是多多益善。

我拜访过曲阜的周公庙，距离孔庙也就一两公里，在鲁国故城国家考古遗址公园的西南角。周公庙，又称元圣庙，棂星门内左右两侧有"经天纬地""制礼作乐"两个石牌坊。到曲阜游览过孔庙的人很多，去过周公庙的人就没有那么多了。洛阳也有周公庙，去过的人也不多，虽然就在网红景点明堂附近。

孔子视周公为圣人，后世视孔子为圣人。其实，这也是文化竞争的结果。孔子说君子无所争，无所谓的事情，争来争去很无聊，比如争论一个知不知道。孔子倒是坦言："吾有知乎哉？无知也。有鄙夫问于我，空空如也，我叩其两端而竭焉。"我是知识分子吗？知道分子都不是，我只知道自己的无知。

孔子还说过："吾少也贱，故多能鄙事。"我年少贫贱，所以学会了一些谋生的技能。这才是孔子，不矫情，不造作，不虚伪，不假模假式，不故作深沉，不打肿脸充胖子。认识到自己的无知，需要相当的智慧。李贽说得好："只论礼与非礼，哪争知与不知。"

教育家陶行知有首诗叫《每事问》："发明千千万，起点是一问。禽兽不如人，过在不会问。智者问的巧，愚者问的笨。人力胜天工，只在每事问。"每事问，没什么好嘲笑的。在我看来，这简直是一种美德。学无止境，不知便问，当下为师，直心即是道场。

孔子说："不曰'如之何，如之何'者，吾未如之何也已矣。"弟子不问怎么样怎么样，我也不知道怎么样啊。不愤不启，不悱不发。为学必须主动学，不要等着老师教，这就是"有来学而无往教"。不主动学，不主动提出问题，不思考问题，必定会遇到问题。

在一家公司里，也少不了每事问，问对人，问具体，不耻下问，有所思而后问。不理解工作怎么开展就问清楚，事事有回应。管理者布置工作，颗粒度和关心度如何？事事有交代，节点有把控。每事问的反面，就是不问过程，只要结果，慢令致期谓之贼。

认知偏差

子曰："事君尽礼，人以为谄也。"（3.18）

孔子说："事奉国君尽到礼仪，世人却以为是谄媚。"

这个世界充满各种噪声，极易造成认知偏差。因为误解在所难免，所以常说理解万岁。以《论语》为例，很多注者都自称"真解""本解"，假作真时真亦假，没必要过分当真。经典不怕误读，经典的魅力就在于经得起误读，经得起时间的洗练。误读也是一种解读，或者说阐释本身即是误读，重要的是有没有价值。

俗话说礼多人不怪，看来也不尽然，孔子现身说法，以自己事君尽礼为案例，不但没有反衬出前面提到的种种违礼，反而背锅被认为是谄媚。事实上，孔子尽礼，贫而无谄；"三桓"骄横无礼，富而且骄。为何孔子的风评不佳呢？当然可以说，这是礼坏乐崩的时代使然，庸众已黑白颠倒。

在《史记·孔子世家》中，晏婴针对孔子和儒者，做过一番评价："今孔子盛容饰，繁登降之礼，趋详之节，累世不能殚其学，当年不能究其礼。"如今，孔子过分装饰外表，提出繁杂的上朝下朝礼节，刻意讲究快步行走的琐碎规矩，几代也不能穷尽繁文缛节的学问，整年也学不完各项礼节仪式。

战国诸子批评儒家，其中一个缺点，就是晏婴说的礼仪繁杂，礼仪过多不太人性。孔门弟子子游有句话："事君数，斯辱矣；朋友数，斯疏矣。"事君数，也是过犹不及。孔子对于礼有执念，孔门弟子像子贡、宰我、冉求，在为政中则变通得多。居敬而行简，礼趋于简，应该是时势所趋。

爱的艺术

子曰:"《关雎》,乐而不淫,哀而不伤。"(3.20)

孔子说:"《诗经·关雎》乐章,快乐而不放荡,哀思而不伤悲。"

中国有诗教传统。孔子说:"兴于诗,立于礼,成于乐。"礼乐一体,诗歌一体。诗、礼、乐三位一体,构成春秋时代的最高人文素养。孔子说:"不学诗,无以言。"不懂得活学活用《诗经》,在外交场合就会口不能言,言不及义。前面我们讲到《诗经》里的"思无邪",这里说的是《关雎》乐章。

《关雎》是《诗经》第一篇:"关关雎鸠,在河之洲。窈窕淑女,君子好逑。"堪称中国第一爱情诗,它符合"思无邪",也即"思不出其位"。爱情美好无邪,自古而今皆然。如果没有"寤寐思服",如果没有"辗转反侧",都不敢轻易说爱情。

《礼记·经解》中说:"入其国,其教可知也。其为人也:温柔敦厚,《诗》教也。"让世界温柔起来,这是诗歌的力量。古人总结得太好了,淫乐和哀伤都是过犹不及。乐而不淫,哀而不伤。感情表达刚刚好,不过分也无不及,恰到好处,这就是中和、中道的体现。如鼓瑟琴,和乐且湛。

爱不仅是一种本能,更是一种能力。思无邪、思不出其位的升级版,就是《中庸》:"喜怒哀乐之未发,谓之中;发而皆中节,谓之和。中也者，天下之大本也；和也者，天下之达道也。致中和，天地位焉，万物育焉。"孔子在礼乐文化之中，洞察到了允执其中的圣人之道。礼之用，和为贵。乐以发和，仁即中和。

知音即知己

> 子语鲁大师乐，曰："乐其可知也。始作，翕如也；从之，纯如也，皦如也，绎如也，以成。"（3.23）

孔子与鲁国的乐师谈论音乐，说："音乐是可以理解的。开始演奏时，和顺；继续演奏，纯正，明快，抑扬顿挫，直至完成。"

此曲只应古时有，人间能得几回闻。

这样的古乐，我们再也听不到了，自然也无法确知细节。翕如、纯如、皦如、绎如，从这些词语的形容来看，我觉得怎么也得是交响乐级别，国家大剧院演奏的那种。这里的鲁大师，名挚，又称师挚、太师挚。《论语》记载："太师挚适齐""师挚之始，《关雎》之乱，洋洋乎盈耳哉！"说的都是这位鲁国乐师。

乐章开始，一般由太师演奏。乐师常为瞽矇者，即盲人。《周礼·春官·乐师》记载："瞽矇掌播鼗、柷、敔、埙、箫、管、弦、歌。"章太炎在《辨诗》中说："春官瞽矇，掌九德六诗之歌。"盲人乐师因其无目无所睹见，则心不移于音声。舜的父亲，传说叫瞽叟。西方的荷马，也是位盲乐师。

孔子的外公，据说就是一名盲乐师。孔子本人无疑是资深音乐爱好者、国乐超级发烧友。孔子曾跟师襄学琴，并作琴曲《猗兰操》，仲尼式是古琴经典样式。孔子听见谁歌唱得好，就要跟着学会。"子与人歌而善，必使反之，而后和之。"娱乐一开始并非娱人，而是娱神，用来歌颂祖先和鬼神，与祭祀仪式分不开，尤其恭敬肃穆。

《礼记·乐记》中说："德者，性之端也；乐者，德之华也；金、石、丝、竹，乐之器也。诗，言其志也；歌，咏其声也；舞，动其容也。三者本于心，然后乐气从之。足故情深而文明，气盛而化神，和顺积中，而英华发外。"音乐直抵人心，无法伪装，如二泉映月，心敏则理无不达。

尽善尽美

子谓《韶》："尽美矣，又尽善也。"谓《武》："尽美矣，未尽善也。"（3.25）

孔子评论《韶》乐："曲调完美，内容完善。"评论《武》乐："曲调完美，内容还不够完善。"

尽善尽美，成语出自本章。在还不认字的时候，我就已经知道尽美。在我老家附近有一座烈士陵园，入门有个高耸的雕塑和屏风，屏风上有文字，纪念山东第一个共产党员——王尽美。1921年，王尽美作为代表参加中共一大会议。多年以后，我在济南五龙潭公园，上海中共一大纪念馆，还遇见过这位同乡的介绍。

礼乐专家孔子，也是当仁不让的乐评家。《韶》为舜之乐，《武》为周武王之乐，皆为孔门称颂的圣王之乐，所以说"尽美"。舜禅让于禹，周朝的建立却是武王伐纣灭商，虽然被称为正义之战，但没有战争不流血，伤亡惨重的还是民众。相比《韶》乐，孔子说《武》乐"未尽善"。

孔子提倡礼乐，其中一个原因就是反战。有一次，卫灵公请教军旅之事，孔子拒绝谈论。六艺射御之道，孔子自然熟稔。孔门弟子冉求、子路、子贡、樊迟、有若，都亲身上过战场，领导参与过战斗。能力是一种价值输出，选择则是价值观。所谓"不称其力，称其德也"。

孔子不想谈军事，自然是希望为政以德，道之以德，齐之以礼。美和善，就是我们现在说的"美好"。《论语》的核心主题，就是讲美善人生实践原理，孔子确信人生的意义和价值，提倡下学上达，尽善尽美，止于至善，成人之美。从《论语》开始的美善思想，深刻影响了中国的政治、文化、艺术、审美，成为中国人世世代代追求的普世理想。

腾讯在成立二十一周年之际，将公司的使命愿景更新为："用户为本，科技向善。"马化腾说："科技是一种能力，向善是一种选择，我们选择科技向善，不仅意味着要坚定不移地提升我们的科技能力，为用户提供更好的产品和服务，持续提升人们的生产效率和生活品质，还要有所不为、有所必为。"这是成长为世界级公司的中国企业应有的文化担当。

孔子的时代还有一位深谙礼乐的大师，那就是吴国的季札，又称延陵季子，吴王寿梦的第四子。司马迁评价："延陵季子之仁心，慕义无穷，见微而知清浊。呜呼，又何其闳览博物君子也！"《左传·襄公二十九年》记载，季札代表吴国出使齐、郑、晋、卫等国，这次出使不仅留下了"季札挂剑"的成语，最高光的时刻是在鲁国观看礼乐。

季札在鲁国，总共欣赏了《周南》《召南》《小雅》《大雅》《大夏》等约二十种乐曲和歌舞，季札一一做出精到评论，尽得其意，堪称高山流水遇知音。听到最后，季札总结："观止矣！若有他乐，吾不敢请已。"可谓季札版的"三月不知肉味"。中国有诗教传统，诗教包含乐教。李泽厚提出乐感文化，不是没有道理的。

宽容比自由重要

子曰："居上不宽，为礼不敬，临丧不哀，吾何以观之哉！"（3.26）

孔子说："居上位不宽容，行礼时不恭敬，丧礼不哀戚，这种人我怎么看得下去呢？"

态度决定人生。宽容、恭敬、哀戚，本章谈三种人生态度。临丧哀戚是特殊时刻，为礼恭敬是仪式时刻，宽容具有日常性和普适性。子贡问孔子："有一言可以终身奉行吗？"孔子告知："其恕乎！己所不欲，勿施于人。"宽恕，宽容，可以终身奉行。

孔子慎言，讷言，在《论语》中，只有这一句可以看作孔子自己认可的立言。立言，意味着具有普世价值。《论语》里有很多名言，"己所不欲，勿施于人"，国际认知度和认同度最高，成为国际交往与人际交往的重要原则之一。整部《论语》，哪怕我们只能实践好这一句，就算没有白读。

己所不欲，勿施于人。假如翻译成一个词语，我认为就是自由，一种群己权界关系。伏尔泰说："我不赞成你的观点，但我捍卫你说话的权利。"也是这种态度。不想一件事降临在自己身上，那就不要对别人做同样的事。没有宽容，就没有自由。宽容是一切自由的根本。

孔子说"宽则得众"，提倡"恭、宽、信、敏、惠"，强调和而不同，不同而和。不同的前提即宽容，兼容并包，容纳参差多态；参差多态乃幸福的本源。做到宽容需要沟通、勇气、理解、接纳、开阔、重建、成长。做到宽容，不仅要有自我反思反省的能力，还需要理解别人的同理心。

胡适晚年说过一句话："宽容比自由更重要。"从个体心灵释放，到社会和睦，到协和万邦，都少不了宽容。宽容，不仅是一种情感和品格，还是一种气质和境界。宽容，通往心灵自由之路，让我们信受奉行，身体力行。即使在现今的世界上，对宽容的需要仍然超过其他一切。

弟子答问

看山还是山

> 季氏旅于泰山。子谓冉有曰："女弗能救与？"对曰："不能。"子曰："呜呼！曾谓泰山不如林放乎？"（3.6）

季康子要祭祀泰山。孔子对冉有说："你不能阻止吗？"冉有回答："不能。"孔子说："唉！难道说泰山之神还不如林放懂礼吗？"

泰山、黄河、孔子，一山一河一圣人，不仅是山东，亦是中国的文化符号和精神标识。泰山，古称东岳、岱山、岱宗，五岳之尊，自古被视为神山。泰山是中华民族的象征，也是世界文化与自然双遗产。

自孔子以来，众多文人名士登临泰山，如司马迁、张衡、曹操、谢灵运、李白、杜甫、范仲淹、欧阳修、苏轼、李清照、辛弃疾等，留下很多诗文、刻石名篇。最著名的《泰山刻石》，是秦代李斯所书小篆，鲁迅评价："实汉晋碑铭所从出也。"

司马迁在《史记·五帝本纪》中说，黄帝曾"东至于海，登丸山，及岱宗"。《货殖列传》中又说："泰山之阳则鲁，其阴则齐。"清初顾祖禹《读史方舆纪要》记载："山之东北址，旧有明堂，为成周时朝会诸侯之处。秦汉以下言封禅者，必于泰山。"从秦始皇到清代，先后有十三位帝王到泰山封禅或祭祀。现在去泰山，可以观看实景演出《中华泰山·封禅大典》。

泰山 孔子庙

　　岱宗夫如何？一览众山小。山东给全国人的第一感觉，就是大。个头大，馒头大，包子大，酒量大，樱桃大，连大葱都大。孔子登泰山而小天下，心真大，大到心怀天下。孔子登泰山，就没有人管；如今登泰山，只会备受欢迎。2023 年泰山游客量八百六十多万人，我也是其中之一，当天我登泰山时委内瑞拉总统也在登泰山。

孔子为什么反对季氏旅于泰山？简单说，因为季氏不配。这里的"旅于泰山"，不是到泰山旅游，而是去泰山祭祀。泰山岩岩，鲁邦所瞻。祭祀泰山有严格的礼制，当然不是谁都可以。《礼记·曲礼下》记载："天子祭天地，祭四方，祭山川，祭五祀，岁遍。诸侯方祀，祭山川，祭五祀，岁遍。大夫祭五祀，岁遍。士祭其先。"

按周礼只有天子和诸侯才能祭祀泰山，季氏作为鲁国的卿大夫，没有资格祭山川。这里的季氏，应该是季康子，季康子去祭祀泰山，自然属于违礼。孔门弟子冉求是季氏家宰，季康子的左右手，所以孔子批评冉求没有阻止这件事。这是冉求在《论语》中第一次出场，就被孔子批评了一顿。

冉求（前522—？），又称冉有，小孔子二十九岁，鲁国人。孔门中冉氏弟子较多，仅次于颜氏。冉求生性谦退，多才多艺，政治才干出众，擅长经济理财，被季康子聘为季氏家宰。孔子说："求也艺，于从政乎何有？"又说："千室之邑，百乘之家，可使为之宰。"对冉求的政治才华非常认可。

冉求对政事有自己的判断力，往往不苟同于孔子。孔子曾痛斥冉求"非吾徒也"，但冉求对孔子尊敬有加。孔子能够重返鲁国，冉求和子贡的贡献很大。有一次，季康子问冉求，孔子是什么样的人，他说："用之有名，播之百姓，质诸鬼神而无憾。"并说自己的军事才能来自孔子所授。

素位而行

子夏问曰："'巧笑倩兮,美目盼兮,素以为绚兮。'何谓也?"子曰:"绘事后素。"曰:"礼后乎?"子曰:"起予者商也!始可与言《诗》已矣。"(3.8)

子夏问道:"'笑靥带酒窝真动人,眼眸黑白分明真妩媚,白皙的脸上施以脂粉。'这几句诗是什么意思?"孔子回答:"刺绣要在白色底子上进行。"子夏说:"礼是后起的吧?"孔子说:"启发我的人是卜商啊,现在可以和你讨论《诗》了。"

子夏是第二个孔子说可以与之谈《诗经》的弟子,第一个是谁呢?子贡。子夏和子贡,都是卫国人。卫国的淇河,在《诗经》中出现几十次。本章子夏所引"巧笑倩兮,美目盼兮",就出自《诗经·卫风·硕人》。清代姚际恒在《诗经通论》中说:"千古颂美人者,无出其右,是为绝唱。"

《硕人》诗中的女主角齐国公主庄姜,是齐庄公的女儿,齐僖公的妹妹,齐桓公的姑姑,嫁给卫国国君卫庄公。朱熹认为庄姜还是一位女诗人,《诗经·邶风·燕燕》:"燕燕于飞,差池其羽。之子于归,远送于野。"这千古名篇,据说是庄姜的作品。

《硕人》开头第一句,就是"硕人其颀"。硕人是什么意思?简单说就是大美女。硕就是大,山东就连美女都大,真是撒不了一点娇。出身高贵、身材高挑的庄姜,胜过传说中的西施,名副其实春秋第一美女。描写她的"手如柔荑，肤如凝脂。领如蝤蛴，齿如瓠犀。螓首蛾眉，巧笑倩兮，美目盼兮。"千年来都是美女的官方标准。

礼后乎？孔子认为子夏这一问，对自己很有启发，所以说弟子不必不如师。礼后对应仁先，孔子说："先进于礼乐，野人也；后进于礼乐，君子也。如用之，则吾从先进。"后进于礼乐，就是礼后乎。礼后，说明礼是文明发展的结果；仁先，说明仁先天存在于人的本性内。君子克己、复礼、为仁，三位一体。

礼与仁的关系，是先后关系，还是有无关系？如果没有内在之仁，礼乐就成为一种摆设，甚至成为假仁假义的外衣和工具。如果没有礼乐，还能实践仁吗？从孔子评价管仲来看，可以在结果即仁之习上实现，管仲就是不知礼而如其仁。孔子说："仁远乎哉？我欲仁，斯仁至矣。"这是从仁之性而非仁之习上说。

仁是人先天具有的德性和良知，礼是后来产生的社会文化。仁是礼乐的实质和目的，礼乐可以更好地推进仁。礼乐有其时代特征，仁有其时代超越性。没有仁，礼徒有形式；没有礼，不影响仁之德性，却影响仁之实践。从颜回请教仁来看，孔子重视克己复礼，说明礼乐对于仁的实现有正向作用。周公制礼作乐，孔子觉得极好。

孔子说："人而不仁，如礼何？"不行仁的人，也未必不知礼、不能用礼。从春秋时代以来，多少罪恶假礼乐之名，多少不仁不义披着礼乐的外衣进行。赤裸开战的战国时代，连礼乐这最后的遮羞布干脆都不要了，所谓"吾所欲者土地也""亦将有以利吾国乎？"

孔子正是见多了自己时代的礼坏乐崩，如季氏八佾舞于庭、三家以《雍》彻、季氏旅于泰山，这才提出克己复礼。正是见多了假仁假义的礼、貌合神离的礼，如夷狄之有君，夷狄不是都有国君了吗？这才提出仁先礼后。

人而不仁，还谈什么礼乐？礼乐的实现，就是仁的表达，而非一切其他目的和手段的表达。礼后乎，可对比阅读《道德经》第三十八章："故失道而后德，失德而后仁，失仁而后义，失义而后礼。"这是事实判断，而非价值判断。

绘事后素。绘，绘画或绘绣。如果不算彩绘岩画、彩陶绘画，现存湖南博物院的战国绢本《人物龙凤图》是目前发现的最古老的帛画，中国最早的画作之一。绘，本义是五彩刺绣，后来引申指绘画。《说文解字》中说："绘，会五采绣也。"绘，由"系"和"會"组成。"系"表示与丝织品有关，"會"表示汇集之意。

在《尚书·虞书·益稷》中，舜帝说："予欲观古人之象，日、月、星、辰、山、龙、华虫，作会；宗彝、藻、火、粉米、黼、黻，絺绣，以五采彰施于五色，作服。"这里的日、月、星辰、山、龙、华虫、宗彝、藻、火、粉米、黼、黻，即后来的舆服十二章纹；这里的会、绣，都指刺绣；絺，指夏布，细葛麻布。

我倾向于认为，本章的"绘"指五彩刺绣，刺绣要用丝线在素白底子上进行。在春秋时期，齐国和鲁国的丝织业非常发达，齐纨鲁缟，闻名遐迩。杜甫有诗《忆昔》："齐纨鲁缟车班班，男耕女桑不相失。"纨：白色的细绢；缟：细白的生绢。齐纨鲁缟，泛指名贵的丝织品。

管仲曾用"齐纨鲁缟"精心策划过一场贸易战。管仲先是下令齐国上下都穿鲁缟，鲁国看到商机，遂扩大种植，加速生产，满足需求，结果导致当年粮食减产。一年后，管仲又命令不得穿鲁缟，同时大幅抬高粮价。结果鲁国囤积的缟布滞销，粮食陷入短缺，国家经济几乎面临崩溃。

《中庸》里说："君子素其位而行，不愿乎其外。素富贵，行乎富贵；素贫贱，行乎贫贱；素夷狄，行乎夷狄；素患难，行乎患难。君子无入而不自得焉！"素，元素，因素，素质，素即质；素，本分，本位，位置，素即位。素其位而行，就是知天命做自己。

绘事后素，即绘后于素，礼后于仁，后进于礼乐。绘事后素，素就是内在之仁。素其位而行，思不出其位，正如礼不出其仁，文不出其质，绘不出其素。绘事后素，中道而行，素位而行，不愿乎外。每个人的精神觉醒之路，都是向内行走而非向外索求。

既往不咎

> 哀公问社于宰我。宰我对曰："夏后氏以松，殷人以柏，周人以栗，曰使民战栗。"子闻之，曰："成事不说，遂事不谏，既往不咎。"（3.21）

鲁哀公向宰我咨询社主的事情。宰我回答："夏代用松木，殷代用柏木，周代用栗木，意思是使民众战栗。"孔子听到后，说："既成的事不再劝说，完成的事不再劝谏，已经过去的事不再追究。"

中国的社神崇拜与农业起源一样久远。社神是土地、农业之神，社在古代是肃穆而令人敬畏之所。《尚书·甘誓》中说"弗用命，戮于社"，夏启告诫战士不好好作战将在"社"中被处死。《左传·昭公十年》记载，季平子讨伐莒国，"献俘，始用人于亳社"。鲁国有周人的周社，也有殷遗民的亳社。

根据出土战国中山王壶的记录，"社"字部首除了示、土之外，还有代表社中神树的"木"。学者冯时认为，"社"字有立树木于土地之上的意义。考古学者陈星灿《考古随笔》中提到，河南的长葛（又名"长社"）至今还残存着古代的社树，"当地百姓有关社柏的神奇传说，反映了他们对它的尊敬和恐惧"。

"社稷"一词则是土地神与五谷神的总称。社为土地神，稷为五谷神。国家常被称作社稷，因为在农业为本的传统社会，社稷正是国家之根本。周人的祖先后稷，辅佐大禹，掌管农业，教民农耕，播种五谷，被尊为稷神、农神、谷神。《礼记·曲礼下》中说："国君死社稷。"强调国君与国家共存亡的意思。

东汉应劭辑录的《风俗通义·祀典》中说："社者，土地之主。土地广博，不可遍敬，故封土以为社而祀之，报功也。"人们感恩滋生万物的广阔土地，就把土堆起来象征土地进行祭祀；又说："稷者，五谷之长，五谷众多，不可遍祭，故立稷而祭之。"粮食种类太多，人们以稷代表农作物进行祭祀。

《诗经·周颂》中的农事诗《载芟》和《良耜》，就是祭祀社稷的乐歌。《毛诗序》说："《载芟》，春藉田而祈社稷也。""《良耜》，秋报社稷也。"春种秋收，都要向社稷祭祀，祈祷丰收，感恩收获。作为谷神后稷的后人，可见周朝敬天保民的重农传统。

北京天安门西侧就是社稷坛，明清两代皇帝在此祭祀土地神和五谷神，祈求风调雨顺、五谷丰登、国泰民安。天安门东侧是太庙，与社稷坛左右对称，代表国家两大根本，形成"左祖右社"的营造规制。这种礼制出自《周礼·考工记》："匠人营国，方九里，旁三门，国中九经九纬，经涂九轨，左祖右社，前朝后市。"

"成事不说，遂事不谏，既往不咎。"成事与遂事，都是既成、完成之事；说与谏，都是劝说、劝谏之意。简言之，就是：遂成不谏，既往不咎。用鲁迅的话说，就是"老调子已经唱完"，不必朝花夕拾。孔子批评宰我，并非对夏商周三代社主所用木材本身有看法，而是对宰我的"曲解"和"多嘴"有意见。

"使民战栗"，"民战"在《论语》中出现过，要不是宰我在这里提到"使民战栗"，很多人都浑水摸鱼，把"民战"解读为"人民战争"。其实，民战就是教民、教化的反面。善人教民，胜残去杀。教民是为了道之以德，齐之以礼，使民德归厚，有耻且格。民战，则是使用白色恐怖，让百姓感到害怕，让民众瑟瑟发抖。

孔子说："以不教民战，是谓弃之。"不教化民众，使民战栗，等于是抛弃民众，所以说"不教而杀谓之虐"。富之教之，有教无类，因材施教，举善而教不能，这才是孔子的主张，而不是让民众去打仗，战争那是军队的事情。孔子说：足兵和民信，是两回事。可以去兵去食，但绝不能失去民信。

关于诸侯国君向孔门请教的记录，首先是孔子的社交圈，孔子真正交往的诸侯国君不超过十位。在《论语》中，有四位向孔子请教过，他们是鲁定公、鲁哀公、齐景公、卫灵公，孔子一生居住时间最长的三个诸侯国，就是鲁国、卫国和齐国。孔门弟子从政，主要也是在这三个诸侯国。

在《论语》中，孔门弟子只有宰我和有若与国君有对话，而且都是与鲁哀公，应该发生于孔门周游列国返回鲁国之后。鲁哀公比较尊敬孔子，孔子去世后，鲁哀公亲自吊唁，被子贡怼了："生不能用，死而诔之，非礼也。"活着不能好好任用，人都死了，哀悼有什么用啊？

本章是宰我第一次在《论语》中亮相，与子贡并列言语科的宰我，经常被孔子当作孔门教学的反面教材，每逢出场必挨骂。有一次，宰我白天睡大觉，被孔子骂作"朽木不可雕也"。但宰我还是尊敬孔子，智足以知圣人。宰我还对逻辑学兴趣浓厚，提出"井有仁焉"的哲学诡辩。

宰我（前522—？），又称宰予，小孔子二十九岁，鲁国人。宰我能说会道，善于诡辩，思想叛逆，拥有自己的独立判断和独特想法，是孔门弟子中的"另类"。宰我曾提出改革"三年之丧"，将丧期缩短为一年，他认为时间太长容易导致礼坏乐崩。据说，宰我曾任齐国临淄大夫，因陈恒弑君事件而被杀。

他人答问

具体问题

> 林放问礼之本。子曰："大哉问！礼，与其奢也，宁俭。丧，与其易也，宁戚。"（3.4）

林放问礼的根本。孔子说："这个问题太宏大了！礼仪，与其奢侈，宁可俭朴；丧祭之礼，与其易色，宁可悲戚。"

历代注本向来都是夸赞林放，问了一个好问题，一个重大问题，也不妨这样理解，但是，我还是倾向于提供另一种角度。按照以往回答问题的习惯，孔子不太接受这样本源的问题，通常都是更聚焦，针对具体问题给出合适的具体意见，也就是因材施教，当下指点。

从本章来看，孔子依然保持了这种问答风格。周礼是一套非常庞大的体系，孔子给出的答案并不是关于礼的本质。孔子只是简单说了两点看法，完全无法覆盖礼的复杂性，也许只是针对林放本人情况而给出的建议。我们不能确知林放到底是何人，所以这里的大哉问，我认为是：这个问题太大了。

《礼记·檀弓上》中说："丧礼，与其哀不足而礼有余也，不若礼不足而哀有余也。祭礼，与其敬不足而礼有余也，不若礼不足而敬有余也。"不管是丧礼还是祭礼，用不着过分铺排，最重要的是表达哀痛之情和诚敬之情，也就是孔子说的"丧，与其易也，宁戚"。

> 礼，与其奢也，宁俭。《论语·八佾》

奢则不孙，俭则固。与其不孙也，宁固。《论语·述而》

丧，与其易也，宁戚。

易则不 X，戚则 Y。与其不 X 也，宁 Y。

参照上面的"不孙"和"固"，这里的 X 和 Y，应该偏向负面一些的意思。那么，这个填字游戏，请问应该怎么填？

媚神

王孙贾问曰："'与其媚于奥，宁媚于灶'，何谓也？"子曰："不然。获罪于天，无所祷也。"（3.13）

王孙贾问道："'与其讨好奥神，宁可讨好灶神'，这话是什么意思？"孔子说："不能这么讲。如果得罪了上天，向什么神祈祷也没有用。"

不同桃李媚春风。

奥神，不是奥林匹斯山上的十二主神。在中国古代祭祀传统中，奥神是主管房屋西南角的神。房屋西南角是最幽深的地方，通常为长者居住，位置较尊贵，被视为掌管家庭兴衰的主神，相当于宅神。在传统观念中，奥神地位要高于灶神。奥神，并不总是出现在民间祭祀信仰之中，更为人们熟知的是：灶神、门神、路神、井神、土地神、龙王神等。

《礼记·祭法》中说："王为群姓立七祀：曰司命，曰中霤，曰国门，曰国行，曰泰厉，曰户，曰灶；王自为立七祀。诸侯为国立五祀：曰司命，曰中霤，曰国门，曰国行，曰公厉；诸侯自为立五祀。大夫立三祀：曰族厉，曰门，曰行。适士立二祀：曰门，曰行。庶士、庶人，立一祀：或立户，或立灶。"

灶神，厨房之神，主管日常饮食等事务。在中国古人信奉的众多神祇之中，灶神可以说信众最多，以前差不多家家户户都要供奉灶神。因为按照礼制，最大多数人拥有的祭祀权利，就是祭祀灶神。在古代社会，随着身份地位递减，祭祀的权限也逐层减少。到了普通民众，也就只有祭灶的权利了。

农历腊月二十三，很多地方称为"小年"，我老家一带如今还有"辞灶"的民俗，这一天是打发灶王爷上天"述职"，向玉皇大帝做这一家的年度报告；当天还要"扫屋"，打扫房屋迎接新年。厨房锅台旁边的墙壁上，要贴灶王爷年画，两边对联一般写作："上天言好事，回宫降吉祥。"

葛洪在《抱朴子·微旨》中说："月晦之夜，灶神亦上天白人罪状。大者夺纪。纪者，三百日也。小者夺算。算者，三日也。"县官不如现管，通天的灶神虽然不起眼，还真得罪不起。在这里，奥神和灶神都是隐喻。奥神，以喻尊长方位的国君；灶神，以喻当权用事之人。

在生活中，趋利避害是人的本能，"见小利"是最直观的本能反应。灶神实际，奥神尊贵，应该怎么选择？孔子说：如果自身行为不端正，讨好谁都没有用。祭祀不以神之远近进行评判，远近之上存在一个共同的标准，祭祀本身的标准。

在谈贫富问题时，孔子说"贫而无怨难，富而无骄易"，其实都不容易，重点不在于比较贫如何、富如何，无论贫或富都要好乐好礼。这就是不同而和，周而不比，执两用中，中庸之道。孔子看待事物，超越分别心，回归圆满心，绕过表面的现象和对立，直抵问题的实质。伪问题陷阱太多，找到真正的问题才能真正解决问题。

张居正在《讲评〈论语〉》中说："人当顺理以事天，非惟不当媚灶，亦不可媚于奥也。孔子此言，逊而不迫，正而不阿，世之欲以祷祀而求福者，视此可以为鉴矣！"反身求诸己，才是光明正道。本章表面在探讨祭礼，实则阐述为政的实践原则。在这里与孔子对话的王孙贾，是卫国大夫，卫灵公的重臣，擅长带兵打仗。

有一次季康子向孔子请教，卫灵公看似无道，为何却能保有国家不灭亡？孔子回答："仲叔圉治宾客，祝鮀治宗庙，王孙贾治军旅，夫如是，奚其丧？"卫国有仲叔圉主持外交，祝鮀主管祭祀，王孙贾治理军队，有他们的辅佐，怎么会轻易丧国呢？

孔子从来不是一个单纯的教育家，孔子与孔门上下广泛参与了春秋末期的天下政治；孔门上下的从政需求，也是明确无疑的。孔子能够登上鲁国的政治舞台，以及周游列国十四年，且有十年之久居住在卫国，最后在冉求、子贡助力下重返鲁国，无不受到当时诸侯国之间政治格局的深度影响。

春秋末期，齐国与晋国争霸，就是北方最大的政治，南方则是楚、吴、越三国争霸。齐景公虽无大志，但很早就表达了对晋国的不服，因为齐桓公第一个称霸的荣光，也曾照耀过他的内心。齐景公还有个优势，在位时间长达半个多世纪，相比其他诸侯国走马灯式的国君更替，他拥有相对稳定的政治基础。

在位时间第二长的则是卫灵公，最先与齐国结盟的是卫国。郑国、宋国、鲁国，也先后倒向齐国，共同对抗式微的老牌霸主晋国。正是在孔子推动下，齐鲁夹谷会盟，鲁国倒向齐国阵营，这就是孔子从政时期的列国政治。孔子相鲁、离鲁、至卫、居卫期间，正是齐景公与卫灵公频频会盟的十余年，这当然与孔门从政息息相关。

我根据《左传》，捋出一条时间线。

公元前 504 年	鲁定公六年，季孙斯、仲孙何忌如晋。阳虎又盟公及三桓于周社，盟国人于亳社，诅于五父之衢。
公元前 503 年	鲁定公七年，卫侯欲叛晋，齐侯、卫侯盟于沙。齐人归郓、阳关，阳虎居之以为政。
公元前 502 年	鲁定公八年，卫侯乃叛晋，晋人请改盟，弗许。阳虎盗窃宝玉大弓，入讙、阳关以叛。
公元前 501 年	鲁定公九年，齐侯、卫侯次于五氏。阳虎奔晋，适赵氏。孔子为中都宰。
公元前 500 年	鲁定公十年，齐侯、卫侯、郑游速会于安甫。叔孙州仇如齐。齐鲁夹谷会盟，孔丘相，齐人来归郓、讙、龟阴之田。
公元前 499 年	鲁定公十一年，及郑平，始叛晋。
公元前 498 年	鲁定公十二年，鲁公会齐侯，盟于黄。仲由为季氏宰，将堕三都。
公元前 497 年	鲁定公十三年，齐侯、卫侯次于垂葭。孔子遂适卫，

主于子路妻兄颜浊邹家。孔子离鲁到卫，卫灵公给俸禄"粟六万"。

公元前 496 年　鲁定公十四年，鲁公会齐侯、卫侯于牵。晋人围朝歌，公会齐侯、卫侯于脾、上梁之间，谋救范、中行氏。孔子居十月，去卫。过匡。过蒲。反乎卫，主蘧伯玉家。

公元前 495 年　鲁定公十五年，邾隐公来朝，子贡观焉。齐侯、卫侯次于渠蒢。齐侯、卫侯次于蘧挐，谋救宋也。鲁定公卒。孔子去卫，过曹。去曹，适宋，适郑，累累若丧家之狗。孔子遂至陈，主于司城贞子家。

公元前 494 年　鲁哀公元年，齐侯、卫侯伐晋。齐侯、卫侯救邯郸，围五鹿。齐侯、卫侯会于乾侯，救范氏也。吴王夫差败越于夫椒，报槜李也。

公元前 493 年　鲁哀公二年，夏四月，卫灵公卒。立孙辄，是为卫出公。晋赵鞅帅师纳卫世子蒯聩于戚。孔子弟子多仕于卫，卫君欲得孔子为政。

公元前 492 年　鲁哀公三年，齐国夏、卫石曼姑帅师围戚。齐、卫围戚，求援于中山。孔子在陈，闻火，曰："其桓、僖乎！"季桓子卒，季康子立，召冉求回鲁国，子贡送冉求，因诚曰"即用，以孔子为招"。

公元前 491 年　鲁哀公四年，齐陈乞、弦施、卫宁跪救范氏。赵鞅围邯郸。孔子自陈迁于蔡。

公元前 490 年　鲁哀公五年，赵鞅伐卫，范氏之故也，遂围中牟。秋，齐景公卒。孔子自蔡如叶。去叶，反于蔡。遇见长沮、桀溺耦而耕，遇荷莜丈人。

公元前 489 年	鲁哀公六年，齐陈乞弑其君荼。楚昭王在城父，将救陈，王有疾，秋七月庚寅卒。孔子一行陈蔡绝粮。孔子自楚反乎卫。
公元前 488 年	鲁哀公七年，公会吴于鄫。吴来征百牢。大宰嚭召季康子，康子使子贡辞。
公元前 487 年	鲁哀公八年，吴为邾故，将伐鲁。有若参加鲁国敢死队。吴人盟而还。秋，及齐平。齐间丘明来莅盟。齐人归讙及阐。
公元前 486 年	鲁哀公九年，齐侯使公孟绰辞师于吴。吴王夫差曰："昔岁寡人闻命，今又革之，不知所从，将进受命于君。"
公元前 485 年	鲁哀公十年，公会吴子、邾子、郯子伐齐南鄙，师于鄑。齐人弑悼公，赴于师。吴王夫差三日哭于军门之外。徐承帅舟师，将自海入齐，齐人败之，吴师乃还。
公元前 484 年	鲁哀公十一年，公会吴伐齐。齐国书帅师及吴战于艾陵。冉求、子贡参与其中。鲁人以币召孔子回鲁国。季康子欲以田赋，使冉有访诸仲尼。仲尼曰："丘不识也。"

权责对等原则

定公问："君使臣，臣事君，如之何？"孔子对曰："君使臣以礼，臣事君以忠。"（3.19）

鲁定公问道："国君任用臣下，臣下事奉国君，应该怎么做？"孔子回答："国君任用臣下要依照礼仪，臣下事奉国君要尽心尽力。"

由于人们的先天社会角色不对等，比如在"君君，臣臣，父父，子子"的关系中，我们往往强化了下对上的责任和义务，而忽略了上对下的责任和义务。在孔子看来，关系必须是双向生效、双向约束，彼此共存，相辅相成。

使与事的双方，必须相互重视，各在其位，各司其职，各负其责，相互有义务，而非单方面谁依从谁。季子然问什么是大臣，孔子说："所谓大臣者，以道事君，不可则止。"一个巴掌拍不响，任何久处的关系，都是双向奔赴、相互依存的共生关系。

以道事君，用行舍藏，这是孔子的从政原则。孔子赞赏卫国的蘧伯玉："邦有道则仕，邦无道则可卷而怀之。"孔子说："天下有道则见，无道则隐。""邦有道，危言危行；邦无道，危行言孙。"可见，孔子并非不讲政治策略的人。

老牌愤青孟子说："君之视臣如手足，则臣视君如腹心；君之视臣如土芥，则臣视君如寇雠。"荀况则在《荀子·臣道》中说："从命而利君谓之顺，从命而不利君谓之谄，逆命而利君谓之忠，逆命而不利君谓之篡。"先秦儒家都是硬骨头。

正如我们所见，孔子非常强调对等，在这里同等强调了"君使臣以礼"，君做好君的事情，最好就是像舜一样，"无为而治，恭己正南面而已矣"。臣做好臣的事情，主忠信，居处恭，执事敬，使民以时，使民也义，这才是良性互动。

俗话说：能力越大，责任越大。现在的公司管理一样要重视这种双向关系。员工做好本职工作，当然非常重要；管理者不仅是管理企业和员工，更重要的是管理自己，因为管理者更容易脱离监督，所以更要以身作则，带头遵循规章制度，为大家做好表率。

如果没有鲁定公的支持，就没有孔子一生中的为政高光时刻。

短短五年时间，孔子从中都宰，以火箭速度，一路被提拔为鲁国大司寇，摄相事。在鲁定公与孔门上下的通力合作下，鲁国在"国际关系"中从晋国转向齐国，与齐国举行夹谷会盟，加入齐、卫、郑、宋联盟。在鲁国内部，孔子则强公室，弱"三桓"，推行隳三都计划。最终在"三桓"联合反击下，以失败告终，孔子自此踏上周游列国之路。

鲁定公则在这之后两年去世。《左传·定公十五年》记载，公元前495年，邾隐公来鲁国朝见，"邾子执玉高，其容仰。公受玉卑，其容俯。"子贡通过此次观礼，得出结论："高仰，骄也；卑俯，替也。骄近乱，替近疾。君为主，其先亡乎！"高仰是骄傲的表现，低俯是衰颓的表现。骄傲接近动乱，衰颓接近疾病。鲁君是主人，也许要先死吧！

子贡在《左传》中第一次出场，预判了鲁定公的死亡。

小器大作

子曰："管仲之器小哉！"或曰："管仲俭乎？"曰："管氏有三归，官事不摄，焉得俭？""然则管仲知礼乎？"曰："邦君

论语方法论

树塞门，管氏亦树塞门。邦君为两君之好有反坫，管氏亦有反坫。管氏而知礼，孰不知礼？"（3.22）

孔子说："管仲的用器有些小啊！"有人问："管仲节俭吗？"孔子说："管仲有三座府邸，家事有专门官员从不兼职，怎么算得上节俭？""那么管仲懂得礼吗？"孔子说："国君在门前立影壁，管仲也立。国君为两国交好设宴修建坫台，管仲也设立。如果说管仲懂得礼，还有谁不懂礼？"

管仲，华夏第一名相。在同时代人中，孔子最欣赏、最佩服的是郑国的子产；上溯一百年，则是辅佐齐桓公第一个称霸的管仲；上溯五百年，则是西周开创者之一的周公。三人之中，小商贩起家的管仲，与孔子一样出身平凡，两人又都成为中国历史上的伟大人物。

孔子凭借思想文化，被尊为至圣先师。管仲依靠霸业事功，成为千古一相。管仲，距离孔子的时代只有一百年，也是孔子阐述自己的政治思想绕不过去的人物。我们知道，孔子非常重视知人论世。在《论语》中，孔子第一个做出评价的历史人物就是管仲，齐桓公与管仲也被视为君臣关系的典范。

孔子对管仲的评价原则是：实事求是，有褒有贬，先抑后扬，瑕不掩瑜。孔子先从礼的角度，对管仲做出了客观评价。本章是孔子一评管仲，后面还会有二评、三评。选择管仲这位春秋时期影响力最大的政治家，作为讲述礼的靶子，孔子也是用心良苦。

孔子对管仲总体表示赞赏，可谓一百年无出其右，但又觉得管仲还不够完美。管仲修己克己不够，私德口碑不如同为齐国之相的晏婴。比如管仲有三归，有说指采邑，有说指宅第，有说指妻妾，总之指向生活极度奢侈，与晏婴"食不重肉，妾不衣帛"的俭朴生活形成鲜明对照。

管仲器小。一般解读为管仲为人器量小，这就太可笑了，如果说管仲器量小，这世界上就没人敢说自己器量大。器，既指才干和能力，器用，君子不器，瑚琏之器，国之重器；器，也指品格和格局，器量，器度不凡，器宇轩昂。

器，还指本义的器物。石器、陶器、玉器、青铜器、铁器，这几项古代的领先技术，分别开启了不同的文明时代。我认为这里的器小，并没有发挥的意思，只是单纯指器物，日用器或礼用器。器小，就是器物较小，而非器量小。

管仲是"大礼不辞小让"的人，别说礼器的大小，他并不过分在意，就是礼本身他也未必一一恪守。管仲使用小型器物，貌似与身份地位不相匹配，所以才会被有些人误认为是"俭"。就像富豪戴一块普通的西铁城手表，并不是为了凸显生活朴素，其实人家家里收藏了价值几十亿的名表。

管仲（约前723—前645），又称管夷吾。管仲人生经历颇富传奇色彩，早年生活贫困，做生意不成功，参军又当逃兵。直到后来，鲍叔牙将他推荐给齐桓公，那个被他射过一箭的公子小白，堪称一箭射出个五霸之首，并留下成语"毋忘在莒"。管仲在政治上主张："国多财则远者来，地辟举则民留处，仓廪实而知礼节，衣食足而知荣辱。"

管仲最早提出"华夷之辨"，联合北方邻国抵抗山戎南侵。

孔子赞叹："管仲相桓公，霸诸侯，一匡天下，民到于今受其赐。"这是一个没有完全脱离低级趣味的人，一个有益于人民的人。在我看来，管仲应该说实现了"三不朽"：立德，有大德，非匹夫匹妇可谅；立功，一匡天下，九合诸侯，不以兵车；立言，虽非亲著，但有《管子》流传于世。

警钟为谁而鸣

> 仪封人请见，曰："君子之至于斯也，吾未尝不得见也。"从者见之。出曰："二三子何患于丧乎？天下之无道也久矣，天将以夫子为木铎。"（3.24）

仪的地方官请求见孔子，说："君子来到本地，我没有不拜见的。"随行弟子就带他谒见。他出来后说："诸位弟子何必忧虑文武之道丧失？天下无道很久了，上天会让你们老师成为金声玉振。"

孔子一生东跑西跑四处游荡，少不了造次颠沛，人送外号"丧家犬"，自称"东西南北之人"。孔子到过很多诸侯国，也见过很多人，上至国君、卿大夫，下到隐者如长沮、桀溺。有一次，孔子发出这样的感叹："知我者其天乎！"难道只有上天懂我吗？

我们不禁要问，谁是最懂孔子的人？从《论语》来看，我认为有四个人最理解孔子：第一，颜回；第二，子贡；还有两位我们不知道名字，其中一个是鲁国石门那个地方的守门人，他说孔子是"知其不可而为之者"。

最后一个就是本章这位仪封人。至于是仪封这个地方有个人，还是说被封在仪这个地方的人，我们就无法确切知道了，当然也不重要。就是这个没有留下名字的人，讲出了一句惊天地泣鬼神的话："天将以夫子为木铎。"高山流水遇知音，也不过如此。

这是孔门弟子之外，第一个认为孔子是圣人的人。就是这位潜伏的仪封人，常让我想起金庸武侠小说《天龙八部》里的扫地僧。天下无道，有人在沉睡，有人在装睡。警钟为谁而鸣？孔子就是那个叫醒大家的人。

铎在殷商时期就已出现，安阳殷墟妇好墓中出土了带有舌捶的大小铜铃十几枚。郭沫若认为，铎是一种礼器。作为礼乐之器的铎，有些像大号铃铛，中间有舌，铜舌者为金铎，木舌者为木铎。"文事奋木铎，武事奋金铎。"金铎用于战场上鼓舞士气，木铎则更多与行政事务相关。

曲阜孔庙一进门，便能看见"金声玉振"牌坊，典故出自《孟子》。《孟子·万章下》中说："集大成也者，金声而玉振之也。金声也者，始条理也；玉振之也者，终条理也。"木铎意味着警醒世人，木铎之喻就是最早的"金声玉振"。

《尚书·夏书·胤征》中说："每岁孟春，道人以木铎徇于路，官师相规，工执艺事以谏，其或不恭，邦有常刑。"每年三月，宣令官在人群聚集处，击打木铎宣布政令。苏轼《春帖子词皇帝阁》中有一首写木铎："霭霭龙旂色，琅琅木铎音。数行宽大诏，四海发生心。"以木铎琅琅之声，象征天下归仁，四海升平。

子贡说

理想与现实

> 子贡欲去告朔之饩羊。子曰："赐也！尔爱其羊，我爱其礼。"（3.17）

子贡想要去掉告朔之礼的活羊。孔子说："子贡啊！你爱惜那只羊，我却珍视那个礼。"

孔子是立足现实的理想派，子贡是心怀理想的现实派。告朔是周礼的一种，具体仪式，我们且不去管它。孔子时期的鲁国，国君已不亲自参加告朔，告朔之礼徒剩形式。子贡从实际情况出发，提出不如去掉"饩羊"，也就是告朔时要杀的那只活羊。

身处一个礼坏乐崩的时代，孔子并不反对具体某项礼仪的改革。孔子说"我爱其礼"，不是捍卫名存实亡的告朔之礼，而是不想雪上加霜，加速礼制的崩塌。孟京辉话剧《我爱×××》开场白："我爱光，我爱，于是便有了光。"对孔子来说，礼就是人的生命之光，可以激发人的内在之仁。仁就是人的生命之质，可以通往人的外在之礼。

这里要声明一下，孔子并非不爱护动物。《礼记·檀弓下》记载：孔子养的狗死了，让子贡去埋葬，并且叮嘱："丘也贫，无盖，于其封也，亦予之席，毋使其首陷焉。"我家里穷，没有伞盖，也得拿床席子包起来，不要让泥土直接压着它的头啊。勿以善小而不为，这就是孔子的仁爱之心。

海昏侯刘贺墓出土《论语》第二十一篇《知道》，其中有一章简文：后军问于巫马子期曰："'见其生，不食其死。'谓君子耶？"曰："非也，人心也。"这里的巫马子期，即孔门弟子巫马施。后军不知何人，孔门七十二贤中有一位后处，或许与其有关。

巫马子期在这里告诉后军，不忍心吃活着的动物，并非君子所独有，而是人同此心，人人都有的心理。《孟子·梁惠王上》中也有类似的话，"君子之于禽兽也，见其生，不忍见其死；闻其声，不忍食其肉。是以君子远庖厨也。"这就是恻隐之心。孔子爱礼有道理，子贡爱羊有原因。求仁得仁，各有所爱。

此时此刻，我只想回莒县，就着大饼小菜，喝一碗羊汤。

孔子说

以仁为栖居

子曰:"里仁为美。择不处仁,焉得知?"(4.1)

孔子说:"栖居于仁是美德。选择不置身于仁,怎么能算明智呢?"

孔子成长居住的地方,名字就叫阙里,在曲阜孔庙的东墙外面。司马迁记载,老子是"苦县厉乡曲仁里人"。好奇怪的地名,苦—厉—曲,痛苦、凄厉、扭曲,听起来像某种编织的寓言;曲仁里——里仁,听起来也像某种思想的背反。里仁为美,通常解读为要与有仁德的人住在一块,强调外部环境对个人成长的重要性。

孟母三迁,择邻而居,就是一个例证。社区和社群的影响是潜移默化的,所谓"千金买邻",选择居所就是选择邻居,这是买房的标准:一看地段,二看邻居,三看品牌。诗人海子的理想是花园海景房:"我有一所房子 / 面朝大海,春暖花开……"秦皇岛的阿那亚适合海子,可惜海子在山海关卧轨了。否则,海子可以在海边朗诵诗歌,人生可以更美。

佛家讲"应无所住,而生其心",儒家讲"从心所欲,里仁为美"。

现实中的房子当然非常重要,但孔子在这里没有说里房(以房为里),而是说里仁(以仁为里),仁才是君子真正的栖居之所和精神建筑。《孟子·离娄上》说:"仁,人之安宅也。"是同样的意思。里仁，君子居无求安，以仁为里，以仁为安，以仁为宅，以仁为自己的居所，以居处于仁之中为美好。

里仁为美，在遥远的后世有一位知音，就是哲学家海德格尔，他提出一个海氏版本的"里仁为美"，那就是"人，诗意地栖居"。海德格尔在德国南部的黑森林建造了一个不足五十平方米的小木屋，开始了长达近半个世纪的山居岁月，在那里思考、写作、漫步、提水、劈柴、会友。思想深深扎根于现实的生活，生命在灵魂面前变得纯洁而简单。

海德格尔指出："人之栖居，它并非描绘今天的栖居状况。它首先并没有断言，栖居意味着占用住宅。"又说："无论在何种情形下，只有当我们知道了诗意，我们才能体验到我们的非诗意栖居，以及我们何以非诗意地栖居。只有当我们保持着对诗意的关注，我们方可期待，非诗意栖居的转折是否以及何时在我们这里出现。"

可以把"诗意"替换成"仁"再读一遍，体会其中的奇妙神会。

《论语·八佾》篇讲礼以及违礼，孔子透过现象看本质，从而提出"人而不仁，如礼何？"释礼归仁。上海博物馆楚简《君子为礼》中，孔子跟颜回说："君子为礼，以依于仁。"进入到《论语·里仁》篇，主要围绕"仁"和"德"展开，从各个角度加以探讨。在《论语》中，"仁"字出现一百零九次。孔门之学最具原创性的思想，在于仁。君子克己复礼为仁，效法圣人，允执其中，学达性天。

匡亚明在《孔子评传》中说："仁这个字，在殷代的甲骨文和西周的金文中都没有发现。《尚书》二十八篇有一个仁字，《诗经》三百篇有两个仁字，其意义都不很清楚。只是到了春秋时代，仁才被人们越来越多地提起。在《国语》中，仁字凡二十四见，基本意义是爱人。《左传》中仁凡三十三见，除爱人外，其他几种德行也被称作仁。"

在匡亚明看来："这些资料中反映的有关仁的思想都是零散的，无系统的，思想内涵也是比较肤浅的。孔子在形成自己的思想时，抓住当时在意识形态中已经出现的仁的观念，明确它，充实它，提高它，使它升华为具有人道主义博大精深的人本哲学。"

《论语》前四篇的结构编排，正如孔子思想的发展脉络。孔子从关注周礼开始，成为造诣精深的礼乐专家，教授弟子礼乐等六艺。随着对礼乐制度的深入理解，对社会礼坏乐崩的深度体验，孔子开始思考礼和仁的关系，吸收夷俗柔顺之仁，汲取从管仲到晏婴"民之所欲，因而与之"的仁学思想。最后，孔子达到从心所欲不逾矩的中道境界，将中庸贯通为天地人生的哲学和方法论。

概括来看，礼—仁—中，可谓孔子思想发展的三部曲。仁恰好处于关键一环，释礼归仁，仁为中和。仁，正如人之所立于天地之间。孔子将中道从天之中推进到观念之中，即《中庸》所说："喜怒哀乐之未发，谓之中；发而皆中节，谓之和。"中为根本，和为达道，仁即中和，孔子将这一发现称之为"中庸"。里仁，以仁为里，栖居于仁，人以仁为存在之家。

本篇以《里仁》为名，共二十六章，其中二十四章为孔子本人的独立言论，另有一章为孔子与曾参的对话，即著名的"吾道一以贯之"。曾参出现在这里，缘由与出现在《论语·泰伯》篇相同，完全可以理解，因为他需要在这里，必须在这里，作为孔子之后的孔门圣人，体现曾门弟子认为的儒家正统。

至于最后一章子游谈礼数，就有些莫名其妙，我将其放于《论语·子张》篇子游相关章节讲解，在此加以说明。始于"里仁为美"，终于"德不孤，必有邻"，首尾相呼应，构成思想闭环。有邻，不仅是在地理和物理层面，更在于价值观和哲学层面。德不孤，里仁为美，必有邻。这就是《论语·里仁》篇的结构和精神。

精神故乡

> 子曰："不仁者不可以久处约，不可以长处乐。仁者安仁，知者利仁。"（4.2）

孔子说："不习仁的人不可以长久处于约束，不可以长久处于安乐。习仁的人以仁为安处，明智的人以仁为利处。"

孔子没有直接给出仁的定义。有时候，孔子说：仁太简单了，我想要仁，仁就来了。有时候，孔子又说：这个没达到仁，那个没达到仁，自己也不敢说达到了仁。在《论语》中，被孔子评价为仁的人少之又少，距离他时代最近的一位是管仲，还有五位是商末周初的比干、微子、箕子、伯夷、叔齐。仁，到底简单还是艰难？为何出现这种分裂情况？

我们需要从因和果上一分为二地理解"仁"，也即：仁之性与仁之习。仁之性，天命之谓性，仁的天性存在于每一个人，所谓"性相近"，所谓"喜怒哀乐之未发，谓之中"；仁之习，率性之谓道，修道之谓教，仁的践行，所谓"习相远"，所谓"发而皆中节，谓之和"。借用王阳明的话来说，仁同时包含良知与致良知。即觉即行，知行一处。

不仁者与仁者，都不是指仁之性而言，而是仁之习的层面。不仁者：不践行仁的人；仁者：践行仁的人。仁者安仁，践行仁的人，安于仁之性。无论面对约还是乐，约束还是享乐，都能以仁自处，以仁为安居之处，不受外部环境的噪声干扰。不践行仁的人，面对约和乐，约束和享乐的考验，做不到里仁为美，容易偏离正道，误入歧途。

孔门一行在陈国边境绝粮的时候，子路问过孔子一句话："君子亦有穷乎？"君子也会身陷困境吗？孔子这样回答："君子固穷，小人穷斯滥矣。"君子面对困境，坚守信念，坚持原则；小人面临困境，容易乱来，无所顾忌，胡作非为。"约"，约礼约束；"乐"是"约"的反面，放纵纵乐。作为人生考验，"约"和"乐"过犹不及，都是发而不中节的表现。

仁者安仁，仁者不忧，可以久处约，也可以长处乐。因为心无挂碍，故无有恐怖。曾国藩说："人心能静，虽万变纷纭亦澄然无事。静在心，不在境。"在孔门弟子中，颜回能做到仁者安仁，箪食瓢饮，不改其乐，虽然居住在破屋陋巷，完全不影响他里仁为美，以仁为栖居，此心安处是吾乡。

知者利仁，知者不惑，明智的人能够认识到仁之性，并且知道仁之习的有益之处，从而可以践行仁。知者，大概处于仁者与不仁者之间，以仁为利处，见好就收。子贡大概是知者利仁，经常做好事不留姓名，但他未必能做到颜回那样"其心三月不违仁"。故而孔子跟子贡说，我们两个都不如颜回啊。

构建美善社会，需要安仁的仁者，也需要利仁的知者。《中庸》里讲得好："或安而行之，或利而行之，或勉而行之，及其成功一也。"人的能动性有大有小，无论出于内心热爱，还是无利不起早，还是生活所迫不得已，只要做到一个好结果，那就一样值得祝贺，这叫"论迹不论心"，能抓住老鼠就是好猫。

好好恶恶

　　　　子曰："唯仁者能好人，能恶人。"（4.3）
　　　　子曰："苟志于仁矣，无恶也。"（4.4）

　　　　孔子说："唯有习仁的人，可以喜好好人，可以厌恶恶人。"
　　　　孔子说："如果立志践行仁，就不会有恶行。"

　　人人都有好恶之心。好恶，本能就会求同存异，趋同去异。所谓物以类聚，人以群分。群就是社群，拥有相同价值观的人组成的共同体。孔子说："爱之欲其生，恶之欲其死。既欲其生，又欲其死，是惑也。"好恶之心，爱憎分明。情绪太激动失去理智，就欲生欲死，要死要活，这叫情绪管理失控，就成为困惑了。

　　好恶之心，如何不惑？核心不在好恶本身，而在于依照什么标准好恶。依照什么呢？依于仁。既然人人都有爱憎，人人都有好恶之心，都知道自己喜爱什么、厌恶什么，追随什么、排斥什么。

那么仁者有何不同？为什么孔子说"唯有仁者，能好恶人"？为什么好恶必须依于仁？因为好恶属于情感判断，不等于事实判断，更不是价值判断。

有一次，子贡向孔子请教："乡人皆好之何如？乡人皆恶之何如？"某人大家都说好怎么样？某人大家都说不好怎么样？孔子回答说都不怎么样，不如"善者好之，不善者恶之"。好人说好，坏人说不好。《礼记·曲礼》中也说："爱而知其恶，憎而知其善。"单纯一味好好好，就是孔子批评的乡愿，"乡愿，德之贼也"，貌似老实忠厚，却混淆是非，不辨善恶。

孔子还说过："众恶之，必察焉；众好之，必察焉。"本篇还将多次出现"恶"：一作厌恶，一作恶行。恶行正是人人之所厌恶的，厌恶恶行，即"恶恶"，用法同"明明德""非想非非想"。能好人，能恶人，可理解为：能好好人，能恶恶人。汉字真是妙不可言，一个字兼具两层意思，这是《论语》的匠心。

这里我们讲到"好"和"恶"，前面又讲过"约"和"乐"，再之前我们还讲过"贫"和"富"，"奥"和"灶"。我们发现，当类似这样的AB选择题摆在孔子面前，他并不盲目做选择，而是回到真问题和真标准中寻找答案，我们要时刻注意AB问题陷阱。从AB现象两端，执两用中，"叩其两端而竭"，这就是允执其中的中庸之道。

志于道，据于德，依于仁，中心，中正，中和，这才是孔子的终极依据，从心所欲不逾矩。我们观察人，一则观其志，理想和志向；一则观其行，行动和行为。如果一个人志于践行仁，就会把仁之性激发为仁之习，从未发到发而中节，自然不会做违背仁的事情，也就不会造成恶行恶习。

孔门有三志：志于学，志于仁，志于道。志是心志，中国传统讲心志，不讲心智。心智关乎脑，指向智、理智。心理学意义上的心智，背后的逻辑是生物学和脑科学。心志关乎心，毋宁说是反智，绝学弃智，直指人心。有句话说，跟随我们的心而不是大脑。知者不惑，理性和智力是客观的分辨力；仁者不忧，心的律令是一种内在的道德律。

欲望管理学

> 子曰："富与贵，是人之所欲也；不以其道，得之不处也。贫与贱，是人之所恶也；不以其道，得之不去也。君子去仁，恶乎成名？君子无终食之间违仁，造次必于是，颠沛必于是。"（4.5）

孔子说："财富和地位，是人人所欲求的。如果不依于仁，得到也不自居；贫穷与低贱，是人人所厌恶的，如果不依于仁，得到也不逃避。君子离开仁，何以成就名声？君子哪怕一顿饭的时间都不离仁。匆忙仓促时与仁同在，颠沛流离时与仁同在。"

人之所欲也，人是一种有欲望、有欲求的动物。《孟子·告子上》中也说："欲贵者，人之同心也。人人有贵于己者，弗思耳。"期望尊贵，这是每个人都有的想法。每个人都有可贵之处，只是没有思考罢了。人们在生活中，不得不面对的两种悲剧：丧失了欲望与实现了欲望。生命是欲望的延续，欲望是一切卷的原动力。

轴心时代的大师们基本都是反卷主义者，强调精神的追求和满足，拥抱低欲望社会。老子主张"少私而寡欲""我无欲而民自朴"；庄子认为"无欲而天下足""嗜欲深者天机浅"。佛陀讲缘起性空，凡一切相皆是虚妄，放下才能涅槃；柏拉图则警醒世人，不要被蔓延的欲望控制了心灵；犬儒主义者第欧根尼，只想晒着太阳在墙角发呆。

孔子如何看待欲望？四个字：通情达理。孔子从不避讳人有欲望，承认人之常情的需求。但欲望本身之满足，并非孔子的追求。志据依游，下学上达，才是孔子的追求。孔子从未提过"三纲五常"，那是韩非子和董仲舒的总结；孔子也从未说过"存天理，灭人欲"，那是宋代理学家的发明。

李泽厚在《中国古代思想史论》中指出："孔子没有原罪观念和禁欲意识，相反，他肯定正常情欲的合理性，强调对它的合理引导。正因为肯定日常世俗生活的合理性和身心需求的正当性，它也就避免了、抵制了舍弃或轻视现实人生的悲观主义和宗教出世观念。"简而言之，就是"从心所欲不逾矩"。

《论语·学而》篇讲到如何面对贫富，这里扩展为：贫贱和富贵。富贵，堪称人的第一社会化欲望，不像食色属于本能欲望。在孔子看来，富贵本身不是目的，如果不能富贵也不用妄自菲薄。君子面对贫贱富贵，如何自处？孔子有着一贯态度，里仁为美，安处于仁。《中庸》里说："素富贵，行乎富贵；素贫贱，行乎贫贱。"无论贫贱还是富贵，君子都要里仁为美，践行中道。

人生在世，能够富贵当然也不错，所以孔子说："富而可求也，虽执鞭之士，吾亦为之。"如果违背仁，那就不处，所以孔子又说："不义而富且贵，于我如浮云。"满口道德仁义却自私自利的人最可恶，司马迁在《史记·货殖列传》中痛斥："无岩处奇士之行，而长贫贱，好语仁义，亦足羞也。"没有隐士的品行，而又长期贫穷，还高谈道德，真是羞耻。

欲仁，才是孔子真正之所欲。孔子说："仁远乎哉？我欲仁，斯仁至矣。"孔子的最高境界是"从心所欲不逾矩"。孔子对仁的最近似的定义是："夫仁者，己欲立而立人，己欲达而达人。"在孔门弟子中，颜回无终食之间违仁。对于孔子，颜回说："仰之弥高，欲罢不能。"高山仰止，景行行止，亦步亦趋，根本停不下来。

颜回的极致可望而不可即，连孔子都跟子贡说，我们俩不如颜回。子贡作为儒商创始人，上过司马迁的"先秦财富排行榜"，谈及富贵话题，总是绕不开子贡。子贡有血有肉，有欲有品，有德有行，更贴近人们的理解。子贡针砭时弊，不藏着掖着，言出必有中。在人际交往中，子贡懂得对话，更懂得倾听。子贡真实真切，真实是有所不完美，真切是性情中人。

家累千金的子贡，他的最大欲望是什么？富可敌国吗？其实这个差不多完成了，子贡在诸侯面前平起平坐，分庭抗礼。我认为子贡之所欲，就是传播发扬孔子之道，这项终身文化事业最终也实现了。司马迁在《史记·货殖列传》中说："夫使孔子名布扬于天下者，子贡先后之也。"子贡赚到了大钱，也花对了地方。遇见孔子的子贡，既是幸运也是幸福。

安徽大学所藏战国竹简，年代为公元前400至公元前350年，距离孔子去世大约一百年，与子思去世的年代非常接近。安大竹简中有《仲尼曰》二十五条，与《论语》互见文献共八条。《仲尼曰》第四条，仲尼曰："去仁，恶乎成名？造次、颠沛必于此。"似为本章的缩减版。此种出土竹简孔子语录，学者郭沂称之为"类论语文献"，有助于认识《论语》的早期版本和流传。

人生加减法

子曰："我未见好仁者，恶不仁者。好仁者，无以尚之；恶不仁者，其为仁矣，不使不仁者加乎其身。有能一日用其力于仁矣乎？我未见力不足者。盖有之矣，我未之见也。"（4.6）

孔子说："我没见过始终喜好仁、厌恶不仁的人。喜好仁的人，无比高尚。厌恶不仁的人，他践行仁，不让不仁靠近自身。有人能每日尽心尽力践行仁吗？我没见过因能力不足而做不到的。或许有这种人吧，我没见过罢了。"

连续三个"未见"，孔子到底在说什么？没见过喜好仁厌恶不仁的人，还是没见过能一日用其力于仁的人，抑或还是没见过能力不足的人？这三种人是不是同一种人？首先，好仁者恶不仁者，与能一日用其力于仁者，应该是同一种人。他们是里仁为美的人，无终食之间违仁的人。

至于做不到的人，并非自身能力不够，而是没有坚定的志向。

不是力不足，而是志不笃。故而孔子说，我没见过因自身能力不足而做不到的人。知道不等于做到，孔子在《中庸》里说："人皆曰予知，择乎中庸，而不能期月守也。"人人都说我知道啊，选择践行中庸，却连一个月也不能坚持。

在孔门弟子中，为什么只有颜回算作"好学"？其中一条就是，颜回能够做到"其心三月不违仁"，持续不断地好仁恶不仁，能一日用其力于仁，无终食之间违仁。在《中庸》里，孔子赞扬颜回："择乎中庸，得一善，则拳拳服膺，而弗失之矣。"颜回选择中庸善道，不失不忘，始终牢记在心。

其他弟子如何呢？有一次，冉求就说："非不说子之道，力不足也。"我不是不喜欢老师所说之道，而是能力不够做不到啊。孔子对此给予了严厉批评："力不足者，中道而废。今女画。"什么能力不足？借口！托词！你这是画地为牢，自我设限，中道而废，说白了就是心志不够坚定。

孔子罕言心，很少谈论"心"这个话题，最经典的一句是"从心所欲"。儒家之心学，从孟子开始讲起，有不动心，有心之四端。孔子在这里提到"加乎其身"，关于身，他还讲过：正其身，终身行之，欲洁其身，杀身以成仁。曾参说过：吾日三省吾身。"体"只出现过一次，"四体不勤"，在《论语·微子》篇。

有个词叫识大体，孟子将体分为大体和小体，小体为生理感官，大体为心，心之官则思。孟子认为："先立乎其大者，则其小者不能夺也。"大体决定小体，身体不会骗人。孔门讲的是为己之学，体用躬行之学，体悟、体察、体会、体验、体贴都是好词。文化自有生命力，就个人而言，关键是让传统成为自己的体统。

错误类型

子曰："人之过也，各于其党。观过，斯知仁矣。"（4.7）

孔子说："人的过错，各有他的偏私。观察过错，就可知行仁了。"

世界上没有不犯错误的人。最厉害的是：不贰过，不重复犯同样的错误；最重要的是：过则勿惮改，敢于改正错误。人非圣贤，孰能无过？过而能改，善莫大焉。通过观察所犯的过错，可以观其所由，知道错在哪里，为什么出错，从而知道怎么改正错误。

孔子总结出一条规律：人们犯错误，往往是因为各有其党。党，偏私，偏袒，私心；各有其党，就是各有各的利益考虑。《论语》中提到过：君子不党，群而不党。不党，和而不同，以里仁为美，就会少犯错误，就会知道怎么实践仁。

观过，就是正视错误，观察错误，重点不是指出别人的错误，挑他人的理，而是观己之过，如实观照自己，如何正确面对错误，改正错误，避免错误，避免二次犯错误，以便指导自己更好地践行仁。观过自省，可以视为一种修为方法。

观过，无论是观自己之过，还是观他人之过，核心目的都是为了"择其善者而从之，其不善者而改之"，都是为了"见贤思齐焉，见不贤而内自省也"。观过自省并不容易做到，孔子就说："吾未见能见其过而内自讼者也。"观过可以知仁，从自我做起。

朝闻夕死

子曰："朝闻道，夕死，可矣。"（4.8）

孔子说："早上听闻大道，晚上还能死守，非常可以了。"

朝闻道，夕死可矣。

通常如此断句，意思是早上听闻道，晚上去死都可以。果真如此，闻道的意义何在？闻道没那么高难度，所以孔子说"我欲仁，斯仁至矣"；闻道而后做到最难，所以孔子说"若圣与仁，则吾岂敢？"《道德经》中也说："大道甚夷，而民好径。"道就在那里，很多人还是喜欢走捷径。

朝闻肯定不是为了夕死，我认为这里实际是指闻道之后志于道，甚至可以为道付出生命。

闻道不是目的地，只要再追问一句："闻斯行诸？"闻道之后还要去践行道吗？就知道答案了。《论语》中有一个案例："子路有闻，未之能行，唯恐有闻。"子路生怕自己还没做到，就又有所闻。闻道的目的当然是行道，也就是实践。闻而不行，等于不闻。道听途说，无所裨益。

郭店楚简《五行》中说："闻道而悦者，好仁者也。闻道而畏者，好义者也。闻道而恭者，好礼者也。闻道而乐者，好德者也。"闻道是开始，仁义礼德是践行。《道德经》中说："上士闻道，勤而行之；中士闻道，若存若亡；下士闻道，大笑之。"类似的话，贾谊在《新书·修政语》中也说:"闻道志而藏之,知道善而行之,上人矣。闻道而弗取藏也,知道而弗取行也,则谓之下人也。"

《韩诗外传》中说:"君子之闻道,入之于耳,藏之于心。察之以仁,守之以信。行之以义,出之以逊,故人无不虚心而听也。小人之闻道,入之于耳,出之于口。苟言而已,譬如饱食而呕之。其不惟肌肤无益,而于志亦戾矣。"

闻道之后,是入耳藏心,耳顺心从,还是只作耳旁风,一吹而过?孔子认为,闻道不是目的,志道、行道才是根本。

我们必须重申《论语》的整体思想,否则容易陷入寻章摘句。夫子之道即中庸之道,君子下学上达,知行一处,允执其中,效法圣人之道,志据依游,天下归仁。闻道就是闻圣人之道,也即中道。《论语·里仁》篇的关键词,当"仁"不让,仁即中和,合乎内外之道,正是实践中道的法门。

从"里仁为美"开始,《论语·里仁》篇连续七章都在讨论"仁",如同层层剥笋,剥尽笋衣现笋心,到"朝闻道"这章,做了一个小结。闻道只是起点,而非终点。光是闻道没用,还得照做践行,做到才是知道。闻于道,还要志于道,更要行于道,这构成君子学以致其道的三部曲。始于闻,终于行。始于如是我闻,终于信受奉行。

郭店楚简《性自命出》说:"道者,群物之道。凡道,心术为主。道四术,唯人道为可道也。"道朝闻夕死,即士志于道,心有定志,是三军不可夺帅的意志,是虽千万人吾往矣的气魄,是独与天地精神往来的境界。陈寅恪为王国维撰写纪念碑文:"思想而不自由,毋宁死耳;斯古今仁圣同殉之精义,夫岂庸鄙之敢望。"独立之精神，自由之思想，正是朝闻道夕死可矣的注脚。

君子闻道，是为了行道，不是为了殉道。君子不怕死，道义之所在，可以"杀身以成仁"。子路就是说到做到、杀身成仁的榜样，但孔子却不鼓励轻易牺牲生命。对于从政实践，孔子建议当行则行，当止则止，用行舍藏，不可则止。有时卷而怀之，反而是一种智慧。孔子的哲学是生命实践哲学，生命本身正是其哲学的根本和目的。

颜回不幸短命而死，孔子悲痛欲绝。颜回难道不是闻道之人？为何孔子还如此恸哭？就因为痛惜颜回还没来得及在践行道的路上走得更远。孔子说："未知生，焉知死。"生命如此美好，哪有时间关心死亡。孔子看见的世界是四时运行，万物生长。天命之生和天道之行，奠基了孔子的生命实践哲学。上天有好生之德，珍视生命才能行仁。

夕死之死，不是死去之意，而是固守、恪守，死死坚守，可以豁出性命般坚决。所以孔子说："笃信好学，守死善道。"朝闻道，夕死，就是：道，朝闻夕死。早上闻道，晚上还能固守。孔子说这非常不错，距离志于道不远了。本章讲"朝闻道"，下章接着就是"士志于道"。这就是《论语》的结构匠心。

《诗经·商颂·那》有言："温恭朝夕，执事有恪。"朝闻夕死，还有更深层的含义：无论闻道还是死道，都要从早到晚，朝夕不止。这不就是前面我们讲的"有能一日用其力于仁矣乎"？没有日日不断之功，一朝一夕的践行，就不会有颜回的"其心三月不违仁"。一万年太久，只争朝夕。两情若是久长时，就在朝朝暮暮啊。

"道，朝闻夕死"不仅告诉我们：道之实践在于日拱一卒，功不唐捐，在于朝朝夕夕，锲而不舍；它还提示我们道必须一以贯之，道是战略思维。战略最怕什么？朝令夕改，早上发布的事晚上就改了。战略的稳定性，譬如北辰居其所，战略定力是领导力的基础。萧规曹随，三年无改，朝闻夕死，可以做到？

陈赟在《中庸的思想》里说："对于我们这些生存者而言，并不期待也无法确证天道本身可能在天下以外的某个地方显现，而是只能满足于在天下去发展天道，一如我们无法在国之外发现天下，在家之外发现国，在身之外发现家。由身以及家，由家以及国，由国以及天下，由天下以及天道，这是我们的必由之路；即便我们对天道有所领悟，但任何一种真正意义上的领悟都要求某种回返，即返回到天下、国、家之中，最终返归吾人自身。"

成己，成人，成物，最终落实于成事。唯有下学而后才有上达，这才是上下通达的可操作方式。

关于"朝闻道"，明末大儒刘宗周这样解读："然其要只是一念慎独。此一念圆满，决之一朝不为易，须之千古万世不为难，学者省之。"君子慎独，诚中形外，日三省吾身，朝夕之间，微隐之处，在日常的细小的事情上，在看不见、听不见的地方，也不放松自我要求。

如今知道刘宗周的人不多了，我们在这里纪念一下这位儒学大师。刘宗周，绍兴山阴人，世称蕺山先生，以慎独为讲学之正宗，反对空悟，提倡诚敬，著有《人谱》《论语学案》等。黄宗羲、张履祥、陈洪绶等著名学者，均出其门下。当清兵攻陷杭州的消息传到绍兴，刘宗周悲愤不已，绝食二十三天而死。

精神富有的人

子曰:"士志于道,而耻恶衣恶食者,未足与议也。"(4.9)

孔子说:"君子立志行道,却以吃不好穿不好为羞耻,这样的人不足为道。"

食色是人性,欲望满足是单行道,永远没有尽头。《荀子·荣辱》中说:"人之情,食欲有刍豢,衣欲有文绣,行欲有舆马,又欲夫余财蓄积之富也。然而穷年累世,不知不足,是人之情也。"困于食色是人的境遇,困窘于食色,抑或困疲于食色,正如杜甫之所见:"朱门酒肉臭,路有冻死骨。"

孔子怎么看待食色?正常看待。人之所欲也,无可无不可。人情和欲望是正常需求,不能没有也没必要过度。以孔子本人为例,可以"食不厌精,脍不厌细",也可以"饭疏食,饮水,曲肱而枕之",乐亦在其中。君子超越食色,不为食色所困,不耻恶衣恶食,咸的咸吃,淡的淡吃,随遇而安,里仁为美。

孔子关心的不是吃好穿好,或者吃不好穿不好。孔子说:"谋道不谋食,忧道不忧贫。"吃饭是为了活着,活着不是为了吃饭。当然,孔子这里提出的要求和期待,主要是针对君子,而非指向所有人。孔子并不反对大家吃好穿好,只是未可与适道罢了,这与他看待贫贱富贵的态度一致。

孔子看不下去"饱食终日,无所用心"的人,希望君子能够做到"食无求饱，居无求安"，能够就有道而正焉。士志于道，还以恶衣恶食为耻，这就是伪君子，假志于道。朱熹在《论语集注》中说："心欲求道，而以口体之奉不若人为耻，其识趣之卑陋甚矣。"识趣卑陋，因为心无定志。

在现实世界中践行道，必然面临各种客观境遇：贫贱，富贵，造次，颠沛，约，乐，过，衣食住行之好恶……也就是一切欲望，君子应该秉持什么态度？孔子说：君子志于道，这些统统罩不住君子。在更高的追求面前，这些都不算什么，关键在于心之所志。王阳明说得好："志不立，如无舵之舟，无衔之马，漂荡奔逸，终亦何所底乎？"

孔门弟子子路就可以做到：衣敝缊袍，与衣狐貉者立而不耻。子路穿着朴素，站在浑身奢侈品的人面前，丝毫不觉得尴尬。爱比较也是一种人性，总想与他人比个高低，以满足自己的虚荣心。孔子讲周而不比，建议做人还是少比较多比心，要比也跟自己比，自我精进，以今日之我胜昨日之我。

原宪家贫清苦，住着破茅草屋，却能弹琴歌唱。子贡轻裘驷马，前去看望原宪，见他穷困潦倒的样子，子贡不禁问："师弟生病了吗？"原宪回答："无财者谓之贫，学道而不能行者谓之病。"我是贫穷，但没有病。子贡听后非常惭愧，"终身耻其言之过"，一生都为这次失言感到羞耻。这是君子之耻，知耻近乎勇。

士志于道，直道而行，让我想起昌耀的一首诗，放在这里共勉。

意义的求索

疏离意义者，必被意义无情地疏离。

嘲讽崇高者，敢情是匹夫之勇再加猥琐之心。

时光容或堕落百次千次，但是人的范式

如明镜蒙尘只容擦拭而断无更改。

可见万园之园在不远的过去惨遭外盗火刑侮慢，

帝宫废墟伶仃的柱础概以国难而具奠祭之品格。

灵魂的自赎正从刚健有为开始。

不是教化，而是严峻了的现实。

我在这一基准确立我的内容决定形式论。

我在这一自信确立我的精神超绝物质论。

时值己亥年正月初二早晨我见户外漫地新雪。

再三感动。我投向雪朝而口诵洁白之所蕴含。

正义原则

子曰："君子之于天下也，无适也，无莫也，义之与比。"
（4.10）

孔子说："君子对于天下事，既不排斥，也不恋慕，与义比肩而行。"

无适，无莫。一说：无可无不可，没有什么可以，也没有什么不可以。一说："适"通"敌"，适有敌对之意；"莫"通"慕"，莫有恋慕之意。适和莫一正一反，都是比较心，也可以理解为：好和恶。无适，无莫，就是君子超越好恶之心，不媚俗也不媚雅。君子里仁为美，以仁为居处。君子义之与比，与义并肩而立，与义比肩而行。

孔子讲"三达德"：知、仁、勇。孟子讲：仁、义、礼、智。汉代董仲舒加上一个"信"字，扩充为"五常"。仁义合称，这是孟子的发明，《周易·说卦传》中也讲："立人之道，曰仁与义。"孔子单独讲仁和义，没有仁义组合的用法。依于仁，是至高原则；义，也是非常重要的原则。孔子说："隐居以求其志，行义以达其道。"行义在这里接近行仁。

孔子说："信近于义，言可复也。"义的原则优先于信的原则，符合义的原则，诺言可以收回。孔子说："见义不为，无勇也。"见义要勇为。孔子说："君子义以为上。君子有勇而无义为乱，小人有勇而无义为盗。"义的原则优先于勇的原则。孔子说："上好义，则民莫敢不服。"管理者遵从义的原则才能取信于民。孔子说："闻义不能徙，是吾忧也。"闻而不行，是我担心的。

孔子说："不义而富且贵，于我如浮云。"义的原则优先于利的原则，"义利之辩"是一个经典议题。利，就是我们说的人之所欲。知者利仁，最高的利是利国利民，因民之所利而利之。所以孟子对梁惠王说："王何必曰利？亦有仁义而已矣。"什么意思呢？国不以利为利，以义为利也。国家以仁义为利益原则，才是对每个民众的利益最大化。

儒家讲究以义取利、见利思义、见得思义。孔子说："君子喻于义，小人喻于利。"君子依靠价值观驱动，小人依靠利益驱动。小人在这里不是指品德不好的人，类似"吾少也贱"的意思。有个老字号叫"百年义利"，经营企业离不开利益驱动，但不能一味利益驱动，利益驱动是策略和手段，价值观驱动是战略和根本。

恒产与恒心

子曰："君子怀德，小人怀土；君子怀刑，小人怀惠。"（4.11）

孔子说："君子怀想德行，小人怀想田地；君子怀想刑法，小人怀想实惠。"

我们把对事物的分析决断能力叫判断力，判断力很重要，无论是洞悉事物本质，精准做出正确决策，还是恰当解决问题。

判断力可以简单分为四种类型：第一，事实判断，判断真伪，真实还是虚假；第二，情感判断，判断好恶，喜欢还是讨厌，即康德所说的审美判断；第三，价值判断，判断是非，正确还是错误；第四，道德判断，判断善恶，褒奖还是谴责。

不同的判断会得出不同的观点，我们要学会分清某种观点是基于哪一种判断。比如：君子怀德、怀刑，小人怀土、怀惠，这是事实判断，而非道德判断。这里的君子和小人无关品德，而是指向广泛的客观存在。在上位的君子，关心德行和刑法；在下位的小人，关心田地和实惠。这由出身和立场决定，也并非一成不变。

怀代表一种胸怀和怀抱，也表达一份怀恋和关怀，简单说就是情怀。具体到怀德、怀土、怀刑、怀惠这四种怀，则是一种价值判断。不同的立场，不同的价值观，自然会有不同的价值判断。怀土和怀惠，这是人之所欲，人的基本生存能力，这个无可厚非，但不是终极追求。

孔子就是"吾少也贱，故多能鄙事"，先谋食后谋道，先生存后发展，仓廪实而知礼节，富之而后教之。从怀土到怀德，从怀惠到怀刑，需要举善而教不能的教化过程。君子怀刑，道之以政，齐之以刑，民免而无耻。君子怀德，道之以德，齐之以礼，有耻且格。总而言之，小人之怀是普遍事实，君子之怀则是一种期待。

德是普遍价值认同，刑是普遍制度；土是私人利益，惠是私人恩惠。谋食即谋私利，利私利己。谋道即谋天下，天下大同，大道之行，天下为公，克己复礼，天下归仁。这是君子之怀与小人之怀的区别。无恒产而有恒心者，只有君子做得到。君子周而不比，小人比而不周。君子里仁为美，小人各于其党。

孔子自然希望小人怀土成长为君子怀德，但这不是道德要求，而是孔子的社会理想。心里想什么，就会做出什么行动。念念不忘，必有回响。怀德如春风化雨，润物无声，文而化之，近悦远来。怀德，具有感染力，是情怀、表率、熏陶，不是强迫，不是取消，不是大刀阔斧。

君子之德风，犹如"南风之薰兮，可以解吾民之愠兮"。中国有很多地方以怀为名字：怀柔、怀来、怀化、怀仁、怀安、怀远、怀义、怀宁。怀德，类似文化征服，远人不服则修文德以来之。怀德的反面是暴虐，不戒视成谓之暴，不教而杀谓之虐，赤裸裸的霸权。

君子怀刑，小人怀惠。君子心里想着法律，小人心里装着好处，这么理解当然没问题。不过有时候我也在想，是不是弄颠倒了？难道不应该是"君子怀惠，小人怀刑"？君子想着惠民，小人想着刑罚。从怀土到怀德，是一种进化；从怀刑到怀惠，不也是一种升级？

这样想并非空穴来风，"惠"在《论语》中是一个好的原则。孔子说过："君子惠而不费。"什么叫惠而不费？因民之所利而利之，利民惠民，就是惠而不费。孔子又说：恭、宽、信、敏、惠，为政者能够做到这些，就接近于仁了。郑国的子产，是孔子最欣赏的同时代人之一，孔子评价子产为"惠人"。由此，君子怀惠，貌似更合理。

利益原则

子曰："放于利而行，多怨。"（4.12）

孔子说："依据利益原则而行动，多会产生怨恨。"

人是欲望的产物。司马迁在《史记·货殖列传》中说："天下熙熙，皆为利来。天下攘攘，皆为利往。"天下芸芸众生，为了各自的利益而奔波忙碌。趋利避害的利益原则，往往本能地成为人的第一行动原则。与其媚于奥，宁媚于灶，相比长远利益，眼前利益又会本能地成为人的第一考量。

孔子经常谈论君子，什么是君子？其中一条就是超越了利益原则这种本能的人，拥有更长远的战略眼光，更坚定的信念和信用，更美善的价值观，更高的使命和追求。君子里仁为美，以仁为居处，仁以为己任，谋道不谋食，仁者安仁，在君子心中，仁的原则必须优先于利的原则。

"放"这个字用得真好，简直是汉语之光。

放的本义是：将罪犯驱逐到环境恶劣的远疆，表示放弃、废置不用；由放弃引申为搁置；由搁置引申为任其自由，也就是放纵。那么，到底是放弃于利益，容易招来怨恨？还是放纵于利益，容易招来怨恨？不谈钱，只谈钱，想来都会招来怨恨。从公司管理者来看，很容易明白这一点。没有利益驱动或只有利益驱动，好像都行不通。

放于利而行，放置于利益原则而行事，不管是放弃还是放纵，都会招来怨恨。没有利益，涸泽而渔，大家就没有积极性和能动性；光靠利益驱动，没有企业文化和使命愿景，没有共同的情怀和价值观，也打造不出一个卓越的团队，也打造不出像华为和苹果这样的伟大企业。

过犹不及，放纵和放弃利益都不可取，既不能舍弃利益原则，又得拥有更高的使命驱动，事业才会良性发展。有一次，孔子跟冉求讲了自己的从政三部曲：庶之，富之，教之。三者与其说是先后关系，毋宁说是并驾齐驱的关系。我们用子夏的一句话总结本章：

"无欲速，无见小利。欲速则不达，见小利则大事不成。"

礼让原则

子曰："能以礼让为国乎，何有？不能以礼让为国，如礼何？"（4.13）

孔子说："能够用礼让来治国，这有何难？不能用礼让治国，礼又有何用？"

礼让为国没有难处，礼让为人更没问题。《素书·原始》中说："礼者，人之所履，夙兴夜寐，以成人伦之序。"礼是人在社会上行走的道路，礼可以使人自我审视，找准自己的社会位置。《左传·襄公十三年》中说："让者，礼之主也。"让是礼的主体。处处符合礼的规范，才能做到温、良、恭、俭、让。

俗话说：没有规矩，不成方圆。礼，代表人格的成熟、文明的进步，制度建设是美善社会的重中之重。《论语·里仁》篇从开头到本章之前，都是在讨论"仁"这个核心概念，到这里又重提"礼"和"礼让"。孔子这是在提醒：克己复礼为仁。仁为礼的内在，礼为践行仁的抓手。

礼与仁并不是矛盾体，而是相得益彰。关于礼，我们已经谈过很多，这里说让。孔融让梨的故事，可谓妇孺皆知，那么让的最高境界是什么？让天下。唐虞时代的尧、舜，传说就是禅让天下。在真实历史中，是否发生过让天下？

《论语》中讲述了一位：泰伯，吴国第一代君主。为了让父亲古公亶父传位给弟弟季历，泰伯主动迁居江东，"太伯之奔荆蛮，自号句吴"，成为吴文化开创者。季历的儿子姬昌，即周文王。孔子评价泰伯：三以天下让，可谓至德也。司马迁《史记》"世家"第一篇，即《吴太伯世家》，这是遵从孔子之意。

人有胜负之心，好斗是本能，礼让是修为。孔子就说："及其壮也，血气方刚，戒之在斗。"曾国藩说过，君子有三不斗："毋与君子斗名，毋与小人斗利，毋与天地斗巧。"常存礼让之心，以破好斗之心。人生在世，很多事情没必要针尖对麦芒。多一些礼让，生活更轻松愉快。让不仅是人生美德，也是一种生活智慧。

很多人听过歌德让路的故事：有一天，歌德在魏玛公园散步。当他走在仅容一人通过的小径上，迎面走来一个讨厌的批评家。批评家站在歌德面前，姿态傲慢地说："我从不给傻子让路。"歌德点头微笑着说："我与您正好相反。"然后就站到了一边。那位批评家顿时满脸通红，羞得无地自容。

定位思维

子曰："不患无位，患所以立。不患莫己知，求为可知也。"（4.14）

孔子说:"不忧虑没有位置,忧虑用什么来确立位置。不忧虑没有觉知,追求就可以觉知。"

不患无位,患所以立。

这是流传千古的励志名言。不担心找不到工作,担心凭什么本事。可以说鸡汤十足,很能安慰人,但鸡汤喝再多,也不解决问题。到底什么是"位"?在《论语》中,"位"非常关键。践行学达性天是孔门的使命,孔子由此探讨了学、礼、仁、德、圣人、中庸、天道等。位,为这个体系提供了思想框架与精神坐标。

《中庸》里说:"致中和,天地位焉,万物育焉。"位,天地之间的人之所立,一定时间与空间中的人之所立。没有位,就无所立;有所立,就有其位。天地人三才,有人才有位。没有位,人就没有立场;有位,人就有立场。有位,就有位次。孔子提倡"以德配位",德行见天命,以德为根据地。亚里士多德则说:"幸福是把灵魂安放在最适当的位置。"

关于"位"的词语,在生活中普遍常用,基本体现着可见和不可见的某种"位置"。比如在其位、对位、错位、地位、学位、定位、职位、段位、缺位、席位、权位、当位、让位、名位、就位、配位、出位、财位、换位、称位、区位、价位、资位、品位、时位……就连人开的车,也有个车位。

北辰居其所,而众星共之。这是天上的"位";君君、臣臣、父父、子子,这是人世间的"位"。位,是孔子思考宇宙万物的底层逻辑。《周易·系辞》中说:"天地之大德曰生,圣人之大宝曰位。何以守位曰仁，何以正人曰义。"又说："天下之理得，而成位乎其中矣。"都是表达这个意思。

道，无所立，无位，无善，无恶，无限，无界，无为。道，没有立场，不以任何立场为立场。道，又是宇宙和世间的终极立场。《道德经》中说："圣人常无心，以百姓心为心。"率性之谓道，道无位而不患。有位的人类世界充满着患，生于忧患，生来就面对各种患，患得之，患失之。因为有位有患，人得以确立。

孔子说"道一以贯之"，道贯通天地，贯通人心，在天地之间，究天人之际。人有所立，有所位，有所承担，天地人从而贯通，这就是人在天地中的位置。孔子说："人能弘道，非道弘人。"人在人的位置上，彰显道之光芒。人之所立有三不朽，也即《左传·襄公二十四年》所载："太上有立德，其次有立功，其次有立言，虽久不废，此之谓不朽。"

担心不担心职位或官位，这种说法拉低了孔子的格局。本章的重要性被低估了，或者说干脆被忽略了。如果本章不是《论语·里仁》篇的重中之重，孔门弟子曾参的一章就不会跟随在本章之后出现。除了曾参一章，《论语·里仁》通篇都是"子曰"，也就是除了孔子本人说，没有出现第二个人。

无独有偶，孔子还说过一句："不在其位，不谋其政。"这句话非常重要，重要的事情说两遍：孔子在《论语·泰伯》篇中单独讲过一次；在《论语·宪问》篇中，孔子又讲过一次，曾参就在这后面紧跟了一句"君子思不出其位"。为什么我说《论语》中的"曾子曰"基本是曾参弟子后补入，这是证据之一。

不患无位，意思是不忧虑没有位置，也就是说不忧虑是不可能的，忧虑是普遍情况。正因为存在忧虑，人得以确立自己的立足点。不忧虑人还没有觉知，人本来就要认识自己，这也是普遍情况，无需忧虑。应该忧虑人是否去追求自我觉知。

在诸多品牌营销理论中，定位理论提出已有半个多世纪。艾·里斯和杰克·特劳特的《定位》大家可以找来看看。不在其位，不谋其政。找不到自己的位置，就无法自我实现。在其位，就是定位。找到自己的位置，就是觉知。求为可知，求就是追求、求索，比如求仁而得仁，君子求诸己，隐居以求其志。

定位思维与战略思维，是《论语》的两大心法，位是定位思维，君子素位而行，在其位谋其政。定位思维适用于每个人，如何找到自我，定位自我，不妨扪心自问：你在担心什么，忧虑什么？你对什么念念不忘、乐此不疲？就能找到自己的所以立。孔子说四十不惑，到了四十岁才不困惑，才真正明白自己的人生追求。

双轮驱动

子曰："君子喻于义，小人喻于利。"（4.16）

孔子说："君子以义为喻愿，小人以利为喻愿。"

在《论语》中，经常将君子和小人并举而谈。我们不要简单地一分为二，将君子和小人理解为两类人，泾渭分明、截然不同的两种人，这样很容易造成 AB 选择陷阱，变成自动代入模式，我是君子他人是小人，这样无益于自我修为，不如反身求诸己。

不妨将君子和小人，理解为人的两种表现：君子的一面和小人的一面，每个人身上都或多或少同时拥有这两种表现。志于仁，志于道，就是减少去除自己身上的小人的一面，增强发扬自己身上的君子的一面。孔子说："择其善者而从之，其不善者而改之。"王阳明说："知善知恶是良知，为善去恶是格物。"都是这个意思。

喻于义和喻于利，喻是指喻愿，表示对某事明白并乐于为之。喻，不仅是简单的晓喻、知晓，难道说君子就不知晓利？当然不是，知者可以利仁，也可以富贵不义如浮云，君子有所为有所不为罢了。难道说小人就不知晓义？当然不是，或许知晓或许不知晓，但可以肯定不能做到。

朱熹在《论语集注》中说："义者，天理之所宜。利者，人情之所欲。"喻于义，以义为喻愿，晓喻自己，修为自己，见利思义，闻义能徙。喻，闻而行之，躬行君子。君子上达，价值观驱动，使命驱动，不知命无以为君子。曾国藩说："君子之道，以知命为第一要务。"小人下达，利益驱动，怀土怀惠，虽说也是人之常情，但还有进步空间。

《资治通鉴》记载，有人向子思请教为政，子思说："先利之。"让民众先富起来。"仁义固所以利之也。上不仁则下不得其所，上不义则下乐为诈也，此为不利大矣。"仁义也可以视为大利，居上不仁，下面的人就无法安分。居上不义，那么下面的人就会欺诈，这就造成了最大的不利。司马光总结：只有仁义之人，才知道义是最大的利。

向内行走

子曰："见贤思齐焉，见不贤而内自省也。"（4.17）

孔子说："看见贤者就想向他看齐，看见不贤者就要对照自我反省。"

思齐与自省是自我成长的两大心法，也是孔门一贯主张。第一，见贤思齐，贤贤易色，择善而从，三人行必有我师。第二，见不贤而内自省，吾日三省吾身，其不善者而改之，能见其过而内自讼。思齐，是一种学习力。见贤思齐，一切外在于我的贤者，都值得看齐，值得学习。

贤者超越时间、地域、属性，可以是人，三人行有我师；可以是远方的人，也可以是古代的人，我们在读的《论语》，就由两千多年前的孔门弟子整理；也可以是非人，观千剑而后识器，搜尽奇峰打草稿，这是格物致知，师法自然，造化为师，又有什么不可以呢？

自省，即反省力，反省力本质上也是一种学习力。见不贤而内自省，自省先要自知。知人者智，自知者明。胜人者有力，自胜者强。一个人没有自知之明，不能自胜，不能审视自己、认知自己，不能反思自己的思想、言行和情感，不容易认清自己的能力、潜力、问题，也就无法正确与外界连接。

渡人者自渡，自渡者天渡。自省，还要自律。自律就是在生活和工作中善于自我管理的人，管理自己的欲望和情绪，管理自己的计划和任务。做好自己的管理者，情绪管理和时间管理可以作为两大抓手。礼也是一种自律，非礼勿动。自律即自由，从心所欲不逾矩。

《荀子·修身》中讲："见善，修然必以自存也；见不善，愀然必以自省也。善在身，介然必以自好也；不善在身，菑然必以自恶也。"看到好的行为，一丝不苟地拿来对照自己；看到不好的行为，心怀恐惧地拿来反省自己。要坚定不移爱自己好的地方，痛恨不好的地方。《道德经》中也说："故善人者不善人之师，不善人者善人之资。"

见贤思齐即增强自身君子的一面，见不贤而内自省即减除自身小人的一面。曾参提出吾日三省吾身，后世践行最好的人也是一个曾氏家人——曾国藩。《曾国藩日记》中有很多自省之法，像静坐，"若不静，省身也不密，见理也不明，都是浮的，总是要静，最是静字功夫要紧。"静在己心，不在环境。

孔子还说过"自讼"，自己跟自己在内心打官司，争辩出个是非。曾国藩不仅在一言一行上严于克己，就连做梦都不放过自省，有两则日记为证，一："昨夜，梦人得利，甚觉艳羡，醒后痛自惩责，谓好利之心至形诸梦寐，何以卑鄙若此！"二："梦一处竹木环绕，甚有清气，在近日为梦境之最佳者。"

曾国藩说："须从耐烦二字痛下功夫。"写日记本身就是自省功夫。余英时说："《曾国藩日记》给人最深刻的印象是他从不间断的实践。"日日不间断的实践，正是孔子所说的为己之学。在曾国藩看来，圣人、良友、亲人、同事都可以成为观照自己的镜子，以人为镜，可以正颜色。

不止东方人爱自省，比曾国藩早一百年的富兰克林，美国《独立宣言》的起草和签署人之一，在提出电荷守恒定律、发明避雷针之余，也爱修身自省。富兰克林给自己列出十三个好习惯，每天自查是否做到：节制、缄默、秩序、决心、节俭、勤奋、诚信、正义、中庸、清洁、平静、少欲、谦卑。我们不妨选三项，看看自己能否每天做到。

家人文化

子曰："事父母几谏，见志不从，又敬不违，劳而不怨。"（4.18）

孔子说："侍奉父母对他们不对的地方要婉言劝说，意见不被听从，仍要恭敬而不违背，就算劳苦也不抱怨。"

家的出现，就像语言一样久远，但世界上没有哪个地方像中国人如此重视孝，拥有如此强烈的家庭观念。在中国人看来，孝是天经地义的事情。哪怕在互联网的时代，主播们也把用户和粉丝亲切地称为"家人"，这是一种文化无意识。孝，到底是中国特有的文化属性，还是拥有广泛的人性哲理和根基？

事实上，在西方的价值体系中，孝并不占据十分重要的地位，极少西方哲学家将家和孝当作理解人性和世界的必要前提。西方也没有以孝治天下的政治思想，当然也没有《孝经》，更没有二十四孝的案例典范，更别说哪个地方以孝为名字，中国却有孝感、孝义、孝昌。

中华传统美德，孝最富有根基性。从五四文化运动开始，对传统孝文化的批判也是最严厉。美国汉学家格里德在《胡适与中国的文艺复兴》里说，胡适"把中国日益深化之危机的全部责任都归之于孝道"。鲁迅专门写文章批判《二十四孝图》，认为其"以不情为伦纪，诬蔑了古人，教坏了后人"。揭示封建孝道虚伪和扭曲的一面。

现代新儒家也不例外，熊十力在《论中国文化书简》中说："家庭为万恶之源，衰微之本。"封建孝道造成或阻碍了个体自由思想，以及中国向现代社会的发展。激荡的五四运动已过去一百年，我们可以平心静气地回望，见贤思齐，见不贤而内自省。保留孝道中合乎人性的地方，抛弃扭曲人性的部分。

孝到底是一种特殊的、民族的文化现象，还是一种普遍的人性现象？张祥龙的《家与孝：从中西间视野看》针对这一问题进行了深入研究。在张祥龙看来，"人类的根本所在并非社会性的，而是家庭性的"。孝是一种被完全忽视了的人类特性。

人之所以区别于其他动物，不仅是由于人具有理性思维，也不仅由于人具备语言能力，还因为人拥有终身的孝亲意识。孝在家中完成，家是一个终极的源泉。仁的实现，扎根在健全的家关系里，亲情之家也是存在之家。这样的论述，接近有若所说的"孝悌为仁之本"。

在传统社会，家是孝发生的主要场所，孝是在家中进行的家人之间的关系。到了现代社会，家庭存在的方式和环境都发生了巨大的变化，与过去的情况有很大不同，孝在当代自然要面临冲击，不仅面临文化观念、科学智能、宗教哲学的挑战，更面临着家庭结构与社会经济变化的挑战，从传统的大家族到现在的单纯小家庭，以至丁克家庭、不婚主义、独身主义。

在今天，成年的儿女，基本不会与父母生活在一起，也很少在父母身边。孝的表达与进行，不得不变成"远程操作"，就连争吵也是隔着屏幕在互动，又如何"事父母几谏，见志不从，又敬不违"呢？常回家看看，甚至成了期待。

《论语》的结构环环相扣，以《里仁》篇为例，从里仁为美，到朝闻夕死，到礼让为国，到见贤思齐，再到事父母几谏。以仁释礼，以礼辅仁，仁是礼之内在，礼促进仁之践行。以礼践仁，是能近取譬，孝敬父母，也是能近取譬。孝悌为仁之本，这是为仁的方法。

只有深刻理解了仁，明白了仁之性，内在于人的美善天性和情感本体，才能更好地实践仁之习，有耻且格地做到礼，才不觉得礼是一种约束和捆缚，才会有发自内心的敬意和尊重，才能由衷地非礼勿动，才能发而皆中节。正所谓：发乎情，止乎礼，知之者不如乐之者。

人生即远游

子曰："父母在，不远游，游必有方。"（4.19）

子曰："三年无改于父之道，可谓孝矣。"（4.20）

孔子说："父母健在时，不要出远门，如果非要远行一定有原由。"

孔子说："长期不改变他父亲好的做法，可以说是孝了。"

人生天地间，忽如远行客。远游成为当代人的基本生活常态，远游甚至就是现代社会最典型的现代性。社会学家齐格蒙特·鲍曼说："现代人只有在路上，才觉得是在家里。"在拙著《象征资本》中，我专门写过一篇《远方的诗学》，从垂直的诗学到远方的诗学，从天人关系到人和远方的关系，这种观念变迁，象征着古代社会进入现代社会。

不远游，对于当下的大多数人几乎是不可能的。人类从没有像今天这样习惯在路上，可以广泛而自由地选择在哪里生活。父母在，不远游，也就成为一种过去时，那还有现实意义吗？真正有现实意义的是后面四个字：游必有方。有方是什么？有人开玩笑：有方是一家书店。

游必有方，有方是指有方向，还是有方法？

《大戴礼记·曾子立事》中说："言必有主，行必有法，亲人必有方。"言谈时必须有中心，行动时必须有法则，与亲人交往时要用正确的方式和方法。《礼记·缁衣》中说："故君子之朋友有乡，其恶有方。"《礼记·檀弓上》中说："左右就养有方。"这几处"有方"，意思是有原因，有道理。

如今是一个注定远游的时代，我们应该如何孝敬父母？如何解决养老？依然是重要社会话题。传统的思想与现代的观念在个人身上重合交织，在冲突和矛盾中适应和探索，没有一个标准答案，只能因人而异，各尽其能。有方，各有各的原因，各有各的方法。

家家有本难念的经。游必有方，无妨从一些具体的小事做起，现在通信发达，出门在外多跟家里保持联系。孔子本人，少年时父母早丧，但他有一儿一女，也是做父母的人。孔子周游列国，在外漂泊十四年之久，这一站在哪里，下一站去哪里，家人大概不能及时地知道他的行程。

即使这样，弟子们如果去鲁国，肯定也会有口信往来，故而孔子即便远在陈国都城宛丘（今周口淮阳区），也能知道鲁国周公庙失火的事情。人生如逆旅，我亦是行人。远游是一种生命意识的觉醒，游必有方则是对父母的尽心尽力。本章可以看作孔子版的《游子吟》。

三年无改，《论语·学而》篇曾出现过。这里再次强调，所谓重要的事情说三遍。

悲欣交集

　　子曰："父母之年，不可不知也。一则以喜，一则以惧。"（4.21）

　　孔子说："父母的年纪，儿女不可以不知道。一是为父母健康而喜悦，一是为父母年老而担心。"

看到这里，忽然就想起了朱自清的《背影》。"等他的背影混入来来往往的人里，再找不着了，我便进来坐下，我的眼泪又来了。"亲情在中国式情感里非常特殊，尤其父母与子女的感情。父母的慈爱与子女的孝爱，两种不同向度的爱既彼此独立存在，又相互依存，纠缠不清。

我们看传统的《二十四孝》，经常还会出现这样一种情况：面对慈爱缺失，如何保持孝爱？比如闵子骞芦衣顺母的故事，这还是后母对孝爱的考验。舜面临的情况更复杂，他的父亲和兄弟心肠很坏，总想陷害舜，又是放火又是设陷阱，即便如此，舜还要实现孝爱。舜作为中华第一孝子，排在《二十四孝》第一名。

舜的大孝就像一个巨大的道德隐喻，面对最不可能的情况，面对天下最艰难的考验，他仍然实现了孝爱，这就为孝爱树立了一个道德制高点。其他人还有什么理由不去孝爱？如果做不到，那肯定不是父母的原因，而是自身的问题。《孟子》就说："舜何人也？予何人也？有为者亦若是！"意思是舜能做到，我们也应做到。

王阳明从反面审视了舜的孝。《传习录》里说："我言舜是世间大不孝的子，瞽瞍是世间大慈的父。"初听愕然，为什么？王阳明说："舜常自以为大不孝，所以能孝；瞽瞍常自以为大慈，所以不能慈。瞽瞍只记得舜是我提孩长的，今何不曾豫悦我？不知自心已为后妻所移了，尚谓自家能慈，所以愈不能慈。舜只思父提孩我时如何爱我，今日不爱，只是我不能尽孝，日思所以不能尽孝处，所以愈能孝。”

王阳明不过正话反说而已："及至瞽瞍底豫时，又不过复得此心原慈的本体。所以后世称舜是个古今大孝的子，瞽瞍亦做成个慈父。"舜经过了孝爱的考验，感天动地。最后，尧把帝位传给舜，并告诉他要允执其中。这个我们在《尧曰》开篇就讲过了。允执其中，执两用中，在父母与子女的亲情关系中，也表现得淋漓尽致。

如何志于道、据于德、依于仁？以中心、中正、中和，实现在其位谋其政。家庭亲情关系重在基于先天血缘关系的不可断离，不像友情和爱情，从陌生人成为亲密关系。舜的孝爱实践，成为中国文化源头性的关心和表达，影响直至今天。

《中庸》里讲："思修身，不可以不事亲。"《大学》里讲："欲治其国者，先齐其家。欲齐其家者，先修其身。"国——家——身，三位一体，这是孝悌为仁之本的哲学基础。孔子说："父母唯其疾之忧。"父母担忧子女的身体，甚至超过自身。做子女的照顾好自己，少生病免得让父母担心，也是一种孝。

孔子说："父母之年，不可不知也。一则以喜，一则以惧。"其实，孔子年轻时就失去了父母，父母之年定格在某个时间。孔子能这样说，可见他想的不仅是自己，而是天下的父母。一喜一惧，感人至深。做子女的要关注、关照自己和父母的身体，因为身体的健康是一切亲密关系的必要条件，用心的情感互动是一切亲密关系持续的根本。

驷马难追

子曰："古者言之不出，耻躬之不逮也。"（4.22）

孔子说："古人不轻易说出口，以躬行跟不上为耻辱。"

孔子自称信而好古，敏以求古之道，成为尧舜以来的文明集大成者。孔子说："古之学者为己，今之学者为人。"认为古人更注重修为自身以成长，今人则热衷于卖弄学问。在安大简《仲尼曰》中，这句话写为："古之学者自为，今之学者为人。"为己就是自为，修为自己。仔细想来，这不是古今中外的问题，而是因人而异的事实。无论什么时代，什么地方，都有为己之学者，也有为人之学者。

古者言之不出，又是古人。孔子厚古薄今，既是一种事实，也是一种话术，托古人之口说自己想说的话。孔子说："古者民有三疾，今也或是之亡也。古之狂也肆，今之狂也荡；古之矜也廉，今之矜也忿戾；古之愚也直，今之愚也诈而已矣。"就连犯错误，都是古人更优雅。

我们现在不也喜欢说"从前慢"嘛，怀念往昔美好的日子。赋予过去美好属性，往往是人的情感本能。我们现在说孔子说，孔子说古人说：不轻易讲出来，唯恐做不到，说了做不到是可耻的行径。孔门弟子子路就是这样的人，所谓"子路无宿诺"，一诺千金，诺言不过夜，今天的事今天一定解决。

高适在《东平留赠狄司马》中赞扬道："古人无宿诺，兹道以为难。万里赴知己，一言诚可叹。"子路就像传说中的侠客，堪称有古风之人，无论对别人还是自己，绝不自欺欺人。就连闻道那么高雅的事，子路也是唯恐有闻，害怕听到更多道理，因为担心之前所闻还没做到。

《道德经》中说："上士闻道，勤而行之；中士闻道，若存若亡；下士闻道，大笑之。不笑不足以为道。"老子说得真好啊。电影《教父》里有句话："不要轻易说出你的理想，不给别人嘲笑你的机会。"理想也不怕嘲笑，孔子就曾被人嘲笑为"丧家狗"。君子可以不被理解，但于其言无所苟，言行一致不苟且。

孔子是行动主义者，倡导生命实践哲学。知不易，行亦难，实践是第一性原理。君子耻其言而过其行，先行其言而后从之，讷言敏行，敏事慎言……类似的话，孔子简直是不厌其烦地说。说多做少可耻；不要事先张扬，先去做到再说；做不到就是不知道。总之，少说多做，言行相顾。

自律即自由

> 子曰："以约失之者鲜矣。"（4.23）

孔子说："因为自我约束而犯过失是很少的。"

以戒为师，自律即自由。自我约束是一种能力——自制力。自制力，是从外部发力控制自我。自省力，是从内部发力而更新自我。克己复礼，就是一种自制力。孔子说："君子博学于文，约之以礼，亦可以弗畔矣夫。"博文约礼之约，即本章之约，约是一种自制力。

以约失之者鲜矣，因为自我约束而犯过失，这种情况很少见啊。做人做事，无不如此，成事者严于律己，说到做到。颜回能够做到约礼，非礼勿视，非礼勿动，孔子称颜回为孔门唯一好学的人。在《论语》中，约还有俭约、困顿的意思，比如：约而为泰，不仁者不可以久处约。

零售品牌胖东来，以其文化理念和服务运营频频出圈，胖东来的高收入也名声在外，然而高收入意味着高要求，高要求才有高标准。《许昌市胖东来商贸集团有限公司各项管理制度》全篇逾两万两千字，共计十章，详细规定了应该怎么做，哪些可以做，哪些不能做，做错有什么后果。这只是胖东来诸多管理制度的冰山一角。自由和爱的背后，是泛爱亲仁、博文约礼。

"约"字本身还有约定的意思。《论语》中虽然有六章出现"约"字，但没有"约定"这一层意思。不过，就今天的社会实情而言，不妨赋予"约"以约定、契约的意义。个体的自我约束是自制力，与他者之间的契约是征信力。人而无信，不知其可，也是孔门一贯主张。

契约精神更是现代社会的底层逻辑。没有信用机制，就没有现代文明。甲乙双方按照合同约定做事情，这是基本道德。哪怕从整个世界范围来看，孔子都是信任机制研究的先行者。《论语》中包含：个人言而有信，与朋友交而信，国家无信不立。孔子的信用哲学，还没引起足够重视。

德国社会学家西美尔，在《货币哲学》中曾开创性地提出社会学的信任理论，他认为社会的运行离不开信任。社会开始于人与人之间的互动，当代的主要互动形式是以货币为中介的价值交换，社会离开信任根本无法运转。西美尔在中国学界名气不大，声名卓著的马克斯·韦伯是他家的常客，在此推荐《货币哲学》和《时尚的哲学》。

少说多做

子曰："君子欲讷于言而敏于行。"（4.24）

孔子说："君子要说话谨慎，做事敏捷勤快。"

在今天讲一个人木讷，算不得什么好话，不过在孔子看来，木、讷几乎等于仁的一半了。在《论语》中，仁是一种很高的人生境界。孔子很少用仁称许别人，也不自称为仁，但孔子说："刚、毅、木、讷，近仁。"刚强、果敢、朴实、言谨，这四种品质加起来约等于仁。

俗话说得好：庙小妖风大，人狠话不多。孔子多次重申：君子先行后言。讷于言而敏于行，耻躬之不逮，敏于事而慎于言，仁而不佞，意思都差不多。梁漱溟九十四岁时有言："我不是一个书生，不是一个单纯的思想家、理论家，我是一个实行家、实干家。

我是一个要实践的人，是一个要拼命干的人。"这是儒家真精神。

静水流深，大美不言。口才好固然重要，管住嘴也很重要：一是对于自己的事情，不要还没做好就到处讲；二是对于别人，不要背后议论是非，张家长李家短。两者都很耽误时间，又对自己无甚裨益。《庄子·齐物论》里说："大言炎炎，小言詹詹。"口若悬河，气焰盛人，高估自己；碎言碎语，啰哩啰嗦，废话连篇。以上两种态度，都要不得。做人要表里如一，做事要言行一致。

能说会道本身并不是坏事，关键在于：该说说，言必有中；不该说不说，恂恂如也，似不能言。孔门所教四科，其中就有言语科。孔门弟子中，子贡是言语科代表，闻名天下的外交家兼商业货殖家，本事很大，口才也很好。颜回是一个安静的人，孔门德行科表率，说话少不代表没本事。

曾参就是讷于言而敏于行的人，孔子评价"参也鲁"。曾参有些鲁钝，其实是木讷，是典型的刚毅木讷，所以他讲"士不可不弘毅"。孔子说："其言之不怍，则为之也难。"大言不惭的人，往往很难做到。曾参为人低调谦逊，大巧若拙，大辩若讷，讷言敏行，最终成为一代宗师。

德不孤

子曰："德不孤，必有邻。"（4.25）

孔子说："德不会孤独，一定会有栖居者。"

如果拿一句话，失意时自我安慰，与其选"人不知而不愠"，不如选"德不孤，必有邻"。通常注解如下："有仁德的人不会孤单，必有同声相求的人来亲近。"所谓：物以类聚，人以群分。事实上，越平庸的人，才越渴望被人理解，才越被很多人理解。

孔子曾仰天感叹"莫我知也夫"，没有人理解我啊。哲学家尼采说："更高级的哲人独处着，这并不是因为他想孤独，而是因为在他的周围找不到他的同类。"《道德经》中也说："俗人昭昭，我独昏昏。俗人察察，我独闷闷。"古来圣贤皆寂寞，深刻的人从来就曲高和寡。

在这里我们要指出，本章的主语不是有德的人，而是"德"，是"德"本身，德是道的体现，有德者则是德的具体显现。《论语·里仁》篇以"里仁为美"开头，以"德不孤"结尾，首尾呼应，形成完整的思想闭环。依于仁，据于德，仁和德就是人之为人的依据。里仁为美，以仁为栖居之所，这是人生的美好选择。

德并不以人的意志为转移，选还是不选，它都在那里，常存恒在。人需要德来德他自己，德者，得也；德却不需要人来德它自己，德者，自得。德就在那里，不远不近，不孤不独。人能弘道，非道弘人。这又何尝不是人能据德，非德据人？生而为人，却可以主动据于德。以德为邻，里仁为美。

有人不选择，但总有人会选择。所以说，德并不孤独，总有人来选择，以德以仁为依据。当然，以德以仁为依据的人，自然也会有志同道合的人，来与他为邻。道不远人，以德配位。道之彰显即德。德，正是人抵达道的那座桥。缘分一道桥，对于人而言，德即得也。人走向德，企业也要走向德。作为社会公器的企业，更要讲德、讲仁。

众所周知，日本文化曾受到中国文化的影响。日本近代企业家之父涩泽荣一，特别重视从儒家思想中汲取经营管理之道，他亲自注解《论语》，撰写《论语和算盘》，提出"士魂商才"的理念。松下幸之助的"素直之心"，稻盛和夫的"敬天爱人"，也都来自儒家文化精髓。做企业就如做人，都应遵循这些伦理价值原则。正是这样的经营哲学，成就了与众不同的企业。

创办绿城和蓝城的宋卫平，就主张学习松下幸之助，将《松下幸之助自传》作为员工必读书。我读过《绿城管理者论述》《绿城企业文化理念读本》，绿城在中国企业里面是重视企业文化的佼佼者。真诚、善意、精致、完美，这是绿城对中国文化的精到总结，既有产品理想主义，又充满家国情怀。

谈到德，我想起山东有个城市叫德州，有德之州。德州最出名的地方特产是德州扒鸡。德州古称安德，人文资源丰厚。汉代大儒董仲舒，其遗迹在德州随处可见。乾隆下江南，驻跸德州恩泉行宫。哲学家任继愈是德州平原人，曾担任国家图书馆馆长近二十年。

我在为德州本地的东海集团做品牌规划时，就借用了这句"德不孤，必有邻"，提出"有邻社区"，作为社群品牌的名称和精神内核。每座城市都有自己独特的文化和精神地理，在飞速发展的现代城市化进程中，同样需要文化赋能。言之无文，行而不远，文化是最有生命力的品牌能量。

请记住孔子的叮咛：德不孤，里仁为美，必有邻。

弟子答问

道一以贯之

子曰："参乎！吾道一以贯之。"曾子曰："唯。"子出，门人问曰："何谓也？"曾子曰："夫子之道，忠恕而已矣。"（4.15）

孔子说："曾参，我用道作为一个中心贯穿其他。"曾参说："是。"孔子出去后，同门问曾参："这是什么意思？"曾参说："老师的道，不过忠恕罢了。"

道即中心，天之中，天中，天极，天心。道即一，道生一，惟精惟一，譬如北辰居其所，而众星共之。孔子说，吾道一以贯之。我（孔子）的道，只是表象，个体所悟之道、所行之道，其实就是据于德，依于仁，最终落实在游于艺，神乎其技，技进乎道。

道作为整体，无私、无位、无为。某个人的道，并不是道本身，而是道的显现，所以孔子说："人能弘道，非道弘人。"所以老子说："道可道，非常道。"这里毋宁说是：吾，道一以贯之。我孔子，一直用道来贯穿一切，就是志于道，也即圣人效法天道的中庸之道。道一以贯，就是允执其中。

在《论语》中，曾参的独立言论不算少。曾参与孔子的正面对话，整部《论语》仅限本章这一次。孔子主动发问，曾参回答了一个字："唯。"什么是唯？唯唯诺诺，唯和诺都表示应答，意思为"是"。下对上说唯，上对下说诺。然后就没有然后了，对话就此戛然而止，没有再聊下去，简直都不能叫作对话。

回想一下子贡与孔子的对话，反差太巨大了。在子贡与孔子对话中，作为弟子的子贡循循善问，步步推进，往往能引出孔子的深刻言谈，比如性与天道、天何言哉等，由此展开了很多顶层话题。孔子去世时，曾参二十出头，在众弟子中并不突出。曾参在孔子生前大约也是不违如愚，还未显山露水。

曾参的性格跟颜回有几分相似，孔子对他的官方评价是："参也鲁。"鲁钝，忠厚，老实。直到现在，山东人还有实在的广泛口碑，自然也少不了颜回、曾参的功劳。谁能想到，就是这"一愚一鲁"，才是孔门弟子中真正成为圣人的人。

颜回称"复圣"，曾参称"宗圣"，颜、曾作为四圣之二，配享孔庙。在孔门弟子中，"圣人"仅有这两位，其他人只能称"贤人"。有若在《论语》中称"有子"，但也只能列入"十二哲"。在《论语》中，曾参独立言论有十余章，数量和质量都远超颜回，这说明健康长寿很重要。

作为后起之秀，更是后来居上，曾参堪称日月换新天。从《论语》中曾参的言论，其实已经看不出一丁点儿"鲁"的样子；相反，完全可以说是铿锵有力，浩然正气，话也说得极其漂亮，名言频出，金句不断，经典永流传。比如，吾日三省吾身，慎终追远，士不可以不弘毅，仁以为己任。

其他诸如："有若无，实若虚。""鸟之将死，其鸣也哀；人之将死，其言也善。"当然也包括本章，成为后学寻找《论语》一以贯之的标识与证据。读《论语》有个"捷径"，就是多关注一下曾参。凡有"曾子曰"出现的地方，往往都十分重要，因为曾门弟子知道《论语》哪些篇章最重要。

章太炎在《诸子学略说·订孔》中说："道在一贯，持其枢者，忠恕也。心能推度曰恕，周以察物曰忠。故夫闻一以知十，举一隅而以三隅反者，恕之事也。周以察物，举其征符而辨其骨理者，忠之事也。"章氏以庄证孔，以庄子无我、齐物，诠释忠恕之道，以"周以察物"定义"忠"，与孔子精神相去已远。

　　在《大戴礼记·小辨》中，孔子说忠有九知："知忠必知中，知中必知恕，知恕必知外，知外必知德，知德必知政，知政必知官，知官必知事，知事必知患，知患必知备。"并进一步解释："内思毕心曰知中，中以应实曰知恕，内恕外度曰知外，外内参意曰知德，德以柔政曰知政，正义辨方曰知官，官治物则曰知事，事戒不虞曰知备。"类似《论语》中的"君子有九思"。

　　道就是忠恕吗？不管是道本身还是孔子之道，都不等同于忠恕，这个在前面我们已经讲解过。忠，主忠信，做人做事的重要原则，再怎么夸大也达不到道的层面。孔子说："十室之邑，必有忠信如丘者焉，不如丘之好学也。"忠信比不上好学。

　　什么是好学？下学上达，允执其中，学达性天，这才是道一以贯之的道，君子学以致其道的道。"恕"在《论语》中还出现过一次，子贡问孔子有没有可以终身奉行之言，孔子说："其恕乎！己所不欲，勿施于人。"这就是"恕"的出处了，曾门弟子从子贡这里借来一个"恕"字。

　　主忠信加一个恕，拼接成了曾参自以为理解的夫子之道。忠，属于特定使用原则，主要是下对上。比如："君使臣以礼，臣事君以忠。""为人谋而不忠乎？"恕则是普遍适用原则，也就是"己所不欲，勿施于人"。这句话作为孔子最具世界影响力的思想之一，被全球各地接受并推崇，奉为国际交往的重要原则。

孔子将"恕"上升到"立言"的高度："一言而可以终身行之者。"既然可以作为"立言"，谁都可以奉行。如果觉得《论语》无从学起，那就从这个"恕"字开始。恕，如心，如在，以心度物，以己量人。孟子说："强恕而行，求仁莫近焉。"恕，宽恕，宽容。宽容比自由重要。

不止"恕"字，"一以贯之"这个成语，也出自子贡与孔子的对话。在《论语·卫灵公》中，孔子问子贡："女以予为多学而识之者与？"子贡回答："应该是吧。"孔子说："非也，予一以贯之。"不对，我是一以贯之。用什么一以贯之？道。于是，有了"道一以贯之"。

什么是对话？你来我往，交谈聊天，这才叫对话，而不是你吭吭说了一大堆，对方只回复了个"嗯"。在这段对话里，孔子向子贡强调，他并不以"多学"为自己的精神标识，而是一以贯之践行圣人之道，允执其中，学达性天。我们需要指出，忠恕虽然也重要，但并非孔子一以贯之的道。

力行近乎仁，仁是学达性天的梯子和桥梁，仁是道不远人的拯救，拯救不是依靠遥远的救世主，首先在于自救，自我救赎，自我成就，自省自成，践行人道以达天道。《论语·里仁》篇主要就是孔子关于仁的阐述，所以通篇都由"子曰"构成。

至于子游"朋友数"一章，我认为是放错了位置，大约应该属于《论语·八佾》论礼篇，我把它放到《论语·子张》篇来讲。至于本章，则由曾参弟子后补入《论语》，有意放在本篇，体现曾参作为后世孔子之学正宗传承人的地位。当然这个正宗值得商榷，我认为子贡才是正宗传人，有《论语》本身为证。

《论语》第一篇《学而》，只提到四位弟子：有若、子夏、曾参、子贡，《论语》的编辑天团与他们四个人关系最紧要。《论语》的编纂属于孔门弟子纪念孔子、传承孔学的"第一文化工程"：第一阶段，有若挂帅，子贡主持，冉求支持，子夏、子游、子张等孔门弟子共同参与；第二阶段，曾参去世后，由曾参弟子主导，补入曾参重要言论。

举凡《论语》全书，曾参与孔子的对话只有本章一次，曾参只回了一个字：唯。曾参真正的影响力要到晚年才得以发挥，终成一代宗师。就像《天龙八部》里的郭靖，同样有些鲁钝的样子，终归练成了降龙十八掌，成为侠之大者。统观《论语》中的曾参言论，可谓锦上添花，实至名归。

孔子去世后，孔门弟子守丧三年，各自散去。子贡守孝庐墓六年，然后去了齐国。子夏离开鲁国，回到魏地，传《春秋》《诗经》，开创西河学派，提倡学而优则仕，成为后世法家思想的某种源头。有若和曾参则留在鲁国。有若比曾参大几岁，孔子刚去世时影响尚在曾参之上，要不就不会出现在《论语》首篇第二章。

曾参被称曾子属于后来居上，另外还有一个原因，曾参是孔子之孙子思的老师。孟子的老师又是子思的门人，这一路发展下来就是著名的思孟学派，被视为儒家正统，忠孝信义是其关键词。台湾有信义路，有忠孝东路，"忠孝东路走九遍，脚底下踏着曾经你我的点点"……

子贡走得快，曾参走得远。

在《论语》背后，在一以贯之背后，站着子贡和曾参，构成孔子去世后孔门真正的两个中心。清代学者崔述在《洙泗考信余录》中说："子贡之推崇孔子至矣，则孔子之道所以昌明于世者，大率由于子贡。"言语科的子贡，作为最好的对话者和倾听者，总能引导孔子进行言说，很多经典言论都来自二者之间的对话。

什么是好的对话？首先要将对话进行下去，对话进行不下去就成了尬聊，更谈不上举一反三。孔子最喜欢对话的人，第一是子贡，"可与言《诗》已矣"，子贡善于抛砖引玉，喜欢刨根问底；第二是子夏，"起予者商也"，子夏小道可观，心思缜密，善于抓细节。颜回好学没的说，亦步亦趋，但不爱说话，属于默而识之者。

曾参有些像颜回，木讷寡言，沉默是金。本章的"子出"，虽然现场感极强，一出接着一问，看上去像顺连着的事件。事实上，这只是蒙太奇剪辑的对话场景，并非顺时发生。孔子生前，曾参大概率还没有门人，曾参也还不是曾子。从孔子走出门去，到门人接着问曾参，中间应该穿越了几十年。

本章放在这里，当然不是曾参的意思。曾参性格率直，沉静自省，跟孩子讲话都说到做到，堪称"钢铁直男"，断然不会如此，这自然是曾参门人的意思，要树立老师为圣人，就像子贡在《论语》中树立老师孔子为圣人。有学者说《论语》定稿于曾参弟子子思，这个没有证据不好说，但我认为《中庸》是对《论语》最早的，也是最好的解读与发扬。

孔子、子贡、曾参、子思，道一以贯，斯文未坠。

后记　自远方来

我们必然相遇

仁者乐山，山在那里。我在山上的空间，就叫知丘书房。2016 年，我出版了一本诗集，选出一百多首诗，总结自己写诗的十五年。当时，在老同学的 3W 咖啡，做了一场读诗会＋发布会。这本诗集，名字就叫《知丘》。可见，我对山的偏爱之情。知丘，字面意思正是向山学习，背后的意思不足为道。

因缘际会，后来就遇到阿那亚开发的第二个项目金山岭，位于京郊一座海拔 900 多米的山上。一处安静所在，可以安顿内心的兵荒马乱，所谓精神刚需。金山岭完美融合了筑、居、思，确实容易让人想到海德格尔栖居半个世纪的黑森林小木屋，约翰·伯格隐居的阿尔卑斯山脚下的农田乡舍。

在山上非常治愈，深居简出、看书喝茶也好，随处走走、林间漫步也好。身心能量既非消耗也非满满，而是近乎自足的平衡，无欲和生机共存的奇妙状态。就像漫山遍野我不能一一叫出名字的树，那样生动摇曳，那样自然而然。四时行，百物生。从不言的字宙到个体小世界，欣欣而生，本来如此。

金山岭有种与世隔绝的独立感，适合读书写作，益于深度思考。在山上的时候，我阅读最多的往往是过去的经典，它们仿佛被时间包了浆，比如《论语》《中庸》《左传》《道德经》。那些时下流行的东西，喧嚣的城市读物，一进山就容易被抛之脑后。

诗人辛波斯卡说："唯一的道路是抵达之路。"在一个不确定性加剧的时代，能够穿越一两千年的思想，更值得我们心平气和去作一番审视与体悟。就像眼前的山，行人换了一波又一波，却都不同程度领受过山的魅力和馈赠。这人世间有什么山一样的存在，大约就是人类的卓越思想。

> 我喜欢望山。望着山的顶巅，
> 我为说不确切的缘由而长久激动。
> 而无所措。有时也落落寡合：
> 当薄暮我投宿苍茫的滩头，
> 那只名叫天禄的石兽面带悻悻笑意
> 嘲弄我对你的红爱出于迂执……

昌耀这首《断章》，就像眼前的此情此景。不止天禄，还有一群石狮子。据科学研究，时间并不存在，一切都只是运动。然而，不得不说，时间是一个好尺度，让我们看清自己，也看懂周围的世界。在时间之中，成长，成就，成为。因为见过精神的海拔，所以有了我们在此相遇。

经典中的经典

书是读不完的，时间又最宝贵。粗读十本书，不如把一本好书读十遍。想要读好书，当然读经典。什么是经典？时间本身就是答案，比如中国先秦诸子的著作。经典兼具原创性与开放性，像一条超越时空的精神通道，连接着每个时代，以及每个时代的互动者。

经典之所以为经典，还在于经得起不同时代的解读，经得起不同读者的挑剔，总能带来新的启发，提供新的视角，还能体验精神的愉悦，这正是阅读经典的乐趣所在。毫无疑问，成书于战国早期的《论语》，就属于这样的经典。故书不厌百回读，《论语》则常读常新。

在华夏大地，《论语》几乎无人不知，其中很多名言和成语，大家都耳熟能详，比如不耻下问、成人之美、当仁不让、温故知新、道听途说、怨天尤人、后生可畏、任重道远，等等。今本《论语》从东汉时期定型，流传至今已有两千年，深度融入了中国人的文化范式和伦理范式，深刻影响了中国人的生活方式和思维方式。

《论语》如此家喻户晓，又非鸿篇巨制，整本《论语》总共一万五千多字，放到今天来看，也就一篇长文的内容体量，如果不求甚解，通读一遍顶多两个小时，但是我惊讶地发现，身边完整看过《论语》的人，竟然没有几个。知道又不甚了解，状况非常普遍，这种反差引人思索。

我读《论语》这些年，同步阅读大量相关的研究著作，不仅要翻看汉魏以来的重要《论语》注本，还得涉猎春秋时代的历史、文化、思想、经济、军事等内容，以及海外学者解读中国古代典籍的论著，就说这些外国的汉学家，在字里行间的探寻，无论学术功力还是情感投入，都令人敬佩。

比如顾立雅的《孔子与中国之道》，芬格莱特的《孔子：即凡而圣》，倪德卫的《儒家之道》，郝大维和安乐哲的《通过孔子而思》，夏含夷的《三代损益记》，罗哲海的《轴心时期的儒家伦理》，顾史考的《郭店楚简先秦儒书宏微观》，艾兰的《水之道与德之端》，汤浅邦弘的《竹简学》，子安宣邦的《孔子的学问》，等等。

我们常说中国传统文化博大精深，事实上很多时候是熟悉又陌生，尤其我们这些改革开放后出生的人，虽然知道《论语》，但对《论语》的思想全貌，普遍不怎么了解。追根溯源，也有其原因，在我们成长的阶段，正是中国加速国际化、拥抱全球化的时代，也是互联网重构生活方式的时代。

传播学家麦克卢汉提出"地球村"的概念，堪称一个时代的隐喻。国际化进程中，在地文化退却，未来浪潮汹涌，人们哪里还有心思顾及遥远的古代典籍。不过近十年来，文化自信得以提倡，国潮热、博物馆控、新中式风、文博综艺、考古探源蓬勃兴起，中国文化美学正以各种创新形态走向公众的日常。

我读《论语》，不为正本清源，不妄称为孔子正名，为儒家正名。正者自正，清者自清。我读《论语》，是因为以往对传统文化的不知不觉，但生命中某个时刻，准确说是三十岁，忽然意识觉醒，必须理解我们从哪里来，也即文化的来处和精神上的返乡，就像《论语》里的"翔而后集"，一只鸟从文化丛林飞远又飞回。

何谓真孔子？其实不是今天才产生的问题，两千多年前已有真假难辨的疑问。韩非在《韩非子·显学》中说："故孔墨之后，儒分为八，墨离为三。取舍相反不同，而皆自谓真孔墨。孔墨不可复生，将谁使定后世之学乎？孔子墨子俱道尧舜，而取舍不同，皆自谓真尧舜。尧舜不复生，将谁使定儒墨之诚乎！"

真实的孔子到底如何？这是一个无解的问题。李泽厚《论语今读》指出：重要的是，自汉代《张侯论》以来，《论语》和孔子就以这样的面貌流传至今。《论语》及孔子，在中国人的文化心理结构中，具有延续两千多年的重要原型地位。"今本《论语》中的孔子就是现实的孔子，即落在人们心目中的孔子。"

重返《论语》之旅

我读《论语》，不止于书本，更像持续的游学，一场文化凿空之旅。按照《左传》和《史记·孔子世家》提供的时间线索和路线攻略，我实地走访了孔子周游列国到过的不少地方。如今回头再看，孔子与弟子周游列国，如同一场诗意浪漫的自助旅游，因为我们自动过滤掉了他们旅途中的艰难困苦。

恰恰是在那些面对巨大考验的人生关键时刻，比如在陈蔡绝粮，我看见了一个最真诚、最动人的孔子，弦歌不辍，不忧不惧，视信念如生命；比如在郑国的东郭门，孔子被路人笑称"丧家狗"，当子贡将丧家狗的嘲讽告诉孔子时，孔子欣然而笑，没有不悦，没有反驳，微笑着说我就是这样的丧家狗啊。

什么是累累若丧家之狗？并非无处投奔、四处碰壁、无家可归的人，而是那些守护着精神家园、在现实世界寻寻觅觅的人。在电影《大话西游》中，当至尊宝给自己戴上紧箍儿，将真爱藏在内心、踏上取经之路那一刻，他也是一条丧家狗。弱水三千一瓢饮，不声不响听浪涛。我时常觉得自己就是这样的丧家狗，聆听着内心的波动，在现世中奔波。

去圣乃得真孔子？我看也未必。言必称真孔子，未必真孔子。即使通篇引用"子曰"，也未必就是孔子的"本义""原意"。还是孔子说得好："吾之于人也，谁毁谁誉？如有所誉者，其有所试矣。"我对于人，诋毁过谁？称誉过谁？如果有所称誉，肯定仔细考察过。这段话用在孔子身上，同样有效。

圣与不圣，都是孔子。生时伟大，死后荣光，生前身后两不同。即凡而圣，平凡而不凡，谁不是呢？纵观孔子一生，年少不幸，父母早丧，"少也贱，故多能鄙事"，勉强算一个高穷帅；中年困顿，晚年流离，政治主张无法得以实施，短暂的从政实践也以失败告终。孔子周游列国十四年，数次遭遇生命危险。

如果以《左传》中衡量人生意义的"三不朽"来看，孔子并没有创造多么伟大的事功，与同时代的孙武、伍子胥、范蠡、子产、赵鞅没法比。我以为，教育出众多优秀弟子，就是孔子最大的事功，如司马迁所说："自孔子卒后，七十子之徒散游诸侯，大者为师傅卿相，小者友教士大夫。"

孔子的伟大，在于立德和立言，在于品格和德行，在于哲学和政治思想创新，在于中国古典文化传承，在于人文精神，在于中国生活方式和价值观塑造。哪怕放在现代社会，能做到这些的人，我们依然可以称之为伟大。孔子立言，主要在《论语》，以及一些语类文献，包括近年出土的不少先秦竹简，如郭店战国楚墓竹简。

至于孔子的死后荣光，汉代以后的加冠加冕，民国之初的打倒孔家店，十年期间的批孔，虽然与孔子本人没有直接关系，却也构成后世认识孔子一右一左的两大意识形态，一则过，一则不及，过犹不及，都是偏离正道。所谓去圣乃得，就是去除这些高抬和歪曲，重返《史记》里的孔子，重返《左传》里的孔子，重返《论语》里的孔子。

软实力与文化梦

在国际化横扫全球的时代，日本凭借独特的审美风格，能够既保持自身的文化特色，又能进行现代创新，造就了不少世界级设计大师，成就了无数的企业和品牌。在京都寻访时，我第一次知道日本将文化遗产叫作"文化财"，一字之别，意味深长，一国之传统文化，到底是"遗产"还是"财富"，不言而喻。

文化软实力才是国家的核心竞争力。涩泽荣一是日本近代经济的领路人，头像登上了新版一万元日币，一个企业家成为国家货币上的人物，可以想象吗？一方面因为他被誉为"日本企业之父"，一方面由于他重视文化，将《论语》作为第一经营哲学，结合实践著有《论语和算盘》。

涩泽荣一有句话说得好："吾闻处竞争之世，徒恃国学固不足以立国矣，而吾未闻国学不兴而国能自立者也。吾闻有国亡而国学不亡者矣，而吾未闻国学先亡而国仍立者也。"他提出"士魂商才"，将儒家精神与西方经济伦理合为一体，奠定了日本经营思想的基础。

反观中国近百年来，我们经历过对传统文化的敌视和漠视。鲁迅曾写过一篇文章，叩问"中国人失掉自信力了吗？"现在，我们开始正视传统文化，重拾文化传统，往大了说关乎国家软实力和竞争力，同时与每个人的生活方式也息息相关，最根本的就是文化传承和创新，先秦诸子是绕不过去的思想源泉。

诸子生活的时代，跨越公元前 600 年至公元前 300 年，属于德国哲学家雅斯贝尔斯提出的"轴心时代"。在此数百年之间，全世界范围内，人类文化获得重大突破，东西方的伟大思想家纷纷登场，著书立说，群星闪耀，他们的深刻影响一直持续到今天。雅斯贝尔斯在《历史的起源与目标》中赞叹：

"在中国，孔子和老子非常活跃，中国所有的哲学流派，包括墨子、庄子、列子和诸子百家，都出现了。像中国一样，印度出现了《奥义书》和佛陀，探究了一直到怀疑主义、唯物主义、诡辩派和虚无主义的全部范围的哲学可能性。伊朗的琐罗亚斯德传授一种挑战性的观点，认为人世生活就是一场善与恶的斗争。在巴勒斯坦，从以利亚到以赛亚和耶利米到以赛亚第二，先知们纷纷涌现。希腊先哲如云，其中有荷马，哲学家巴门尼德、赫拉克利特和柏拉图，许多悲剧作者，以及修昔底德和阿基米德。在这数世纪内，这些名字所包含的一切，几乎同时在中国、印度和西方这三个互不知晓的地区发展起来。"

《论语》就是轴心时代的光辉著作，我将《论语》看作一把精神钥匙，希望能打开一扇文化之门。"谁能出不由户？"总有心意传中国。孔子心中有一个文化中国梦，不妨说就是周公之梦。孔子说："甚矣，吾衰也！久矣，吾不复梦见周公。"经纬天地曰文，照临四方曰明。文明以止，心心念念。孔子曾梦见周公，又为不再梦见周公而伤心。

刘勰在《文心雕龙》最后的《序志》中，讲述了自己的两个梦："予生七龄，乃梦彩云若锦，则攀而采之。齿在逾立，则尝夜梦执丹漆之礼器，随仲尼而南行。旦而寤，乃怡然而喜。"七岁时，刘勰梦到天上彩云如锦绣，攀缘而去采摘。三十多岁时，刘勰梦到手捧丹漆礼器，随孔子南行。丹漆随梦，何尝不是孔子心中的梦，在不同时空得到了真切回应！

孔子最想见的人

一个生病的老人，挂着拐杖徘徊在门前，盼望着久不相见的弟子，那个他最后想见的人。当子贡终于自远方来，有很多话要说的孔子，轻叹了一句："赐，汝来何其晚也？"子贡，你怎么才来呀！然后，孔子向子贡留下最后的遗言："天下无道久矣，莫能宗予。夏人殡于东阶，周人于西阶，殷人两柱间。昨暮予梦坐奠两柱之间，予始殷人也。"

孔门言语科高才生子贡，在外交场合侃侃而谈的子贡，最擅长说话的子贡，这时反而无言以对，默然相向。当悲痛足够大，会定格为节制和留白，此时说任何安慰的话都显得多余。这时，子贡才真正懂得老师告诉他的话：我想沉默，天说什么了呢？"予欲无言，天何言哉？"这种意味深长的情感表达方式，就像中国山水画的意境。

孔子离世后，子贡用他的实际行动表达了对老师的最高敬意。子贡带领孔门弟子，为老师守丧。孔子的儿子伯鱼去世早，弟子们做到了一个儿子要尽的义务。服丧三年期满，师兄弟们先后四散离去，只有子贡单独留了下来，在孔子的墓旁盖了一间小屋，又多守了三年。在《论语》中，最感人至深的孔门师生情谊，这是其一。

还有一次，在周游列国途中，孔子差点病危，子路急得不行，做了违背礼仪的准备。孔子知道后，训骂子路："吾谁欺？欺天乎？且予与其死于臣之手也，无宁死于二三子之手乎？且予纵不得大葬，予死于道路乎？"我能欺骗谁？欺骗天吗？就算不能按礼仪安葬，我难道会死在路上没人管吗？与其自欺欺人，我宁愿死在你们身边啊。

在这里，孔子虽然在责备子路，却也表达了内心的真实想法。

《韩诗外传》卷五中说："孔子抱圣人之心，仿徨乎道德之域，逍遥乎无形之乡。倚天理，观人情，明终始，知得失，故兴仁义，厌势利，以持养之。于是周室微，王道绝，诸侯力政，强劫弱，众暴寡，百姓靡安，莫之纪纲，礼仪废坏，人伦不理，于是孔子自东自西，自南自北，匍匐救之。"这一段对孔子的描述，可谓既精确又深情。

穿越精神丛林

《史记·孔子世家》的最后，司马迁在曲阜孔府，看见年轻人以习礼为尚，不禁流连忘返，迟迟不忍离去。司马迁说："余读孔氏书，想见其为人。"我真想见见孔子本人。在司马迁之前，汉高祖刘邦是第一个祭祀孔子的皇帝。我曾多次去孔府和孔庙，游客如织。孔子去世二千五百年，孔府和孔庙还吸引着大家前去旅游，这也是斯文在兹。

我在巴黎寻访拉雪兹神父公墓，那里埋葬着很多文化名人，像肖邦、普鲁斯特、王尔德、布尔迪厄、《国际歌》的作者欧仁·鲍狄埃。中国除了历代的帝王陵，最著名的墓地估计就是孔林了。孔子和孔家的后代，都安葬在孔林。孔林是世界上延续时间最长的家族墓地。孔家创造了一个奇迹，历经七十多代还在传承，这还是斯文在兹。

孔庙、孔府、孔林，"三孔"之中，相比来说，我更喜欢孔林。那里没有宏大雄伟、金碧辉煌的古建筑群，没有历朝历代御书装裱的金字匾额。孔庙的大成殿，是被后世瞻仰、供奉起来的圣人的殿堂。孔子生前，并未拥有过那样的荣光。弟子们也与有荣焉，颜回、曾参升级为圣人，子贡、子路、有若等位列十二哲，配享孔庙，这就是斯文在兹。

孔庙是为"道成"，孔林则是"肉身"，在孔林还能感受到孔子生命的真实。孔子说："未知生，焉知死？"知生即知死。有一次，下着细微的小雨，我绕着巨大的孔林走了完整一圈，偶尔电瓶车载着游客驰过，旋即又恢复肃穆寂静，远处林间仿佛听闻春秋时代的回声。徒步三小时，穿越两千余年，以及孔家的十万座坟墓，我走回到子贡庐墓处。

多好的酬劳啊，经过一番深思，
终得以放眼远眺神明的宁静！

为一种永恒事业的纯粹劳动，

时光在闪烁，梦想就在悟道。

我想起法国诗人瓦雷里的名篇《海滨墓园》，彼时彼刻，我被那样一种浓厚的氛围，久久笼罩着、氤氲着、牵引着，仿佛自己并不是一个生活在二十一世纪的人。人总要两次踏进同一条河流，一次是离开，一次是归来。总有让人精神为之同频共振的人物和思想，自远方来，虽不能至，心向往之，这正是斯文在兹。

哲人永远在场

孔子当然是圣人，但孔子不只是光环下的孔子，那个被历代尊为至圣先师的孔子。孔子并不需要光环。孔子的伟大，就来自他本身，加封或者打倒，都是后人的运动，与他本人并无多大关系。纵观孔子的一生，可以说他是从一个苦孩子，最终成长为一代宗师。孔子的人生经历和经验，正是作为方法论的《论语》，最好的注脚和最佳的案例。

在成长的道路上，孔子时常面对各种人生的痛苦和打击，比如：三岁丧父，十七岁丧母。为了谋生，孔子学会很多技能。"吾少也贱，故多能鄙事。"青壮年时期，在鲁国复杂的政治环境中，孔子并无多少从政机会，教学是他的主要工作，并且为他人主持礼仪。孔子直到五十岁才出来从政，结果没干几年，新政失败，只好颠沛流离，周游列国。

孔子再回到鲁国，已经六十八岁。返回鲁国以后，接二连三，

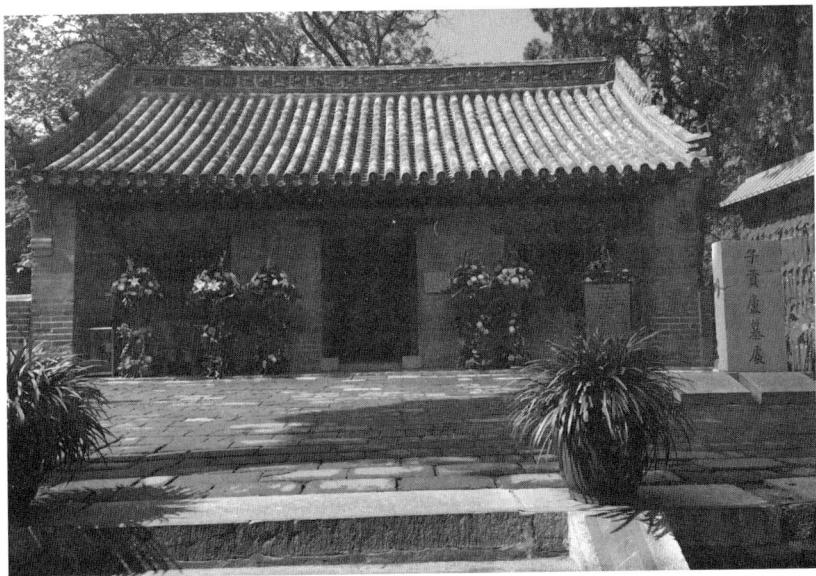

曲阜 孔林 子贡庐墓处

儿子伯鱼去世，最信任的弟子子路去世，最欣赏的弟子颜回去世，然后获麟绝笔，孔子也迎来生命的最后时刻。难能可贵的是，孔子总是保持着乐观精神和理想追求，单这一点，就值得敬佩和学习。

孔子之所以伟大，那是因为他对文化的传承伟大，是他创造发扬的思想伟大，是他的精神和品格伟大，并非因为他活着建立了多么伟大的"世俗成功"。否则，也就不会有人说"子贡贤于仲尼"了。在《论语》的最后，子贡由衷地赞叹老师孔子：生时受人尊敬，死后使人哀痛，没有人可以企及。"其生也荣，其死也哀。如之何其可及也。"

我遥远地想象，某个傍晚，当子贡在竹简上刻完这最后一行字，抬起头向窗外的院子里看去，仿佛那个等待他的人，仍然依偎在门前，子贡又想起老师那首最后的挽歌：

泰山其颓乎？

梁木其坏乎？

哲人其萎乎？

看着眼前小山堆一样的竹简，现在他可以说，只要泰山还巍峨挺拔如初，哲人的思想就不会随风消逝。倏忽又漫长，六年过去，看着这部心血之作，陪他度过无数孤独日夜的书，这些师兄弟追忆老师的零散的言论合集，在他主编下，终于变成一部有脉络的书。

鲁哀公二十一年，也就是公元前 474 年，《左传》记载："唯其儒书，以为二国忧。"在《左传》中，"儒"字仅此一见。至于这部"儒书"，到底是不是《论语》，就像一个奇妙的隐喻。无巧不成书，它刚好出现在孔子去世六年，正是子贡庐墓第六年。

此书完成，已无遗憾。子贡心想，是时候离开了。子贡这位本可以创造更大功绩的中年人，并没有拥抱属于他的战国时代，而是选择从历史的舞台中央彻底隐退。子贡留下这巨大的人生悬念，始终萦绕在我心头，吸引我自远方来，向远方去。

2024 年 9 月 28 日

完成于知丘书房

王原君

附录

《论语》新排

尧曰篇第二十　第一章

尧曰："咨！尔舜！天之历数在尔躬，允执其中。四海困穷，天禄永终。"舜亦以命禹。

（商汤）曰："予小子履，敢用玄牡，敢昭告于皇皇后帝：有罪不敢赦。帝臣不蔽，简在帝心。朕躬有罪，无以万方；万方有罪，罪在朕躬。"

周有大赉，善人是富。"虽有周亲，不如仁人。百姓有过，在予一人。""谨权量，审法度，修废官，四方之政行焉。兴灭国，继绝世，举逸民，天下之民归心焉。所重民、食、丧、祭。"

"宽则得众，信则民任焉，敏则有功，公则说。"（20.1）

学而篇第一　孔子说

子曰："学而时习之，不亦说乎？有朋自远方来，不亦乐乎？人不知而不愠，不亦君子乎？"（1.1）

子曰："巧言，令色，鲜矣仁！"（1.3）

子曰："道千乘之国，敬事而信，节用而爱人，使民以时。"（1.5）

子曰："弟子入则孝，出则弟，谨而信，泛爱众而亲仁。行有余力，则以学文。"（1.6）

子曰："君子不重则不威，学则不固，主忠信，无友不如己者，过则勿惮改。"（1.8）

子曰："父在，观其志；父没，观其行。三年无改于父之道，可谓孝矣。"（1.11）

子曰："君子食无求饱，居无求安，敏于事而慎于言，就有道

而正焉，可谓好学也已。"（1.14）

子曰："不患人之不己知，患不知人也。"（1.16）

孔子曰："不知命，无以为君子也；不知礼，无以立也；不知言，无以知人也。"（20.3）

孔子知道之易也，易易云者三日。子曰："此道之美也，莫之御也。"（海昏侯汉简、肩水金关汉简）

学而篇第一　弟子说

有子曰："其为人也孝弟，而好犯上者，鲜矣；不好犯上，而好作乱者，未之有也。君子务本，本立而道生。孝弟也者，其为仁之本与！"（1.2）

曾子曰："吾日三省吾身：为人谋而不忠乎？与朋友交而不信乎？传不习乎？"（1.4）

子夏曰："贤贤易色；事父母能竭其力；事君能致其身；与朋友交，言而有信。虽曰未学，吾必谓之学矣。"（1.7）

曾子曰："慎终追远，民德归厚矣。"（1.9）

有子曰："礼之用，和为贵。先王之道斯为美。小大由之，有所不行；知和而和，不以礼节之，亦不可行也。"（1.12）

有子曰："信近于义，言可复也。恭近于礼，远耻辱也。因不失其亲，亦可宗也。"（1.13）

学而篇第一　子贡说

子禽问于子贡曰："夫子至于是邦也，必闻其政。求之与抑与之与？"子贡曰："夫子温、良、恭、俭、让以得之。夫子之求之

也，其诸异乎人之求之与？"（1.10）

子贡曰："贫而无谄，富而无骄，何如？"子曰："可也。未若贫而（好）乐，富而好礼者也。"子贡曰："《诗》云'如切如磋，如琢如磨'，其斯之谓与？"子曰："赐也，始可与言《诗》已矣，告诸往而知来者。"（1.15）

为政篇第二　孔子说

子曰："为政以德，譬如北辰居其所，而众星共之。"（2.1）

子曰："诗三百，一言以蔽之，曰：'思无邪。'"（2.2）

子曰："道之以政，齐之以刑，民免而无耻。道之以德，齐之以礼，有耻且格。"（2.3）

子曰："吾十有五而志于学，三十而立，四十而不惑，五十而知天命，六十而耳顺，七十而从心所欲，不逾矩。"（2.4）

子曰："吾与回言，终日不违，如愚。退而省其私，亦足以发，回也不愚。"（2.9）

子曰："视其所以，观其所由，察其所安。人焉廋哉？人焉廋哉？"（2.10）

子曰："温故而知新，可以为师矣。"（2.11）

子曰："君子不器。"（2.12）

子曰："君子周而不比，小人比而不周。"（2.14）

子曰："学而不思则罔，思而不学则殆。"（2.15）

子曰："攻乎异端，斯害也已！"（2.16）

子曰："由诲女，知之乎！知之为知之，不知为不知，是知也。"（2.17）

　　　　　　　　　　　　　　　　　　论语方法论

子曰："人而无信，不知其可也。大车无輗，小车无軏，其何以行之哉？"（2.22）

子曰："非其鬼而祭之，谄也。见义不为，无勇也。"（2.24）

为政篇第二　弟子答问

子游问孝。子曰："今之孝者，是谓能养，至于犬马，皆能有养。不敬，何以别乎？"（2.7）

子夏问孝。子曰："色难。有事，弟子服其劳；有酒食，先生馔，曾是以为孝乎？"（2.8）

子张学干禄。子曰："多闻阙疑，慎言其余，则寡尤；多见阙殆，慎行其余，则寡悔。言寡尤，行寡悔，禄在其中矣。"（2.18）

子张问："十世可知也？"子曰："殷因于夏礼，所损益可知也；周因于殷礼，所损益可知也。其或继周者，虽百世可知也。"（2.23）

子张问于孔子曰："何如斯可以从政矣？"子曰："尊五美，屏四恶，斯可以从政矣。"子张曰："何谓五美？"子曰："君子惠而不费，劳而不怨，欲而不贪，泰而不骄，威而不猛。"子张曰："何谓惠而不费？"子曰："因民之所利而利之，斯不亦惠而不费乎？择可劳而劳之，又谁怨？欲仁而得仁，又焉贪？君子无众寡，无小大，无敢慢，斯不亦泰而不骄乎？君子正其衣冠，尊其瞻视俨然，人望而畏之，斯不亦威而不猛乎？"子张曰："何谓四恶？"子曰："不教而杀谓之虐；不戒视成谓之暴；慢令致期谓之贼；犹之与人也，出纳之吝谓之有司。"（20.2）

为政篇第二　他人答问

孟懿子问孝。子曰："无违。"樊迟御，子告之曰："孟孙问孝于我，我对曰'无违'。"樊迟曰："何谓也？"子曰："生，事之以礼；死，葬之以礼，祭之以礼。"（2.5）

孟武伯问孝。子曰："父母唯其疾之忧。"（2.6）

哀公问曰："何为则民服？"孔子对曰："举直错诸枉，则民服；举枉错诸直，则民不服。"（2.19）

季康子问："使民敬、忠以劝，如之何？"子曰："临之以庄，则敬；孝慈，则忠；举善而教不能，则劝。"（2.20）

或谓孔子曰："子奚不为政？"子曰："《书》云：'孝乎惟孝，友于兄弟，施于有政。'是亦为政，奚其为为政？"（2.21）

为政篇第二　子贡说

子贡问君子。子曰："先行其言而后从之。"（2.13）

八佾篇第三　孔子说

孔子谓季氏："八佾舞于庭，是可忍也，孰不可忍也！"（3.1）

三家者以《雍》彻。子曰：'相维辟公，天子穆穆'，奚取于三家之堂？"（3.2）

子曰："人而不仁，如礼何？人而不仁，如乐何？"（3.3）

子曰："夷狄之有君，不如诸夏之亡也。"（3.5）

子曰："君子无所争，必也射乎！揖让而升、下，而饮。其争也君子。"（3.7）

子曰："射不主皮，为力不同科，古之道也。"（3.16）

子曰："夏礼吾能言之，杞不足征也；殷礼吾能言之，宋不足征也。文献不足故也，足，则吾能征之矣。"（3.9）

子曰："禘，自既灌而往者，吾不欲观之矣。"（3.10）

或问禘之说。子曰："不知也。知其说者之于天下也，其如示诸斯乎！"指其掌。（3.11）

祭如在，祭神如神在。子曰："吾不与祭，如不祭。"（3.12）

子曰："周监于二代，郁郁乎文哉！吾从周。"（3.14）

子入太庙，每事问。或曰："孰谓鄹人之子知礼乎？入太庙，每事问。"子闻之，曰："是礼也。"（3.15）

子曰："事君尽礼，人以为谄也。"（3.18）

子曰："《关雎》，乐而不淫，哀而不伤。"（3.20）

子语鲁大师乐，曰："乐其可知也。始作，翕如也；从之，纯如也，皦如也，绎如也，以成。"（3.23）

子谓《韶》："尽美矣，又尽善也。"谓《武》："尽美矣，未尽善也。"（3.25）

子曰："居上不宽，为礼不敬，临丧不哀，吾何以观之哉！"（3.26）

八佾篇第三　弟子答问

季氏旅于泰山。子谓冉有曰："女弗能救与？"对曰："不能。"子曰："呜呼！曾谓泰山不如林放乎？"（3.6）

子夏问曰："'巧笑倩兮，美目盼兮，素以为绚兮。'何谓也？"子曰："绘事后素。"曰："礼后乎？"子曰："起予者商也！始可与言《诗》已矣。"（3.8）

哀公问社于宰我。宰我对曰："夏后氏以松，殷人以柏，周人以栗，曰使民战栗。"子闻之，曰："成事不说，遂事不谏，既往不咎。"（3.21）

八佾篇第三　他人答问

林放问礼之本。子曰："大哉问！礼，与其奢也，宁俭。丧，与其易也，宁戚。"（3.4）

王孙贾问曰："与其媚于奥，宁媚于灶，何谓也？"子曰："不然。获罪于天，无所祷也。"（3.13）

定公问："君使臣，臣事君，如之何？"孔子对曰："君使臣以礼，臣事君以忠。"（3.19）

子曰："管仲之器小哉！"或曰："管仲俭乎？"曰："管氏有三归，官事不摄，焉得俭？""然则管仲知礼乎？"曰："邦君树塞门，管氏亦树塞门。邦君为两君之好有反坫，管氏亦有反坫。管氏而知礼，孰不知礼？"（3.22）

仪封人请见，曰："君子之至于斯也，吾未尝不得见也。"从者见之。出曰："二三子何患于丧乎？天下之无道也久矣，天将以夫子为木铎。"（3.24）

八佾篇第三　子贡说

子贡欲去告朔之饩羊。子曰："赐也！尔爱其羊，我爱其礼。"（3.17）

里仁篇第四 孔子说

子曰:"里仁为美。择不处仁,焉得知?"(4.1)

子曰:"不仁者不可以久处约,不可以长处乐。仁者安仁,知者利仁。"(4.2)

子曰:"唯仁者能好人,能恶人。"(4.3)

子曰:"苟志于仁矣,无恶也。"(4.4)

子曰:"富与贵,是人之所欲也;不以其道,得之不处也。贫与贱,是人之所恶也;不以其道,得之不去也。君子去仁,恶乎成名?君子无终食之间违仁,造次必于是,颠沛必于是。"(4.5)

子曰:"我未见好仁者,恶不仁者。好仁者,无以尚之;恶不仁者,其为仁矣,不使不仁者加乎其身。有能一日用其力于仁矣乎?我未见力不足者。盖有之矣,我未之见也。"(4.6)

子曰:"人之过也,各于其党。观过,斯知仁矣。"(4.7)

子曰:"朝闻道,夕死,可矣。"(4.8)

子曰:"士志于道,而耻恶衣恶食者,未足与议也。"(4.9)

子曰:"君子之于天下也,无适也,无莫也,义之与比。"(4.10)

子曰:"君子怀德,小人怀土;君子怀刑,小人怀惠。"(4.11)

子曰:"放于利而行,多怨。"(4.12)

子曰:"能以礼让为国乎,何有?不能以礼让为国,如礼何?"(4.13)

子曰:"不患无位,患所以立。不患莫己知,求为可知也。"(4.14)

子曰:"君子喻于义,小人喻于利。"(4.16)

子曰："见贤思齐焉，见不贤而内自省也。"（4.17）

子曰："事父母几谏，见志不从，又敬不违，劳而不怨。"
（4.18）

子曰："父母在，不远游，游必有方。"（4.19）

子曰："三年无改于父之道，可谓孝矣。"（4.20）

子曰："父母之年，不可不知也。一则以喜，一则以惧。"
（4.21）

子曰："古者言之不出，耻躬之不逮也。"（4.22）

子曰："以约失之者鲜矣。"（4.23）

子曰："君子欲讷于言而敏于行。"（4.24）

子曰："德不孤，必有邻。"（4.25）

里仁篇第四　弟子答问

子曰："参乎！吾道一以贯之。"曾子曰："唯。"子出，门人
问曰："何谓也？"曾子曰："夫子之道，忠恕而已矣。"（4.15）

论语方法论